우리가 하나님을
오해했다

우리가 하나님을
오해했다

ⓒ 생명의말씀사 2014

2014년 7월 30일 1판 1쇄 발행
2025년 1월 24일   14쇄 발행

펴낸이 | 김창영
펴낸곳 | 생명의말씀사

등록 | 1962. 1. 10. No.300-1962-1
주소 | 서울시 종로구 경희궁1길 6 (03176)
전화 | 02)738-6555(본사) · 02)3159-7979(영업)
팩스 | 02)739-3824(본사) · 080-022-8585(영업)

지은이 | 김형익

기획편집 | 임선희
디자인 | 최윤창
인쇄 | 예원프린팅
제본 | 보경문화사

ISBN 978-89-04-16467-7 (03230)

저작권자의 허락없이 이 책의 일부 또는 전체를
무단 복제, 전재, 발췌하면 저작권법에 의해 처벌을 받습니다.

우리가 하나님을
오해했다

김형익 지음

생명의말씀사

● CONTENTS

추천의 글 … 10

감사의 글 _ 오직 하나님께만 영광! … 18

시작하는 글 _ 선하신 하나님을 향한 진리의 여정을 시작하며… … 21

하나님의 영광 / 하나님의 선하심 / 하나님의 기쁨 / 이 책을 쓰는 이유

1부 _ 절대적으로 시급한 문제

1. 오해된 하나님 … 30

하나님에 대한 오해 / 성경 문맹 시대 / 기독교는 쉬운 것이라는 생각 / 교리에 대한 무지 / 사향(死向) 평준화 / 맹인들의 코끼리 경험담 / 하나님을 감동시켜야 한다? / 다른 복음은 없다 / 심각한 수령 / 두 가지 접근 / 나쁜 신학의 비참한 결과

2. 선하신 하나님 … 49

세상이 창조되기 전 / 하나님은 몇 분이신가? / 창세전에 하신 일 / 코이노니아 / 세상을 창조하신 동기 / 세상을 창조하신 목적 / 한 마음과 한 뜻 / 마음과 정성을 다하여 / 하나님의 사명선언문

선 하 신 하 나 님 을 향 한 진 리 의 여 정

2부 _ 그리스도인은 무엇을 믿는가

3. 죄 – 하나님의 선하심을 믿지 않음 … 70

죄에 대한 불충분한 이해 / 죄가 발생한 시점 / 두 가지 약속 / 하와의 의심 / 성경이 말하는 죄 / 영적 독립선언 / 당혹스러운 질문 / 세 가지 욕구 / 뿌리 깊은 오해

4. 복음 – 하나님의 선하심을 보는 창 … 87

십자가에 대한 오해 / 심판의 유보 / 화목제물 / 하나님의 의로우심 / 사랑의 확증 / 이사야가 전한 복음 / 하나님의 기쁘신 뜻 / "엘리 엘리 라마 사박다니" / 하나님의 패션, 그리스도의 패션 / "다 이루었다" / 십자가, 하나님의 선하심을 보는 창

5. 믿음 – 선하신 하나님에 대한 신뢰 … 105

오직 믿음, 기독교가 서고 넘어지는 교리 / 믿음이 구원의 원인이다? / 믿음은 자랑하지 않는다 / 처음 믿음 / 믿음은 순종을 낳는다 / 믿음은 인내다 / 장래에 대한 기대감 / 영원히 책임지신다 / 모든 것을 이루시는 하나님

3부 _ 그리스도인은 어떻게 사는가

6. 인간 사용설명서 … 126
영적 갈망을 지닌 존재 / 인간 사용설명서 / 하나님의 존재 방식 / 인간의 최고의 목적 / 하나님을 즐거워하라 / 의무와 기쁨의 차이 / 유일하고 바른 길 / 행복의 필요충분조건 / 영원한 약속 / 자유로운 사랑 / 모든 것이 선을 이룬다 / 사랑으로써 역사하는 믿음 / 하나님이 필요하다! / 예수를 나의 구주 삼고

7. 과거의 은혜 … 149
과거를 대하는 비신앙적 태도와 오해 / 상처와 한(恨) / 과거에 대한 새로운 관점 / 광야를 기억하라! / 하나님의 손 / 삼십대의 위기 / 신앙이 정체되는 이유 / 광야를 주시는 하나님의 의도 / 믿음으로 사는 삶 / 하나님께서 디자인하신 노정 / 복되고 영광스러운 자리

8. 장래의 소망 … 169
어떻게 순종할 수 있는가? / 무엇이 순종하게 하는가? / 감사의 결핍 / 참된 순종의 원동력 / 위험한 징후 / 감사가 왜곡될 때 / 감사의 순기능 / 믿음은 감사의 전제다 / 염려의 문제 / 염려의 뿌리 / 염려와 기도 / "아버지께서 아시느니라" / 장래의 은혜 / 번영신학의 위험 / 더 나은 본향 / 영적 자신감

9. 고난과 영광 … 194
고난이 만들어내는 신학적 질문들 / 하나님의 사람들과 고난 / 이런 하나님을 믿겠는가? / 하나님의 도구 / 영광스러운 특권 / 하나님의 선하심을 경험하는 수단 / 고난을 기쁘게 여겨라 / 고난은 영광이다 / 고난을 낭비하지 말라

선 하 신 하 나 님 을 향 한 진 리 의 여 정

4부 _ 소명과 하나님 나라

10. 경건한 어른 … 212

경건한 어른이 그립다 / 경건한 어른이 있는 교회 / 경건한 어른이 적은 이유 / 기다리는 아버지의 이야기 / 경건한 어른이 되는 길 / 어떻게 은혜를 경험하는가? / 율법적 회개 vs 복음적 회개 / 참된 회개는 관계적이다 / 하나님의 선하심을 드러내라 / 오늘날의 교회 상황 / 비뚤어진 경건

11. 선교하는 교회 … 241

천상의 예배 환상 / 하나님을 아는 지식 / 하나님을 잘 아는 선교 / 복음이 먼저다 / 하나님의 영광에 헌신하라 / 물이 바다를 덮음 같이 / 하나님 나라의 영광 / 그리스도 없는 기독교, 그리스도 없는 선교 / 천지창조 목적과 선교의 목적 / 혹사가 아니라 흘러넘치는 것 / "나는 결코 희생하지 않았습니다"

12. 선하신 하나님을 전하는 설교자 … 261

"주는 선하사 선을 행하시오니" / 신앙은 관계다 / 선하신 하나님을 믿는 신앙 / 자연스럽고 힘 있는 선교 / 오해된 하나님을 섬긴 결과 / 결산의 날 / "여호와의 선하심을 맛보아 알지어다" / 아둘람 굴은 최고의 강단이다

사랑하는 희정에게

하나님에 대한 숱한 오해를 지나 선하신 하나님을 찾아가는 여정을 당신과

함께할 수 있어서 얼마나 감사한지……

추천의 글

인류 불행의 근본 원인은 바로 하나님에 대한 오해다. 불행하게도 인간은 이 오해를 갖고 태어나며 심지어 많은 경우 오해된 하나님을 마치 진짜 하나님으로 착각하고 스스로를 괴롭히며 산다. 이렇게 하나님을 오해하고 사는 사람들에게 하나님께서는 그 아들 예수 그리스도를 보내주셨다. 아주 구체적으로 역사 속에, 사람들이 그분을 눈으로 보고, 손으로 만지고, 또 자신의 언어로 대화도 가능했던, 너무도 명백한 방식으로 보내주셔서(요일 1:1) 우리의 오해를 풀어주고자 하셨다. 그리고 오늘날 성령께서는 계속해서 이 일을 하고 계신다. 이 오해가 풀려야 우리는 지극히 선하신 하나님 아버지 품에 마음껏 안길 수 있으며, 그 사랑의 감격으로 그분의 뜻을 좇아 진정 제대로 살 수 있기 때문이다.

그런데 역사를 들여다보면 하나님에 대한 오해는 불행히도 기독교 공동체라 해서 예외가 아니었다. 오늘날 한국 교회 및 한인 디아스포라 교회들 안에도 이러한 오해가 적지 않다. 가슴 아픈 일이 아닐 수 없다. 때로 이러한 하나님에 대한 오해는 너무도 심각하여 결국 "다른 복음"으로 변질되거나 심한 경우 변절, 혹은 배도의 수준까지 가는 것도 목도한다.

본서 『우리가 하나님을 오해했다』는 이러한 영적 현실을 지적하며, 하나님의 백성들을 향하여 간절히, 십자가에서 확증된 하나님의 선하심의 복음을 전한다. 희석되고 오해된 복음을 원래대로 회복하고자 하는 저자의 정직한 몸부림이며 선지자적 외침을 우리는 본서에서 읽는다.

저자 김형익 목사는 "하나님의 선하심"이란 말의 의미를 원래의 뜻대로 돌려놓고

자 애씀으로써 본서를 시작한다. 하나님의 선하심이란 말이 교회 안에서도 얼마나 많이 오해되고 아전인수 격으로 곡해되었는지를 지적하되, 단순히 비평하기 위해서가 아니라 하나님의 시각에서 통렬하게 아픈 가슴으로 호소하고 있다. 하나님의 영광과 그분의 선하심, 그리고 그 선한 하나님의 기쁨이야말로 오늘날 묽어지고 평가절하된 복음의 핵심이다. 이 복음의 핵심 내용들이야말로 복음을 원래의 그 영광스런 자리로 돌려놓기 위해서 반드시 심각하게 짚고 넘어가야 하는 가장 중요한 성경적 개념들이다. 너무나도 소중하지만 대중화되어 그 원초적 의미가 거의 상실된 이 복음의 핵심 개념들을 저자는 다시 우리 인식의 표면 위로 부상시켜 십자가의 빛에 비추어 그 원래의 뜻을 드러내고자 한다.

나는 본서를 읽으면서 구구절절 저자가 얼마나 심혈을 기울여 통회의 마음으로 써내려갔는가를 느낄 수 있었다. 하나님의 시각에서, 하나님의 열정에 감전되어, 저자는 외치며 독자들에게 질문한다. "기독교는 우리가 하나님을 감동시키는 것이 아니다. 하나님은 영원히 지옥에 떨어질 수밖에 없는 우리 인생에 찾아오셔서 무감동한 죄인의 마음을 감동시키실 때까지 그치지 않고 선을 베푸시겠다 약속하시고 그 일을 실로 이루셨고 이루시는 하나님이시다. 이런 하나님을 아는가?"(67쪽)

오랜 성경 연구와 선교사의 삶과 목양의 분투를 통해서 바로 이 복음이 회복되어야 할 필요를 절감한 저자는 자신이 서두에서 언급했듯이 본서를 내기까지 11년간의 해산의 고통의 시간을 보내야 했다. 저자가 그 이유를 구체적으로 언급하지는 않았지만, 책의 서두부터 끝까지 꼼꼼히 읽어보면, 그렇게 시간이 걸릴 수밖에 없었던 저자의 진지함과 고민과 안타까움을 엿볼 수 있다.

본서 『우리가 하나님을 오해했다』는 책의 제목으로서만이 아니라 우리 죄의 근본 뿌리를 들추어주는 회개의 명제이다. 저자가 말하는 하나님의 선하심은 우리의 원함과 욕심이 채워졌을 때 느껴지는 가볍고 단명한 만족의 수준이 아니다. 그것은 고난 중에서도 하나님의 본질인 그분의 선하심을 찬양할 수 있는 영적인 희열이며 능력이다. 저자가 그토록 강조하고 있듯이, 그 선하심을 경험할 때 그리스도인들은 하나님의 기쁨에 진정 참여할 수 있으며 그 하나님을 즐거워함으로 자신의 모든 과거를 십자가로 재해석하고 그분의 기쁨으로 이 땅을 하늘처럼 살 수 있는 것이다.

나는 내가 복음전도자라는 특권을 너무 감사하고 감격하면서 거듭난 이후 지금까지 주님이 주신 새생명을 살아왔다. 그 가운데 내 삶의 가장 큰 기쁨 중 큰 하나는 이 복음을 함께 나눌 수 있는 믿음의 형제자매들을 만나는 것이다. 사랑하는 김형익 목사는 나와 30여 년전 캠퍼스에서 선후배로 만나 지금까지 이 복음을 인하여 생명을 함께 나눈 신앙의 동지다. 그렇지 않아도 하나님의 선하심과 그 심오한 의미들이 잘 정리된 책이 있어서 교과서처럼 많은 제자들에게 읽혔으면 하던 중, 사랑하는 형제의 고심의 손길을 통해서 본서가 출판되어 나는 너무도 기쁘고 감사하게 생각한다. 누구든지 진지하게 하나님의 선하심의 의미를 더욱 심도 있게 찾고자 하는 그리스도인 구도자라면 본서를 읽으면서 자신이 이해한 복음을 잘 정리해보기를 권한다. 또 현실 속에서 하나님이 선하시다고 느껴지지 않아서 영적인 여정이 무겁게 느껴진다면, 그러한 이들 모두에게 본서를 진지하게 읽기를 추천한다. 저자는 때때로 독자에게 스스로를 돌아보도록 질문을 던지기도 한다. 진지한 독자라면 저자의 질문들에 스스로 답하며 저자와 함께 천천히 자신을 돌아보면서 이 책을 끝까지 읽어나가기를 권한다. 그러는 가운데 주께서 친히 그 선하심을 보여주시고 독자들에게 꼭 필요한 심오한 영적인 기쁨을 회복해주시리라 확신한다.

― 김철수 목사, 나이로비 복음주의 신학대학원 이슬람학 및 선교학 교수

이 책의 원고를 받아든 순간, 누군가가 반드시 써주기를 오랫동안 바라던 책이 마침내 나왔다는 안도감과 반가움이 밀려왔다. 복음의 본질이 사라지고 중세 암흑기를 방불하는 추악한 무당종교 집단으로 전락한 현대 교회, 특히 한국(한민족) 교회에 절실히 요구되는 선지자적 일성이 진리의 원천인 하나님의 말씀을 근거로 조목조목 제시되는, 교정과 치유의 책이다.

저자는 우리가 오해한 하나님으로부터 벗어나 성경이 말하는 선하신 하나님을 새롭게 만나 사랑의 관계를 회복하도록 도와주고, 동일한 깨달음과 돌아섬을 경험한 동시대 선각자들 및 교회역사에 나오는 선배들의 검증과 응원을 통해 자신의 논지를 한층 강화하면서, 독자로 하여금 성경과 더불어 기독교 고전을 정선정독해야 할 동인을 제공한다.

'꿩 잡는 게 매'라는 허접한 실용주의, 단순무식한 공식으로 빨리빨리 열매를 거두려는 영적 사행심, 종교적 열심을 신앙으로 착각하여 영적 앵벌이에 나서는 한심한 신바리새주의, 뭐든 신기한 일이면 곧 성령의 역사인 줄 아는 무속적 신비주의 등 하나님의 진리를 거스르는 현상적 기독교를 진단하고 선하신 하나님과 사랑의 관계를 회복하도록 진리의 광선을 비춰주는, 차가우면서도 따뜻한 책이다. 하나님이 어떤 분인지 제대로 알아야 기독교와 복음의 본질을 바로 깨닫게 될 것이기에 이 책은 제목부터 마음에 와닿는다.

솔직히 김형익 목사-내게는 아직도 '선교사'라는 호칭이 익숙하다-가 쓴 책이라면 주저 없이 권하고 싶다. 저자가 어떤 사람인지 알면 그의 책을 얼추 짐작할 수 있기 때문인데, 그에 대한 장황한 칭찬은 (어차피 자신도 원하지 않을 것이니) 생략하겠다. 이 화두를 11년이나 끌어안고 고심한 끝에 농익은 열매를 내듯 책 한 권을 조심스레 펴냈다는 사실만으로도 그의 진중함과 성실함이 증명된 셈이다. 하나님을 오해하여 크게 빗나간 현대 교회에 환멸을 느끼고 낙심한 분들, 건강한 믿음과 성경적 신앙공동체의 회복을 갈망하는 분들, 자신의 신앙과 영성의 건강검진을 원하는 분들에게 이 보물 같은 책을 권한다.

— 정민영 선교사, 국제위클리프(Wycliffe Global Alliance) 부대표

이 책은 우리로 하여금 우리의 본성적인 종교성의 선입견에서 벗어나, 하나님의 말씀인 성경이 말하는 진정한 복음과 그 은혜와 능력이 무엇인지 돌아보라는 강력한 메시지를 담았습니다. 저자는 평생 오직 그 한 길을 위하여, 외롭고 고단하였으나 성령님을 의존하여 내면의 확신과 기쁨의 힘으로 주님과 교회를 섬기며 여기까지 왔습니다. 이 책은 성경이 말하는 진리의 표준을 조용하면서도 힘 있게 외치는 책입니다. 그러면서 간증적인 성격을 은근히 담고 있습니다. 그것은 저자가 그 성경의 진리에 자신의 운명을 건 나다나엘의 길을 걸어온 삶의 내공이 여기저기 묻어있기 때문입니다.

정말 우리의 본성적인 종교성은 우리를 '하나님을 오해하여 멸망으로 치닫게 하는' 사탄의 하수인입니다. 그것을 극복하기 위하여 성경이 말하는 바, 곧 성령께서 그

성경이 말하는 바가 무엇인지 교회사를 통하여 면면히 가르쳐오신 그 진리의 체계에 자신을 던져야 합니다. 이 책은 '본성의 오해'의 잠에서 깨어나게 하고, 그렇게 하기 원하는 모든 이들의 좋은 길잡이가 될 것입니다.

— 서문강 목사, 중심교회 담임

이 책은 저자의 체험적 이해를 담고 있지만, 선하신 하나님에 대한 오해와 왜곡이 심한 우리의 영적 현실을 비추며 신자 개개인의 신앙과 삶을 보게 한다. 오늘날 교회 안의 많은 사람들은 가장 경외할 대상이요 즐거워할 선하신 하나님을, 곁에 있는 사람만큼도 주의를 기울이지 않고 지루해하며 형식적으로 대한다. 그러다가 쉽게 지치며 기쁨을 알지 못하는 듯이 교회 생활을 한다. 저자는 그런 사람들을 향해 자신의 삶을 바꾼 바로 그 선하신 하나님을 알고 누리라고 권한다. 그 권고는 우리를 예수 믿는 것의 참된 복으로 이끄는 것이어서 모두에게 행복한 결론을 주리라 믿는다.

— 박순용 목사, 하늘영광교회 담임

이 책은 신앙에 근본이 되는 문제를 지적하고 있다. 기독교신앙의 근거이시며 주인이신 하나님, 그분을 우리는 어떻게 생각하고 있는가?

하나님에 대한 오해는 우리의 신앙생활 전체를 잘못된 곳으로 몰고 가게 마련이다. 주님을 향한 온갖 열심에도 불구하고, 우리의 삶에서, 또 영혼의 깊은 곳에서 기쁨을 맛본 것이 언제인가? 기쁜 소식에 초대받았음에도, 우리는 기쁨 없는 신앙생활을 지속해간다. 왜 그렇게 되었을까? 그것은 오해 때문이다. 복음을 주신 하나님과 그의 일하심을 오해한 데서 비롯된 것이라고 저자는 지적한다. 또한 저자는 새롭게 깨닫게 된 하나님의 선하심을 우리에게 증거한다. 하나님을 아는 일은 부활과 은혜를 아는 일이기에 우리가 담아낼 수 없는 크고 깊은 것이리라. 그러니 침묵 외에는 할 일이 없는가? 하나님을 우리의 생각이나 말에 담을 수는 없으나, 우리의 눈으로 본 하나님을 소개할 수는 있다. 저자는 눈을 떠서 본 것을 우리에게 전한다. 하나님이 얼마나 선한 분인지 우리에게 전하고 싶어 한다. 그 증언에 귀 기울여보자.

— 박영선 목사, 남포교회 담임

『우리가 하나님을 오해했다』에서 김형익 목사는 칼빈처럼, 존 파이퍼처럼 우리에게 하나님을 가르쳐주고 있습니다.

오늘날 한국 교회는 하나님을 바르게 아는 지식을 상실했다는 것이 그의 진단입니다. 그리고 하나님에 대해 차근차근 조리 있게 가르쳐줍니다.

그의 가르침을 따라가다보면 우리는 어느덧 하나님을 새롭게 깨닫는 자리에 도달해 있음을 알게 됩니다. 우리가 과연 하나님을 잘못 알고 있었고 잘못 믿고 있었다는 사실을 절감하게 됩니다. 그리고 그의 감동적인 가르침에 놀라게 됩니다.

김형익 목사의 가르침에는 하나님을 곁에서 생생하게 체험한 사람의 감동이 있습니다.

오래 전 김형익 목사가 인도네시아에서 사역할 때 그에게서 늘 선교편지를 받았습니다. 그때마다 열대 밀림 속에서 어쩌면 하나님을 그렇게 생생하게 체험할 수 있는지 감탄하며 그의 선교편지를 기다리곤 했습니다. 김형익 목사는 이 책에서 하나님의 선하심이 하나님의 영광이라고 말합니다. 이제야 그의 생생한 감동의 비밀이 하나님의 선하심을 체험한 데서 온 것임을 깨닫게 됩니다.

이 감동적인 책이 한국 교회에 하나님을 새롭게 가르침으로 시대의 물줄기를 바꾸는 역사가 일어나게 되기를 소망합니다.

— 장호익 목사, 서대신교회 담임

이 책은 성경에 계시해주신 하나님의 성품을 오직 성령님의 조명하심에 의지하여, 이 세상의 지극한 고상함과는 도무지 차원이 다른, 비교될 수조차 없는, 창조주 하나님의 성품의 깊이와 넓이와 폭을 깨닫게 해주며, 그 놀라운 하나님의 영광 앞에 우리 모두가 죽은 자같이 될 수밖에 없다는 사실을 자발적으로 인정할 수 있도록 인도해주는 책이라고 생각한다. 그 아름답고 경이로우신 하나님을 세상에서 제일 큰 잣대로 재보며, 내 중심의 세계에 하나님을 끼워 맞추려는 불신을 깨뜨리는 첫 걸음이며, 물 탄 복음, 왜곡된 복음의 쓰나미 앞에 망연히 서 있는 우리들에게 던져지는 참복음의 구명정이다.

나는 지난 7년여 세월 동안 김형익 목사님과 한 교회에서 한 하나님을 섬기면서,

참복음을 주께서 주신 그대로 선포하는 것이 얼마나 외롭고 힘든 일인가를 목격해왔다. 이 책은 하나님의 은혜가 없이는 하루도 지속해나갈 수 없는 순례자의 길을 주님만 바라보며 걸어온 김 목사님에게 우리의 선하신 주께서 주시는 위로이며 선물이라고 감히 생각해본다.

– 신재원 장로, 죠이선교교회, NASA 항공국장보

이 책은 김형익 목사가 존 파이퍼의 『하나님의 영광을 위한 하나님의 열심』이라는 책을 통해 개인적으로 선하신 하나님에 대한 이해에 있어 코페르니쿠스적인 전환을 이룬 후 그동안 성경과 많은 기독교 저자들과 자신의 경험을 통해 계속해서 선하신 하나님에 대해 배운 내용을 정리한 것이다.

저자는 선하신 하나님에 대한 바른 이해가 기독교인의 신앙과 생활의 기초가 되어야 함을 강조하면서 죄는 하나님의 선하심을 믿지 않는 것이며, 복음은 하나님의 선하심을 보는 창이며, 믿음은 선하신 하나님에 대한 신뢰라고 말한다. 또한 선하신 하나님을 믿는 믿음은 신자들의 삶에서 과거의 모든 상처와 한을 해결해주며, 장래의 불확실성에 대한 모든 두려움과 염려를 제거해준다고 말한다. 또한 하나님의 선하심에 대한 이해는 고난과 선교에 대해서도 바른 통찰력을 제공해준다고 말한다.

한마디로 이 책은 '하나님의 선하심을 맛보아 알지어다'라는 말보다 오늘 우리에게 더 중요한 메시지는 없다고 역설한다. 이 책을 통해 하나님의 선하심을 맛보아 아는 목회자와 성도가 우후죽순처럼 많이 생겨나기를 빈다.

– 백금산 목사, 예수가족교회 담임

기쁨은 성도들로 하여금 하나님이 명령하신 삶을 살게 만드는 동력이다. 그러나 우리 주변에는 주님을 인하여 기뻐하고 주를 믿음으로 얻는 기쁨이 무엇인지 알지 못하는 성도들이 너무나 많고, 그래서 삶에서도 승리의 경험보다 실패와 좌절을 더 많이 경험하게 된다. 자신 역시 이런 문제로 고통을 겪었던 김형익 목사는 이 책에서 성도들이 참된 기쁨과 감격을 회복하도록 돕는다.

성경말씀과 건강한 교리를 통하여 성도가 된 이후에도 우리 속에 여전히 남아 있는 하나님에 대한 왜곡과 오해의 잔재가 벗겨져나가면서, 선하시고 참으로 영광스러우신 하나님 자신을 즐거워하며 모든 즐거움으로 하나님을 섬기게 되는 복된 일이 한국 교회에 널리 일어나기를 바라는 간절한 마음으로 적극 추천한다.

- 화종부 목사, 남서울교회 담임

저자는 자신의 지난 24년의 삶이 '오해된 하나님'으로부터 '선하신 하나님'께로 돌아가는 힘겨운 여정이었음을 고백한다. 그리고 '선하신 하나님'으로 인한 기쁨이 그리스도인의 신앙과 삶, 모든 사역의 견고한 토대가 될 때 하나님을 영화롭게 한다는 복된 진리를, 그의 인생 역정에서 도움을 준 책들을 인용하면서(그 인용구절들이 얼마나 적절하고 좋은지!) 친근하고 쉽게, 그리고 성경의 본문을 가지고 설득력 있게 논증한다. 그러면서 왜 하나님의 선하심이 하나님의 영광이며, 창조의 목적과 복음을 통해 계시된 하나님의 선하심을 '맛보는' 것이 그토록 큰 기쁨이 되고 장래의 은혜에 대한 믿음을 견고하게 하는지, 왜 고난이 영광인지, 왜 선교가 잃어버린 영혼에 대한 관심이 아니라 하나님으로부터 시작되는 것인지를 선명하게 제시한다.

저자의 말처럼, 선하신 하나님을 머리와 가슴으로 알지 못한 채 오해된 하나님을 섬기는 사람들이 너무 많다. 나도 그랬다. 당신은 어떤가? 이 책은 모든 그리스도인이 꼼꼼하게 끝까지, 반복해서 읽었으면 하는 책이다. 선하신 하나님이 저자를 통해 하나님을 향한 진리의 여정으로 당신을 초대하신다고 믿는다.

- 김윤기 목사, 남부중앙교회 담임

감사의 글

오직 하나님께만 영광!

●

    이 책을 쓰는 데 11년이 걸렸다! 2003년에 책을 쓰려고 시작했다가 중단되었고, 기회를 찾지 못하다가 주께서 다시 생명의말씀사를 통해 기회를 주셔서 2년을 끌다가 결국 마무리를 할 수 있었다. 쓰고 싶었던 것을 11년이 걸려서야 출판하게 되었으니 그 이유는 선하신 하나님만 아실 것이다.

    자존하신 하나님 외에 이 세상에 존재하는 어떤 사람도, 어떤 사물도 스스로 존재하지 않는다. 이 책도 예외가 아니다. 서문에 썼듯이 나에게 많은 영적 스승이 있었다. 비록 한 번도 개인적으로 만나보지는 못했으나 설교와 책으로 나를 가르쳐주신 스승들이다. 나는 그들 중 특별히 이 책이 다루는 내용과 관련해서 몇 분의 이름을 밝혔을 뿐이다. 하나님께서 그분들을 내 인생에 소개해주지 않으셨다면 깨달을 수 없었을 하나님의 선하심에 감사한다.

이 책의 첫 독자가 되어주었을 뿐 아니라, 무한격려와 함께 무서운 비평의 칼날을 세워주었던 사랑하는 아내 희정에게 감사한다. 나와 함께 지난 24년의 삶을 '오해된 하나님'으로부터 '선하신 하나님'께로 돌아가는 힘겨운 여정으로 언제나 함께해준 하나님의 선물이다. "여보, 고마워. 그리고 사랑해."

그리고 하나님이 선하시다는 것을 설교로, 아빠의 잔소리로 수없이 많이 들어왔고, 여전히 그 선하신 하나님을 알아가는 여정 가운데 씨름하고 있는 사랑하는 인성이, 혜성이에게도 고마운 마음을 전해야겠다. 그들이 없었다면 나는 이처럼 하나님의 선하심을 가슴으로 깊이 배울 수 있는 기회가 있었을까 싶다. "인성아, 혜성아, 하나님의 선하심을 말로만이 아니라 삶으로 너희에게 보여주기 원하지만 늘 실패하는 부족한 아빠를 사랑과 존경으로 지금까지 대해주는 너희가 너무 고맙구나. 사랑한다."

그리고 지금은 연로하고 쇠약해지셔서 이 책을 다 읽으실 수는 없으시지만, 내게 신앙이라는 유산을 물려주신 어머니 도기욱 권사님께 감사드린다. "어머니, 어머니는 제게 육신만이 아니라 영혼의 어머니십니다. 선하신 하나님께서 어머니를 통해 제게 오셨습니다. 고맙습니다. 사랑합니다."

무엇보다 이 책의 내용을 강단에서 설교할 수 있도록 나와 함께 교회가 되어준 사랑하는 죠이선교교회의 교우들께 감사한다. 너무나 작고 재미가 적은 죠이선교교회에서 여러모로 부족한 목사가 전하는 하나님의 말씀 하나를 붙잡고 지금까지 나와 함께 천로역정을 동행해주는 사랑하는 교우들이 없었다면 어떻게 이 내용을 강단에서 전할 수 있었을까? 신재원 장로님과 모든 교우들께 감사와 사랑을 전한다. "여러분이 안 계셨다면 저는 설교를 할 수 없었을 것이고 이 책도 없었을 것입니다. 저와 함께 지금까지 동행해주셔서 감사합니다. 사랑합니다."

이 외에도 이 책을 위해서 기도해주신 여러 분이 계시다. 한 분 한 분께 지면을 빌어 가슴으로 감사를 드린다.

끝으로, 조야하고 투박한 문장과 구조를 쉽게 읽고 이해할 수 있도록 잘 편집하여 이 책이 한국 교회의 것이 되도록 기도하며 수고해주신 생명의말씀사 편집부에 감사드린다. 무엇보다 책을 쓰라고 격려해주시면서 약속을 지키지 못하는 나를 2년이나 참고 기다려주신 것이 감사하다.

이제 이 책은 내 손을 떠났다. 이 책을 들고 읽기 시작한 독자, 바로 당신을 통해서 '오해된 하나님'으로부터 '선하신 하나님'께로 전환하는 이 공동 프로젝트가 완성될 것이다. 그리고 모든 영광은 무한히 오래도록 나 같은 존재를 참아주신 선하신 하나님께만 돌아갈 것이다.

오직 하나님께만 영광!

선하신 하나님을 아는 한국 교회를 갈망하며
미국 메릴랜드에서
김형익

시작하는 글

선하신 하나님을 향한 진리의 여정을 시작하며…

하나님의 영광

이 책은 1999년 어느 날 밤에 읽었던 존 파이퍼의 책에서 시작되었다. 『God's Passion for His glory』가 그 책이다.[1] 이 책은 두 부분으로 구성되어 있다. 후반부는 조나단 에드워즈가 쓴 『하나님의 천지창조 목적』 (A Dissertation Concerning the End For Which God Created the World)이고, 전반부는 조나단 에드워즈와 그의 사상, 그리고 그 책을 소개하는 존 파이퍼의 글이다.

그날 밤 나는 마치 감전된 것 같은 거대한 충격을 받았다. 그 충격의 원인은 한마디로 하나님의 '크심'―이것을 합당하게 표현할 수 있는 다른 용어를 굳이 찾는다면 '영광'이라고 말해야 할 것 같다―이었다.

나는 마치 그전에는 하나님을 알지도 못했던 것처럼 느꼈다. 내가 믿고 사랑하고 섬겨왔던 하나님이 그토록 '크신' 하나님이라는 사실에 전율했다. 나 자신의 존재는 먼지처럼 느껴졌다. 하나님의 영광의 무게에 압도되었다. 그리고 이내 그 크신 하나님께서 먼지 같은 나를 사랑하셨다는 사실이 머리에서 가슴으로 밀려들어오면서 걷잡을 수 없이 눈물이 쏟아져내렸다. '고마움'이나 '감사함'으로 표현하기에는 너무 미흡한, '은혜'라는 말을 쓴다고 할지라도 이전에 내가 사용해왔던 피상적인 느낌 때문에 도무지 합당하게 여겨지지 않는, 어떤 말로도 형용할 수 없는 시간이었다. 그 경험과 깨달음은 이후 나의 신앙과 삶의 내용을 결정지었다고 말할 수 있다.

하나님의 선하심

그로부터 얼마 후, 나는 다니엘 풀러가 쓴 『성경의 일관성』(The Unity of the Bible:Unfolding God's Plan for Humanity)[2]을 읽었다. 후에 알았지만, 존 파이퍼는 그의 책 『장래의 은혜』(Future Grace:The Purifying Power of the Promises of God) 서문에서 풀러신학대학원 시절 자신을 가르쳤던 은사 다니엘 풀러의 이 책이 바로 『장래의 은혜』라는 나무가 심겨진 정원의 역할을 했노라고 밝힌 바 있다.[3] 나도 그렇게 말해야겠다. 이 책은 나에게 성경을 보는 렌즈와 해석하는 열쇠를 제공해주었다. 그것은 바로 『우리가 하나님을 오해했다』의 주제인 '하나님의 선하심'이다. 나는 본문에서 왜 하나님의 선하심이 하나님의 영광인지를 자세히 설명할 것이다.

'하나님의 선하심'이라는 주제가 어떤 이들에게는 진부하게 들릴지 모른다. 그러나 이 주제처럼 피상적으로 다루어지고 그대로 받아들여져서 밋밋한 용어가 되어버린 성경적 주제도 없다. 그래서 하나님은 교회 안에서조차 '오해받으시는 하나님'이 되셨다.

나는 오래도록 하나님에 대한 오해를 품고 신앙생활을 해왔다. 그런 오해 속에서 목사가 되려고 신학교에 갔고, 선교사가 되어 인도네시아에 갔다. 그리고 한국 교회의 많은 젊은이들이 선교사로 헌신하도록 도전을 주었다. 그러나 내가 그 모든 섬김 속에서 가지고 있었던 하나님에 대한 이해는 뭔가가 좀 부족하고 오해된, 그런 하나님이었다. 나는 은혜도 알았고 감격도 있었고 정말 주님을 사랑했다. 그러나 '하나님의 선하심'이라는 주제, 이제 내가 이 책에서 전개해갈 이 주제가 의미하는 바를 충분히 알지 못했다. 그래서 언제나 나의 사역은 한계에 부딪히곤 하였다. 가장 고통스럽고 힘겨운 시간이 찾아올 때면 나는 불안해했고 두려워했다. 왜 그런지를 정확하게 모르면서 말이다.

하나님의 기쁨

하나님을 섬기는 내게 결핍된 것은 기쁨이었다. 어느 날 나는 내가 가슴 깊은 곳에서 추구하고 있던 것이 바로 하나님의 기쁨이라는 것을 알게 되었다. 나는 하나님을 알아야 했고, 또 하나님의 기쁨을 배워야 했다. 하나님은 복음 안에 그것을 충분히 계시해 놓으셨다.

이것을 깨달은 것은 존 파이퍼가 쓴 『하나님의 기쁨』(The Pleasure of God:Meditations on God's Delight in Being God)을 읽으면서였다.[4] 이 책은 그가 쓴 가장 잘 알려진 책 『여호와를 기뻐하라』(Desiring God:Meditation of a Christian Hedonist)[5]를 통해서 주창한 기독교 희락주의의 주제를 보다 신학적 깊이를 가지고 다룬 책이다. 나는 여기서 내가 섬겨온 하나님을 더 깊이 배우게 되었다. 그리고 나의 기쁨을 희생시키지 않으면서도 하나님의 기쁨을 추구하고 하나님을 섬기는 기쁨을 조금 더 알게 되었다.

1995년, 인도네시아에서 첫 번째 사역을 마치고 돌아온 아내와 나는 영적으로 많이 피폐해져 있었다. 사역적으로는 문제가 없었다. 하지만 우리는 너무나 많은 일을 우리 자신의 힘으로 감당했으며, 우리 안에서 흘러나오는 생수의 강이 경험되지 않고 있다는 것을 분명하게 깨달았다. 수없이 묻고 또 물었다. 왜 주님을 섬기는 일이 이런 메마름 가운데서 이루어져야 하는지, 주님을 섬기는 우리 자신은 왜 이렇게 행복하지 않은 것인지, 인도네시아 사람들을 행복하게 해주려고 그곳에 가서 그들을 섬기는 우리는 정작 왜 이렇게 불행하게 느껴지는지…….

그때쯤 나는 래리 크랩이 쓴 『당신의 문제에서 하나님을 발견하라』라는 책을 읽었다.6) 이 책의 영어 제목은 『Finding God』이다. 제목처럼, 나는 이 책을 통해 하나님을 새롭게 발견했다. 하나님의 선하심이 내 신앙과 삶의 견고한 토대가 되지 못한 결과를 내가 고스란히 경험하고 있다는 것을 알았다. 하나님의 선하심을 믿는다는 것이 무엇을 의미하는지, 그리고 내가 왜 그렇게 고통스러워했는지를 더 깊이 이해하게 되었다. 시간이 더 많이 흐른 뒤, 나는 이 책이 아내와 함께하는 여정 속에서 함께 던져왔던 수많은 질문에 대해 결정적인 통찰을 제공해주었다는 것을 깨달았다. 또 다른 여러 스승을 통해 그림이 좀 더 전체적으로 온전하게 보이게 되었을 때 말이다.

나는 지금까지 하나님을 섬기고 살아오면서 그때의 나와 같은 사역자들, 그리스도인들이 너무나 많다는 것을 보아왔다. 바로 행복하지 않은 목사와 선교사들, 행복하지 않은 그리스도인들이다. 일차적으로 나는 그들을 돕고 싶은 마음에 이 책을 썼다. 주님이 나의 신앙 여정에서 이와 같은 사실들을 배우고 깨닫게 하신 의도가 결코 나 한 사람만을 위한 은혜가 아니라 한국 교회의 많은 형제와 자매들을 섬기게 하신 것이 아닐까 하는 생각에서다.

사람들은 신자나 불신자를 막론하고 다 하나님에 대한 오해를 가지고 있다. 성경에 쓴 대로, 불신자는 하나님을 미워한다(롬 1:28, 8:7). 그들이 최초의 회개와 믿음으로 하나님께 나아오게 됨으로써 그들이 하나님에 대하여 가지고 있던 근본적인 미움과 오해가 사라질 때까지 말이다. 그러나 성경을 통하여 하나님이 어떤 분이신지를 더 깊고 바르게 알아가기까지는 여전히 그 안에 하나님에 대한 오해의 잔재들을 가지고 살아간다.

역사상 그 어떤 탁월한 신학자도 하나님을 완전히 알았던 사람은 없다. 머잖아 우리가 얼굴과 얼굴로 대하여 주님을 보게 될 날이 오겠지만, 피조물인 우리가 무한하신 창조주를 다 알게 되었다고 말할 수 있는 날은 영원히 오지 않을 것이다.[7] 이 세상을 사는 동안 우리는 하나님에 대한 이 부분적인 지식들이 성경에 의해 점점 더 온전함을 입어야 하고, 하나님에 대한 우리의 모든 오해도 성경에 의해 점점 더 벗겨져야 한다. 그렇게 우리는 성경이 계시하는 하나님을 아는 참된 지식으로 확신에 이르러야 한다(딤후 3:14).

하나님을 적대시하는 불신자들의 의식 속에도 하나님에 대한 무지와 뿌리 깊은 오해가 있다. 따라서 그들에게 복음을 전한다는 것은 성경의 진리를 통해 그들이 필연적으로 가지고 있는 하나님에 대한 무지와 오해를 벗겨내는 과정을 포함한다. 전도자가 그들의 오해를 벗겨내기 위해 논쟁을 해야 된다는 말이 아니다. 빛이 비취면 어두움은 물러간다(요일 2:8). 그러므로 무지와 오해가 벗겨지는 것은 오직 복음의 진리를 선명하게 전하는 길뿐이다. 나머지는 성령님께서 하신다. 목회자가 말씀을 선포하고 가르치는 일도 신자들에게 여전히 남아 있는 하나님에 대한 오해의 잔재들을 말끔히 벗겨내는 일이다. 그러기 위해 목회자는 하나님의 말씀을 정확하게 전하고 가르쳐야만 한다. 오직 하나님의 말씀을 통해 하나님을 전하고 하나님을 아는 지식을 가르쳐야 한다. 성도들은 하나님을 더 알게 됨으로써만 하나님을 더 사랑하게 되기 때문이다.

내 신앙여정의 중요한 때마다 하나님을 더 깊이 알게 해준 스승들과 그들이 남긴 책이 없었다면, 나는 오늘 어디쯤에 서 있을까? 사람에게는 나 혼자만의 수고의 열매라고 말할 수 있는 것이 존재하지 않는다. 모두가 다 사랑의 빚이고 은혜다.

이 책을 쓰는 이유

성경과 교리에 대한 무지가 초래한 하나님에 대한 오해는 생각보다 심각한 결과를 낳는다. 게다가 개인적인 오해가 아니라 공동체적인 오해가 되면 그것이 초래하는 결과는 더 무섭고 교정되기가 어렵다. 설령 거듭난 사람이고 하나님을 만난 사람이라 할지라도 하나님을 오해하게 되면 그는 바르고 합당한 방식으로 하나님께 반응할 수 없게 된다. 그리고 신앙은 정체되고 만다. 영적으로 자랄 수 없다. 교회에서 보낸 세월이 아무리 많아져도 하나님의 성품을 반영하는 삶으로 변화되지를 않는다. 자기를 속이지 않는 한 구원의 확신도 가물가물해질 수밖에 없다. 내가 이 책을 쓰는 이유는 이런 현실이 너무나 안타깝고 아파서다. 선하신 하나님을 머리와 가슴으로 알지 못한 채 오해된 하나님을 섬기는 사람들이 너무 많다.

내가 선하신 하나님을 알게 되었던 그 밤 주체할 수 없이 흘렸던 눈물, 그리고 너무나 선하고 영광스러우신 하나님을 그전과는 달리 알게 되었던, 그래서 가슴이 터질 것 같았던 그 감격이 아직도 생생하다. 그날 이후 나는 하나님의 말씀과 내 삶의 여정을 통해서 선하신 하나님을 더 많이 알게 된 것 같다. 그날 나를 옥죄고 있던 고리가 벗겨진 것을 느꼈다. "진리를 알지니 진리가 너희를 자유롭게 하리라"(요 8:32) 하신 주님의 말씀이 이런 것인가, 하는 것을 깊이 경험했다. 그제야 비로소 나는 하나님을 즐거워할 수 있게 되었다. 하나님을 사랑한다는 판에 박힌 고백이 아니라 진정으로 하나님을 좋아하게 된 것이다. 그리고 기독교, 죄, 복음, 믿음, 회개 등의 모든 개념이 하나님과의 관계 속에서만 설명될 수 있다는 사실을 알게 되었다. 즉 기독교신앙은 살아계시고 선하신 하나님과의 관계로만 이해되고 설명되어야 하는 것이다. 이 책을 읽어가면서 당신 또한 이 말을 충분히 이해하게 될 것이라 믿는다.

나는 하나님에 대한 이런 오해를 벗고 보다 기쁘고 즐거운 마음으로 하나님을 섬기는 이들을 알고 있다. 그런 형제와 자매들을 볼 때 가장 기쁘다. 이 책을 읽는 분들에게도 하나님께서 나와 그들이 경험했던 은혜를 풍성히 경험케 하시기를 구한다.

선 하 신 하 나 님 을 향 한 진 리 의 여 정

1
절대적으로 시급한 문제

1
오해된 하나님

하나님에 대한 오해

하나님께서 오해를 받고 계신다. 그것도 심각하게. 하나님을 모르는 사람들에게만 오해를 받고 계시는 것이 아니다. 하나님을 믿는 자녀들의 오해도 대단하다. 예레미야 선지자는 이렇게 말했다. "네 악이 너를 징계하겠고 네 반역이 너를 책망할 것이라 그런즉 네 하나님 여호와를 버림과 네 속에 나를 경외함이 없는 것이 악이요 고통인 줄 알라 주 만군의 여호와의 말씀이니라"(렘 2:19). 하나님을 버림과 하나님을 경외하지 않는 것이 악이요 고통이라면, 왜 하나님의 백성이 하나님을 버리고 하나님을 경외하지 않는다는 것일까? 그 까닭은 하나님을 자기들이 원하는 대로 생각하고 믿기 때문이다. 그것은 오해된 하나님이다. 오해된 하나님은 성경에 계시된 하나님이 아니다. 그 하나님은 도널드 맥컬로우가 말한 대로 자기의 목적에서 비롯된 신, 자기의 이해에서 비롯된

신, 그리고 자기의 체험에서 비롯된 신이다.[8] 이런 신은 결국 사람을 변화시키지 못하는 신이고, 그가 말한 '하찮아진 하나님'이고 데이비드 웰스가 이야기한 '가벼워진 하나님'이다.[9]

이런 신은 성경의 하나님이 아니다. 결국 교회 안에 있는 사람들에게조차 하찮아지고 가벼워진 하나님은 세상의 눈에 띌 수밖에 없었고, 세상은 그야말로 하나님을 우습게 여겨도 된다는 확신을 얻게 되었다. 그러니 기독교의 하나님은 '만들어진 하나님'이라는 주장이 세상의 많은 사람들에게 그럴듯하게 들리고 받아들여지는 것은 조금도 이상한 일이 아니다.

프란시스 쉐퍼는 "교회는 세상을 향한 기독교 최후의 변증"이라고 말했다.[10] 적어도 우리가 사도행전에서 읽은 교회는 그랬다. 그러나 오늘날의 한국 교회를 보면 절대로 그 말에 공감할 수가 없다. 이것이 오늘날의 기독교가 처한 슬픈 현실이다. 이것은 비단 사회적 비리를 저지르는 유명 목사들만의 이야기가 아니다. 또 한국 기독교만의 문제는 더더욱 아니다. 왜 이렇게 되었을까? 이 문제의 근저에는 하나님에 대한 오해가 있다. 세상뿐 아니라 교회 안에서도 오해된 하나님 말이다.

성경 문맹 시대

데이비드 웰스는 우리 시대를 가리켜 "성경 문맹 시대"라고 말했다. 이 말이 앞에서 한 이야기에 대해 무엇을 말해주는 것일까? '오해된 하나님'은 성경에 대한 무지에서 비롯되었다는 것을 말해주지 않는가?

슬프게도 복음의 진리를 선명하게 선포하는 강단을 찾아보기 어려운 시대가 되었다. 교회의 크기가 교회의 성공을 말해주는 척도가 될 수도 없거니와 그런 것이 성공이라고 할지라도 참된 복음의 진리를 선포하는 강단의 능력으로부터, 즉 위로부터 주어지는 성공은 아닐 것이다.

오늘날 교인들 중에서 성경을 한 번이라도 제대로 읽어보았고, 성경 읽기를 매일 지속적으로 하고 있는 사람들을 찾아보기가 쉽지 않다. 이 것이 교회의 현실이다. 성경에 대한 무지는 어느 날 갑자기 교회에 주어 진 상황이 아니다. 한 시대의 교회가 성경에 무지하게 되기까지는 눈에 띄지 않을 만큼 오래도록 진행되는 과정이 있게 마련이다.

어렸을 때 교회에서 들었던 말 중에 지금까지 기억하는 것이 있다. "매삼주오!" 매일 세 장, 주일에는 다섯 장씩 성경을 읽으라는 말이다. 이렇게 읽으면 1년에 성경을 일독하게 된다. 당시 교회에는 '큐티'라는 것도 없었고, 세련된 성경공부나 입맛을 당기는 프로그램들도 없었다. 그저 주일 오전예배, 저녁예배, 그리고 수요일 저녁예배, 금요 철야예배 에 참석하여 하나님의 말씀을 듣고 배우는 것이 거의 전부였다.

그런데 왜 지금은 그 많은 큐티교재와 프로그램에도 불구하고 교회 가 성경에 대해서 이처럼 무지해진 것일까? 교회 안에 프로그램으로 자 리 잡은 이런저런 학교들은 수료했지만, 정작 성경을 읽지 않기 때문이 다. 그리고 더욱 심각한 문제는 강단에서 하나님의 말씀을 가르치지 않 는 것이다. 설교의 개념이 변했다. 하나님의 말씀의 의미를 밝히 드러내 고 그것을 회중에게 적용하는 것이 아니라, 성경에서 한 구절이나 한 문 단을 읽고 그와 유사한 도덕적 교훈이나 흥미로운 예화들을 들려주는 것이 설교가 되었다.

기독교는 쉬운 것이라는 생각

목회현장 안팎에서 다양한 교인들을 만나면서 조금은 좌절하게 될 때가 있다. 많은 교인이 '기독교는 쉬운 것'이라는 암묵적 전제를 가지고 있다는 것을 느낄 때다. 그래서 어려운 것은 무조건 피하려 든다. 신앙에 크게 유익을 줄 만한 책을 소개하면 어렵다고들 한다. 정말 어려운 책이었을까? 그냥 누워서 쉽게 읽을 수 있는 에세이가 아닐 뿐이다. 기독교는 그저 재미있는 간증 수준을 넘어서지 못한다는 생각이 너무도 만연하다.

고등학교 때나 대학교 시절을 생각해보라. 공부를 거저 한 사람이 없을 것이다. 몰라서 끙끙거리기도 하고, 때로는 알 만한 사람을 찾아서 물어보기도 했다. 가끔은 문제를 풀기 위해 밤도 새워야 했다. 나에게는 쉬운 것이 거의 없었다! 세상의 지식, 그것도 누구나 다 하는 공부를 위해서도 그토록 노력을 기울여야 했다면, 하물며 하나님을 아는 지식이야 어떠하겠는가! 그럼에도 불구하고 하나님께서는 당신을 분명하게 알 수 있도록 우리에게 성경을 계시로 주셨다. 그 성경은 웨스트민스터 신앙고백에서 말하는 것처럼 누구나 다 이해할 수 있을 만큼 쉬운 것은 아니지만, 너무나 감사하게도 구원을 위해 필요한 모든 지식을 누구라도 충분히 이해할 수 있도록 주어진 계시다.[11]

성경을 읽는 것이 중요하다는 사실을 틈날 때마다 강조하는 나는 "성경이 어려워요."라고 말하는 이들을 많이 만난다. 동의한다. 그러나 그런 생각의 이면에는 기독교는 쉬운 것이라는 생각, 기독교는 쉬워야 된다는 생각이 있는 것 아닐까? 성경을 알기 위해서 좋은 스터디 성경을 사는 것은 어떨까? 필요하면 좋은 성경지도나 성경사전도 장만해야 하지 않을까? 이런 것은 신학교에 갈 사람들뿐 아니라 모든 그리스도인이 당연히 해야 하는 일 아닐까? 교과서만 가지고 공부하는 고등학생은 없지 않은가? 대학을 가기 위해서도 그렇다면 하물며 하나님을 알기 원하는 사람들은 어떠해야 하겠는가? 잠언의 말씀을 귀담아 들어야 할 때가 아닐까? "은을 구하는 것같이 그것을 구하며 감추어진 보배를 찾는 것같이 그것을 찾으면 여호와 경외하기를 깨달으며 하나님을 알게 되리니"(잠 2:4~5).

신입사원이 밤을 새워서라도 힘들고 어려운 모든 업무 관련 사항들을 빠른 시일 내에 배우고 익혀야 하는 것을 생각해보라. 이와 같이 하나님을 알기에 힘쓰라고 말씀하는 것이 아닐까? 오해된 하나님은 성경을 통해서만 교정될 수 있다. 다른 길은 없다. 돈벌이에 우리의 에너지와 열정을 쏟고 인생의 수많은 시간을 아깝지 않게 쏟아붓듯이 진리, 하나님을 아는 지식을 추구해야 한다.

교리에 대한 무지

오해된 하나님은 단지 성경에 대한 무시와 무지의 결과만은 아니다. 물론 궁극적으로야 '성경을 아는 지식'이라는 범주에 포함되어야겠지만, 교리를 무시하는 과정이 지난 수십 년간 한국 교회에서 천천히 진행되어왔다.

중학교 시절, 나는 서울 산촌동에 위치한 작은 교회에 다녔다. 정말 감사한 것은 당시 목사님께서 중학생인 우리에게 오전예배를 마치고 점심을 먹은 후, 웨스트민스터 소요리문답을 가르쳐주신 일이다. 전체를 다 배우지는 못했다. 그러나 우리는 그것을 배웠다. 교리를 배운 것이다. 이후에 나는 교리를 체계적으로 가르치는 교회를 별로 만나보지 못했다.

근자에 한국 교회에 교리에 대한 새로운 강조가 일어나는 것을 보게 되어 정말 기쁘고 감사하다. 교리에 대한 무지는 성경을 보는 눈을 가린다. 교리에 대한 한국 교회의 전반적인 무지가 많은 이단에 속수무책인 교회와 교인들을 만든 것은 아닐까? 교리를 배우지 않으면 성경의 지식들은 체계적으로 쌓여 견고한 지식이 될 수 없다. 교리는 그리스도인에게 선택 사항이 아니다. 복음은 교리다. 성경의 가르침도 교리다. 따라서 교리를 모른다는 것은 우리가 무엇을 믿는지를 모르는 것이며 복음이 무엇인지를 모르는 것이다. 즉 교리에 대한 무지가 하나님에 대한 오해를 낳게 된다.

사향(死向)평준화

내친 김에 한 가지 더 말해야겠다. 교리에 대한 무지를 보여주는 단적인 예다. 어느 교회의 청년부 집회에서 말씀을 전할 때 경험한 일이다. 첫날 저녁, 나는 '중생과 회심'이라는 주제를 다루었다. 그리고 그날 설교에 대한 피드백 중에서 나를 깜짝 놀라게 한 일은 그들 중 적지 않은 숫자가 중생이란 개념을 처음 들어봤다고 한 것이다. 적지 않은 사람이 말이다. 아무리 교리가 무시되어도 그렇지, 주님께서 "진실로 진실로 네게 이르노니 사람이 거듭나지 아니하면 하나님의 나라를 볼 수 없느니라"고 말씀하신, 이 죽고 사는 문제를 교회가 가르치지 않았다면 과연 교회는 무엇을 가르쳤다는 말인가? 이것은 '하향평준화'가 아니라 '사향(死向)평준화' 아닌가? 즉 모두를 죽음으로 몰고 가는 일이 아닌가 말이다. 영접기도를 따라한 것만으로 구원받았다고 인정하고 세례를 주는 기독교는 대체 어디서 나온 것인가? 중생, 곧 거듭남의 문제를 다루지 않고 교회에 나와 새신자반을 수료하는 것만으로 교인이 되는 기독교는 무엇이란 말인가? 또 초코파이로 유혹해서 세례를 받게 하는 군대의 진중세례식은 어떻게 설명할 수 있을까?

미디어의 사회면을 장식하는 교회와 목사들의 비리에서만 타락한 기독교를 찾을 필요가 없다. 이것이 바로 교회의 타락이다. 성경과 교리를 떠난 기독교는 이렇게 간다. 그리고 어차피 모두가 무식하기 때문에 강단에서 성경을 말하지 않아도, 복음의 진리에 부합한 말씀을 전하지 않아도 아무도 항의하지 않는다. 제발 복음을 좀 설교해달라고, 그 영광스러운 진리를 선포해달라고, 하나님의 말씀을 좀 가르쳐달라고 하는 교인들도 적다. 하나님을 알고자 하는 갈망은 도대체 어디에 숨겨놓았단 말인가? 순전하고 신령한 젖을 사모하는 하나님의 자녀들은 어디에 숨어 있는가? 찰스 브리지스는 이렇게 말한다. "초대교회의 회중은 '거룩한 설교'로 배부르기 전에는 흩어지지 않았다."[12]

맹인들의 코끼리 경험담

하나님에 대한 오해, 진리의 실종은 교회의 소그룹 모임에도 깊은 영향을 미친다. 소그룹은 확실히 역동적이면서도 교회의 좋은 동력이 될 수 있다는 데 동의한다. 다만 소그룹 리더들이 배우는 보편적 지침 가운데 하나가 나를 답답하게 한다. 혹시 엉뚱한 이야기를 하는 사람이 있으면 그 사람을 바로 교정해주는 대신 마음이 상하지 않도록 잘 배려하여 "아, 그런 관점으로 생각할 수도 있겠군요."라고 격려하라는 것이다. 사람의 마음을 상하지 않게 배려하는 점은 백번 좋은 생각이라고 동의한다. 하지만 우리는 "사랑 안에서 참된 것을" 말해야 한다(엡 4:15). 이것이 비록 듣는 사람이나 서로의 관계를 잠시 상하게 할 수 있다는 것을 알아도 말이다(갈 4:16). 만일 앞에서 언급한 방식의 소그룹이 진행된다면 거기서 어떻게 진리를 배우고 진리 안에서 자라갈 수 있겠는가? 그것은 포스트모던식 다원주의 철학이 소그룹의 원리가 되는 것 아닐까? "교훈과 책망과 바르게 함(교정)과 의로 교육하는" 성경의 기능은 어디에 있는가?

결국 이런 소그룹은 교회 안에서 여러 맹인이 코끼리를 만지고 자기의 경험을 나누는 시간이 되고 만다. 부분적이고 왜곡된 자기의 경험으로 하나님을 말하는 형국이다. 진리는 실종되고, 오해된 하나님만이 남는다.

하나님을 감동시켜야 한다?

기독교 전반에 걸친 모든 오해는 하나님에 대한 오해에서 비롯된다. 이런 오해들 중에 기독교를 온갖 의무의 목록 정도로 보는 오해가 있다. 이들에게 신앙생활은 해야 할 의무가 너무 많은, 숨 막히는 것이다. 그들은 '술 담배를 끊어라'부터 시작해서 십일조, 주일성수, 기타 헌금들, 헌신하라는 요구 등 정말 많은 것들을 떠올린다. 그래서 기독교를 못 믿겠다고 말한다. 또 신앙생활을 한다고 하지만 의무감에 매여 힘겨워하든지, 아니면 적당히 타협하면서 좋은 게 좋은 거라는 식으로 살아가는 사람들도 적지 않다. 지옥에 갈까봐 두려워서 하나님과 교회를 떠나지 못하는 신앙생활에는 자유함도 기쁨도 없다. 청교도 목사 헨리 스쿠걸의 말을 빌리면, 이런 사람들의 신앙생활은 배우자를 사랑하지 않지만 이혼할 수 없어서 의무적으로 하는 결혼생활처럼 불편하고 불행하다.[13] 이런 신앙생활은 정상적이지 않으며 하나님께서 의도하신 것도 아니다. 만일 신앙생활이 이런 것이라면, 만일 기독교가 사람들의 생각처럼 감당하기조차 힘든 의무들의 목록 자체라면 우리는 하나님을 결코 선한 분으로 볼 수 없을 것이다.

좀 더 들어가 보면, 사람들이 이런 식으로 기독교신앙을 오해하는 이면에는 하나님을 감동시켜야 한다는 종교심이 놓여 있다. 우리의 예배나 헌금, 헌신과 봉사 등을 통해 하나님을 감동시켜야 한다는 부담 말이다. 그렇게 하면 나도 면목이 서고 하나님께 이것저것 달라고 해도 마음이 좀 떳떳해지는 것 같다. 혹은 기도로 구하는 것을 하나님이 반드시 주셔야 한다고 생각하게 하는 뿌리 깊은 자존심도 있다. 그러나 이런 생각은 선하신 하나님에 대한, 그리고 은혜에 대한 근본적인 오해를 반영할 뿐이다. 이것은 소위 무당이 굿을 하면서 "정성이 모자란다"고 외칠 때 거기에 반응하는 사람들의 무지한 종교심과 그다지 다르지 않다. 인간의 모든 종교는 약간의 차이를 가질지라도 결국 이 수준을 벗어나지 못한다. 이런 방식으로 종교는 죄인의 본능인 자존심과 자기 의를 충족시켜준다.

기독교에 대한 오해를 보여주기 위해 다음의 두 사람을 소개하겠다.

한 사람은 기독교를 자신이 원치 않는 의무수행이라고 여김으로써 자기가 누리고 있는 기쁨을 다 잃어버릴 것이 두려워 하나님을 믿지 못하겠다고 생각했던 사람이고(하지만 결국 하나님께 돌아와 오해를 풀었다!), 또 한 사람은 하나님을 섬긴다고는 하였으나 그분을 감동시켜야겠다는 종교적 부담감을 떨쳐내지 못한 까닭에 하나님을 잘못 섬긴 사람이다.

그 첫 번째 사람은 교회사의 위대한 신학자 어거스틴이고 두 번째 인물은 이스라엘의 초대 왕 사울이다.

어거스틴(Sanctus Aurelius Augustinus, 354~430)

이천 년의 교회사에서 가장 탁월한 신학자 가운데 한 사람으로 자리하는 어거스틴은 북아프리카 알제리의 한 도시에서 출생했다. 천재적인 지성을 가진 어거스틴은 17세에 카르타고에 가서 유학하는 동안 학문의 세계에 깊이 빠져들었고 그때부터 한 여인과 동거를 시작하여 아들까지 낳았다. 그의 어머니 모니카는 신실한 그리스도인이었고 아들이 주께 돌아오기를 평생 눈물로 기도한 여인으로 알려져 있다. 하지만 아들은 어머니의 기도와는 전혀 다른 방향으로 가서 고대 종교인 마니교에 심취하게 되었다.

그러나 결국 오랜 세월 동안 이루어진 어머니의 눈물의 기도에 선하신 하나님께서 응답하셨고 어거스틴은 주님께 돌아왔다. 그 후에 그가 남긴 말은 지금 우리가 생각하는 주제를 잘 드러내준다. "한때 잃어버리게 될까봐 그렇게도 두려워했던 헛된 기쁨들이 한꺼번에 다 제거되었을 때 정말 너무나 상쾌했습니다. ……제게서 그것들을 몰아내신 당신은 진정 최상의 기쁨입니다. 제게서 그것들을 몰아내고 그 자리를 대신

취하신 당신은 비록 피와 살에는 아니지만, 그 어떤 즐거움보다 더 감미롭습니다. 마음속 그 어떤 비밀보다 더 깊이 숨겨져 있는 당신은 모든 빛보다 더 빛나는 분입니다. 자신에게서 모든 영광을 찾으려는 인간의 눈에는 비록 보이지 않지만…… 당신은 모든 영광을 능가하는 분입니다. 오, 주 나의 하나님! 나의 빛, 나의 행복, 나의 구원이시여!"[14]

그가 기독교로 돌아오지 못하게 막고 있었던 것은 바로 이런 오해에 기인한 두려움이었다. 그는 『참회록』(The Confessions of St. Augustine)에서 자신의 두려움을 다음과 같이 솔직하게 기록했다. '나는 불쌍한 사람 중에서도 가장 불쌍한 사람으로 젊은 시절을 보내왔고 당신에게 정절과 순결을 구하노라고 했지만, 나는 당신이 쉽게 들어주시지 않을 것을 두려워했고, 내가 그토록 만족을 느껴온 여자에 대한 정욕과 음욕이 오히려 고쳐지는 것을 두려워했습니다.'[15]

세상적인 즐거움을 다 잃어버리게 되지 않을까 하는 두려움이 어거스틴을 끝까지 사로잡고 있었다. 그러나 하나님을 인격적으로 만나게 되었을 때 그런 두려움은 순식간에 다 사라져버렸다. 그는 진짜 기쁨을 발견하였다. 그의 말대로 "최상의 기쁨"이었다. 하나님을 인격적으로 만나기 전, 하나님의 선하심을 맛보아 경험하기 전에 사람들은 지레 이런 두려움에 눌리곤 한다. 하나님을 믿는다는 것은 자기가 원치 않는 많은 의무들을 행해야 하는 고역이라고 생각한다. 기독교를 그런 의무 수행을 통하여 하나님을 감동시켜야 하는 종교로 생각한다.

그러나 하나님을 만나면, 하나님을 제대로 알게 되면 그런 두려움은 물거품처럼 사라지고 만다. 만일 하나님을 믿고 있는데도 그런 두려움과 의무감 속에서 살아가고 있다면 여전히 하나님을 모르는 것이며 하나님의 선하심을 진정 맛본 적이 없는 것이다. 어거스틴의 경험은 하나님께 나아가기 전까지 사람이 가질 수 있는 두려움이나 오해의 문제를 보여준다. 그 오해는 자신이 원치 않는 의무 수행을 통해서 하나님을 감동시키는 것이 기독교라는 생각이다.

이스라엘의 초대 왕 사울

두 번째로 살펴볼 인물은 이스라엘의 초대 왕 사울이다. 그리고 내가 하려는 사울의 이야기는 바로 사무엘상 14장의 내용이다.

이스라엘이 블레셋 군대와 전쟁을 할 때였다. 사울은 전쟁하는 군인들에게 전쟁에 승리할 때까지 금식을 맹세시켰다. 하루 종일 전쟁을 치러야 하는 군인들이 먹지 않고 어떻게 전쟁을 수행한단 말인가? 이것은 분명히 비상식적인 행위였다. 하지만 신앙이 언제나 상식에 부합하는 것은 아니다. 그렇다면 사울의 행위는 신앙적인 행위였는가?

이야기를 좀 더 살펴보자. 그날의 전쟁에서 사울과 이스라엘은 결국 승리를 거두었다. 하지만 너무나 시장했던 군인들이 노획한 짐승들을 피도 다 빼지 않은 채 먹어버렸다. 이 사실을 안 사울은 이렇게 말했다. "너희가 믿음 없이 행하였도다"(삼상 14:33). 그리고 처음으로 하나님을 위하여 제단을 쌓았다(삼상 14:35). 이러한 행위는 언뜻 사울의 훌륭한 신앙을 드러내는 감동적인 일처럼 보인다. 한편 사울의 이런 맹세가 있었다는 사실을 알지 못하고 먼저 블레셋 진영에 뛰어들었던 요나단은 전쟁 중에 시장하여 수풀에서 발견한 꿀을 먹었고 나중에 이것이 문제가 되었다. 사울이 자기 아들 요나단의 행위에 대해 어떻게 반응하는가? "요나단아 네가 반드시 죽으리라 그렇지 않으면 하나님이 내게 벌을 내리시고 또 내리시기를 원하노라"(삼상 14:44). 범죄한 자가 자기 아들일지라도, 전쟁 영웅일지라도 하나님 앞에서 결코 타협하지 않는 사울의 신앙이 보이는가? 아브라함이 자기의 독자 이삭을 하나님의 명령대로 순종하여 번제로 바친 행위와 견줄 만하지 않은가?

이 이야기의 핵심은 무엇일까? 본문이 사울의 신앙을 우리 모든 그리스도인의 모범으로 제시하는 것일까? 물론 아니다. 우리가 질문해야 하는 것은 '사울이 전쟁을 나가는 군인들에게 금식이라는 극단적인 종교적 맹세를 시킨 동기가 무엇인가?'이다. 사울에게는 하나님에 대한 인격적인 신뢰가 없었다. 그래서 그는 전쟁의 승리를 위하여 자신의 극단적인 종교적 행위에 의존할 수밖에 없었다. 그것은 확신을 얻기 위한 몸부림이었다. 그렇게 해야만 그는 자기의 행위가 어느 정도 하나님을 감동시킬 것이라 생각했고 자신의 극단적 행위에 의존하여 승리를 담보할 수 있다는 생각으로 마음에 최소한의 안정을 확보할 수 있었다.

하나님은 승리를 얻으려면 전쟁에 나가는 군인들이 금식을 해야 한다고 말씀하지 않으신다. 하나님은 우리의 필요나 합당한 즐거움을 부정하시거나 금하시는 분이 아니다. 하지만 하나님을 모르거나 하나님의 선하심을 알지 못하면 사울처럼 행동하게 된다. 자기 확신을 얻기 위한 동기에서, 하나님을 감동시키려는 동기에서, 하나님과 씨름해서 이기려는 심정으로 행하는 금식은 하나님을 기쁘시게 하지 않는다. 이것은 기독교가 아닌 단지 종교일 뿐이다. 하나님께서 하라고 명하시지도 않은 일을 행하는 것이다. 그렇게 해야 안심이 되기 때문이고, 그렇게 해야 하나님이 감동을 받으실 것이라 여기기 때문이다. 이것은 기독교도 아니고 신앙도 아니다. 잡신을 섬기는 것과 조금도 다르지 않다.

오늘날에도 사울 같은 신앙의 모습으로 살아가면서 그것을 신앙이라고 여기거나 높이는 일들을 본다. 금식기도든 철야기도든 특별새벽기도든, 그것이 사울과 같은 마음의 동기와 태도에서 하는 것이라면 그것은 기독교가 아닌 종교일 뿐이다. 기독교는 사람이 하나님을 감동시켜서 원하는 것을 받아내는 종교가 아니다. 성경은 사람이 하나님을 감동시킬 수 있는 존재라고 가르치지 않는다. 어거스틴이 하나님께 돌아오기 전에 가졌던 두려움이나 사울의 불안함은 기독교가 하나님을 감동시키는 것이라고 생각하는 데서 비롯된 것이다. 이런 오해를 안고 사는 한 신앙은 결코 성장하지 않는다. 하나님의 선하심을 성경이 가르치는 대로 알고 경험해야 한다.

다른 복음은 없다

이처럼 오해된 하나님은 경외할 수 있는 하나님이 아니다. 오해된 하나님은 사실상 만들어진 신일 뿐이다. 또한 오해된 하나님은 우상이다. 모든 우상은 경외의 대상이 되지 않는다. 이용의 대상이 될 뿐이다. 성공과 번영을 위해서 이용하는 신을 설교하는 교회들이 많다. 그들이 전하는 것은 사도들이 전했던 복음이 아니라 소위 '번영신학'이라고 일컬어지는 다른 복음이다.

사도 바울이 성령의 영감으로 쓴 말씀을 기억하는가? "다른 복음은 없나니 다만 어떤 사람들이 너희를 교란하여 그리스도의 복음을 변하게 하려 함이라 그러나 우리나 혹 하늘로부터 온 천사라도 우리가 너희에게 전한 복음 외에 다른 복음을 전하면 저주를 받을지어다 우리가 전에 말하였거니와 내가 지금 다시 말하노니 만일 누구든지 너희가 받은 것 외에 다른 복음을 전하면 저주를 받을지어다"(갈 1:7~9).

사도 바울이 저주를 받아야 한다고 말한 "다른 복음"을 우리는 가볍게 생각하지 말아야 한다. 자기가 원하는 것만을 이루어주시는 하나님은 알라딘의 요술램프를 비비면 등장하는 '지니'가 될 수 있을지언정, 경외하고 예배할 하나님은 아니다. 성경에 계시된 참하나님을 알게 되면, 우리는 그 하나님을 경외하지 않을 수 없게 된다.

심각한 수렁

오해된 하나님은 경외할 수 없을 뿐 아니라 사랑할 수도 없다. 왜냐하면 오해된 하나님은 살아계신 인격으로서의 하나님이 아니기 때문이다. 오해된 하나님은 그저 아테네 사람들이 섬기던 '알지 못하는 신'일 뿐이다(행 17:23). 즉 하나님을 믿는다고 하면서 그 신앙이 참으로 삶을 변화시키는 능력이 되지 못할 뿐 아니라 살아계신 하나님과의 관계가 자신의 삶을 새롭게 하는 것이 아니라면 그가 섬기는 하나님은 오해된 하나님일 수 있다.

성경을 통해서 하나님을 만난 사람은 하나님과 만나는 사람이다. 또한 하나님께서는 성경을 통하여 자신을 분명하게 계시하셨고 성경을 통해서 우리가 배우고 알게 되는 하나님은 사랑하지 않을 수 없는 분이다.

또 정말 심각하게 오해된 하나님은 우리가 결코 즐거워할 수 있는 분이 아니다. 2장에서 자세히 설명하겠지만, 웨스트민스터 소요리문답 1문답에 의하면 사람은 하나님을 영원토록 즐거워함으로써 그분을 영화롭게 한다. 다시 말해 하나님을 즐거워할 수 없다면 하나님을 영화롭게 할 수도 없다. 나는 이 부분이 오늘날, 특별히 한국 교회의 많은 교인들이 빠져 있는 가장 심각한 수렁이라고 생각한다. 적어도 이것은 나의 지난 신앙생활에서 너무나 확연하게 경험한 사실이다.

두 가지 접근

중학교 때 회심한 후 나는 성경을 사랑했고, 교회에서 헌신적인 생활을 하였고, 대학 졸업 후에는 신학대학원에 진학했고, 목사가 되고, 또 선교사가 되었지만, 그리고 은혜의 감격들이 있었음에도 불구하고 늘 나의 신앙생활의 발목을 잡는 것들이 있었다. 내가 계속해서 넘어지는 죄의 문제, 늘 반복적으로 지치고 마는 신앙생활의 패턴, 기쁨의 부재 등이다. 나는 그 근본적인 이유가 무엇인지 정말 몰랐고 궁금했다.

지금은 그때보다는 확연하게 볼 수 있다. 물론 나는 지금도 내 안에 있는 하나님에 대한 오해들을 하나님의 말씀으로 벗겨가는 중이지만, 하나님께서는 내가 하나님을 더 많이 알게 해주셨다. 은혜다.

당시 나의 신앙생활의 발목을 잡는다고 느꼈던 것들의 근본적인 원인은 한마디로 '하나님에 대한 오해'였다. 이렇게 오해된 하나님을 교정하고 치유하기 위해서는 적어도 두 가지 접근이 가능하다. 하나는 복음과 율법의 차이를 분명하게 이해하고 깨달음으로써 복음을 아는 것이다. 19세기 루터교 목사인 C. F. W. 월터의 말이다. "율법과 복음을 구분하는 바른 지식은 성경 전체를 바르게 이해하게 해주는 영광스러운 빛이며, 이 지식이 없다면 성경은 봉인된 책에 불과할 것이다." 그가 말한 복음과 율법에 대한 혼동, 그리고 신앙을 율법주의적으로 이해하는 것이 바로 내 신앙의 발목을 잡았던 문제였다. 사실 율법을 율법으로, 복음을 복음으로 이해하는 것이 교리다. 이 책에서는 매우 부분적으로 다루기는 하겠지만, 기본적으로 이 접근법을 다루지는 않았다.

내가 이 책에서 주로 다루려고 하는 주제인 두 번째 접근법은 성경이 계시하고 있는 대로 '선하신 하나님을 알아가는 것'이다. 하나님을 즐거워할 수 없는 가장 치명적인 이유는 하나님의 선하심을 알지 못하기 때문이다. 또한 하나님의 선하심을 성경대로 알지 못하면 하나님을 영화롭게 할 수도 없다. 우리는 하나님을 너무나 가부장적인 사회에서의 근엄한 아버지의 이미지로 바라보곤 한다.

사실 한국 사람이 아니더라도 근본적으로 아담의 후손인 우리는 하나님에 대한 왜곡되고 비틀어진 이미지를 가지고 태어난다. 거듭나지 않은 자연인은 하나님을 싫어한다. 눈을 씻고 찾아봐도 그는 하나님의 선하심을 발견할 수 없다. 따라서 복음전파는 하나님에 대해서 뒤틀리고 왜곡된 인상을 확고하게 가지고 있는 사람을 향해 성령님의 도우심을 입어 선하신 하나님의 복음을 전하는 일이다. 즉 하나님은 당신이 생각하는 그런 분이 아니라는 것을 복음을 통해서 분명하게 알려주는 일이다.

강단에서 전하고 가르치는 모든 설교도 다르지 않다. 성경에 계시된 하나님이 얼마나 선하신지를 복음을 통해 계속해서 들려주는 일이다. 때문에 나는 이 책에서 하나님이 선하시다는 것을 계속 말할 것이다. 이것이 내가 이 책에서 오해된 하나님을 교정하기 위해 사용하는 접근 방법이다.

나쁜 신학의 비참한 결과

'오해된 하나님'은 나쁜 신학이다. 그리고 나쁜 신학은 거짓의 아비인 마귀가 만들어낸 뒤틀린 신학이다. 나쁜 신학이 얼마나 비참한 결과를 가져오는지에 대해 내가 가까이에서 보았던 한 경우를 소개하겠다. 이것은 앞으로 당신이 읽어가게 될 이 책이 다루는 내용이 얼마나 필요하고 중요한 것인지를 가르쳐줄 것이다.

주님을 신실하게 섬기던 한 사역자가 암에 걸렸다. 그는 하나님께서 자신을 암에서 치유해주심으로써 다시 주님을 섬기게 되기를 간절히 원했다. 그는 병문안을 오는 사람들에게 이렇게 말하곤 했다. "선하신 하나님께서 나를 치유해주시고 다시 하나님을 건강하게 섬길 수 있게 해주심으로써 영광을 받으실 것을 믿습니다." 그의 말을 들은 적지 않은 사람들은 그가 보여준 믿음으로 격려와 감동을 받았을 것이다. 시간이 흐르면서 그의 병세는 점점 더 심각해져갔다. 하지만 그럴수록 그의 믿음은 점점 더 확고해지는 것만 같았다. 그의 말은 변함이 없었고 더 힘이 들어가는 것같이 느껴졌다. 나는 우리가 하나님의 뜻을 알지 못하기 때문에 한편으로는 죽음을 준비하는 것도 지혜로운 믿음의 순종이라는 말을 해주고 싶었지만, 그의 '믿음'이 너무나 강경했기 때문에 결국 그 말을 하지 못하고 말았다. 그리고 그는 안타깝게도 그런 믿음을 끝까지 붙들고 있다가 죽음을 맞이했다. 나는 그 마지막 시간에 선하신 하나님께서 사랑하는 아들의 생각과 마음을 어떻게 다루셨고 정리하셔서 데리고 가셨는지 모른다. 하지만 그의 죽음을 보면서 마음속에 든 안타까움은 믿음으로 죽음을 준비할 수 있는 복된 기회를 나쁜 신학으로 말미암아 그가 놓쳐버렸다는 것이다.

죽음은 그리스도인의 인생에서 가장 영광스러운 시간이다. 미국 필라델피아의 유서 깊은 제십장로교회의 목사이자 유명한 강해설교가였던 제임스 몽고메리 보이스는 췌장암으로 세상을 떠나기 전 교인들에게 이렇게 말했다. "내가 여러분에게 원하는 것은 나의 회복을 위한 기도가 아닙니다. 나의 죽음을 통해 신실하신 구주께 영광을 돌릴 수 있도록 기도해주십시오."16)

암을 반드시 죽음으로 받아들여야 한다고 말하는 것은 아니다. 하지만 하나님의 자녀들은 자신의 죽음이 하나님을 영화롭게 하는 사건이라는 사실을 알아야 한다. 그리스도의 죽음이 우리가 맞아야 하는 육체의 죽음조차 저주나 형벌이 아닌 영광의 시간으로 바꾸어 놓으셨기 때문에 가능한 일이다. 그래서 그리스도인은 영광스러운 죽음을 맞이할 수 있다. 그 시간 그는 성화의 마지막 순간에 서게 된다. 그가 싸워왔던 믿음의 선한 싸움을 마무리하고 평생 자기를 지켜주시고 붙들어주시고 믿어주신 하나님께 최고의 감사를 표현할 수 있는 시간이다. 그 시간은 인생에서 최고로 하나님을 즐거워할 수 있는 순간이다. 그리고 남겨지는 사람들에게 자기가 섬겨온 하나님이 얼마나 선하신 분인지를 말해 줄 수 있는 시간이다. 그렇다면 앞에서 언급한 사역자는 나쁜 신학 때문에 죽음을 통해서 하나님께 영광을 돌리는 기회를 놓쳐버린 것 아닐까? 그의 나쁜 신학이란 이것이었다. 선하신 하나님은 암이라는 치명적인 질병을 치유해주시고 다시 건강하게 하나님을 섬기게 하심으로써 영광을 받으시는 분이라는 신학 말이다. 정말 성경이 가르치는 선하신 하나님이 이런 하나님이실까?

2 선하신 하나님

　신앙생활의 많은 오해는 대개 하나님에 대한 오해에서 비롯된다. 하나님이 어떤 분이신지를 제대로 알지 못하기 때문이다. 하나님이 선하시다는 것에 대해서는 어느 정도 동의하지만, 복음의 창을 통하여 그 선하심의 깊이와 넓이를 알지 못하기 때문에 많은 사람들의 신앙이 정체되거나 성장하지 못한다. 많은 신자들에게 복음은 너무나 축소된 복음이다. 복음이 죄인의 구원사건이나 방법으로 이해될 뿐 선하신 하나님의 인격을 보게 하는 창이 되지 못한다. 하나님을 믿는 사람이라면 그분이 선하시다는 명제에 누구나 동의한다. 하지만 하나님의 선하심을 성경이 가르치는 대로, 인격적으로, 경험적으로 아는 사람은 적다. 나 자신도 경험했지만 교회 안에 있는, 생각보다 많은 사람들이 자신의 과거나 현재의 경험으로부터 '하나님이 선하시다면 어떻게 이러실 수 있어?'라는 의문을 안고 살아간다. 여기서 신앙의 균열이 일어나는 것이다.

세상이 창조되기 전

성경이 '하나님의 선하심'이라는 주제를 가르치는 출발점은 천지창조 이야기다. 더 정확하게 말하면 하나님께서 천지를 창조하시기 전의 이야기다. 성경은 "태초에 하나님이 천지를 창조하시니라"(창 1:1)라고 시작한다. 당신은 하나님께서 왜 세상을 창조하셨는지 생각해보았는가? 창세기 1장이나 2장이 이 '왜?'라는 질문에 대답을 주고 있는가? 이 질문에 우리는 어떻게 접근해야 하는가?

이 질문 이전에 우리가 먼저 물어야 할 것이 있다. 그것은 '하나님께서 세상을 창조하시기 전에는 무엇을 하셨는가?'이다. 그래야 '왜 하나님께서 세상을 창조하셨는가?'라는 질문에 대답을 할 수 있지 않겠는가? 종교개혁자 존 칼빈이 그의 『기독교 강요』에서 어거스틴의 『참회록』을 인용하여 한 말이다. '어떤 파렴치한 자가 하나님은 세계를 창조하시기 전에 무엇을 하고 계셨냐고 어느 경건한 노인에게 조롱 삼아 물었다. 그러자 그 노인은 재치 있게, 하나님은 그런 호기심 많은 자들을 위하여 지옥을 만들고 계셨다고 답변하였다.'[17]

여기서 존 칼빈은 성경이 명확하게 말씀하고 있지 않은 것들에 대해 호기심을 만족시킬 생각으로 하는 질문들이 무익하다는 것을 경고한 것이다. 하지만 정말 이 질문이 그저 호기심을 채우려는 무익한 질문일까? 그로부터 약 200여 년이 지난 뒤 조나단 에드워즈는 이 주제를 연구했고 『하나님의 천지창조 목적』[18]에서 이 문제를 놀랍고 탁월하게, 그리고 성경적으로 담아냈다.

사실 이 질문은 인성이가 초등학교 3학년 때 내게 한 질문이기도 하다. "아빠, 하나님께서 세상을 창조하시기 전에는 뭘 하셨지?" 매일 학교에 가고 집에서는 숙제하고 놀다가 자는 게 인생인가를 회의하는, 나름 인생의 의미를 발견하려는 초등학생의 질문이었다. 질문하는 인성이의 얼굴에서 읽혀진 우려는, 혹시 심심해서서 만드신 세상이고 인생이라면 별로 의미가 없지 않은가, 하는 것이었다. 마치 심심한 아이가 혼자서 레고를 가지고 뭔가를 만들었다가 싫증나면 해체해버리는 것 같은 것이 이 세상이고 인생이라면 무슨 의미가 있겠는가?

만일 하나님께서 영원토록 심심하셨기 때문에 이 세상을 만드신 것이라면 그렇게 생각하는 것도 당연하다. 그러나 하나님은 결코 심심하지 않으셨고 영원 속에서 단 한 순간도 그러신 적이 없으셨다. 천지창조는 심심하셨던 하나님께서 적적함을 달래줄 어떤 존재를 필요로 하셨기 때문에 행하신 일이 아니다. 하나님은 스스로 충족하셔서(self-sufficient) 어떤 존재도, 어떤 창조물도 필요로 하지 않으신다.

하나님은 몇 분이신가?

여기서 우리는 또 하나의 피할 수 없는, 중요한 신학적 질문을 던져야 한다. 바로 '하나님은 몇 분이신가?' 하는 삼위일체 교리다. 하나님이 몇 분이시냐고 물으면 교인들은 대부분 한 분이라고 대답하거나 세 분이라고 대답한다. 둘 다 옳다. 삼위일체 교리가 우리에게 가르치는 것은 하나님은 한 분이면서 동시에 세 분이시라는 것이다. 우리말로 '삼위'(三位)라고 번역된 말을 생각해보자. '위'(位)가 의미하는 것은 '벼슬'이나 '자리'다. 그래서 사람들은 삼위일체 교리를 세 보좌에 계시는 한 하나님 정도로 이해할 수 있다.

어렸을 때 주일학교에서 배운 것을 기억해보면 "아버지가 너희에게는 아버지이고, 엄마에게는 남편이고, 회사에서는 사장님이신 것처럼 하나님은 그런 분이다."라는 설명이 있었다. 혹 "태양은 본체가 있고, 열을 내서 따뜻하게 해주는가 하면, 동시에 빛을 내서 어둠을 밝혀주니, 하나님은 이와 같은 분이다."라고 설명하신 분들도 있었다. 어떤 선생님은 "구약시대에는 성부 하나님으로, 신약시대에는 성자 하나님이신 예수님으로, 그리고 예수님께서 승천하신 후에는 성령 하나님의 모양으로 나타나셨다."라고 설명하셨다. 이런 생각이 깨어진 것은 훗날 신학대학원에서 삼위일체론을 배울 때다. 알고 보니 교회사에서 이단으로 정죄된 교리들을 배운 것이었다. 물론 내가 다녔던 교회는 이단 교회가 아닌, 교리적으로 문제가 없는 '좋은' 교회였다!

웨스트민스터 신앙고백서에서 삼위일체에 대해 진술한 것을 일부 인용하겠다. 참고를 위하여 영어 원문을 붙여놓는다. "하나이신 신성(神性) 안에 세 분이 계시니, 그분들의 본질과 능력과 영원성은 하나이며, 세 분은 곧 성부 하나님과 성자 하나님과 성령 하나님이십니다"(In the unity of the Godhead there be three persons, of one substance, power, and eternity: God the Father, God the Son, and God the Holy Ghost).[19]

혹시 이 부분을 읽으면서 충격을 받지는 않았는가? '하나님이 세 분이시라고?' 하면서 말이다. 이것이 삼위일체 교리에 대한 정통 교회의 진술이다. 그러면 기독교는 삼신론인가? 천만에! 삼신론은 세 신이 서로 갈등하고 반목하고 싸우고 화해하는, 일종의 다신론이다. 반면 기독교의 삼위일체 교리는 다신론과 구별되는 유일신론이다. 하나님은 성부와 성자와 성령으로 계시고 세 분은 서로 구별되는 인격이시지만 본질과 능력과 영원성에 있어서 하나이시고 동일하시다. 삼위 하나님 안에 결코 불일치나 갈등이나 대립이 존재하지 않고 존재할 수도 없다. 이처럼 내가 하나님께서 세 분이라는 것을 강조하는 중요한 이유는 하나님은 결코 세상을 창조하시기 전에, 하나님 외에 어떤 존재도 생겨나기 전에, 영원 전부터 한 순간도 결코 심심하시거나 외로우신 적이 없었다는 것을 말하기 위해서다. 다시 말해 하나님은 영원 전의 어떤 한 순간에도 홀로 계신 적이 없으셨다.

창세전에 하신 일

이제 하나님께서 세상을 창조하시기 전에 무엇을 하셨는가, 하는 질문으로 다시 돌아가보자. 하지만 이번에는 '삼위 하나님께서 세상을 창조하시기 전에 무엇을 하셨는가?'라는 질문이다. 성경은 이 질문에 대해서 우리에게 무엇을 가르치고 있는가? 창세기가 "태초에 하나님께서 천지를 창조하셨다"는 말씀으로 시작한다는 것을 우리 모두가 아는데, 성경이 그 전의 이야기를 우리에게 들려주고 있다는 말인가?

먼저 주님께서 십자가를 지시기 전날 밤에 홀로 성부 하나님께 기도하셨던, 그 유명한 대제사장의 기도를 보자. 요한복음 17장 1절이다. "예수께서 이 말씀을 하시고 눈을 들어 하늘을 우러러 이르시되 아버지여 때가 이르렀사오니 아들을 영화롭게 하사 아들로 아버지를 영화롭게 하옵소서" 여기서 우리는 성부 하나님과 성자 하나님의 관계를 볼 수 있다. 성부 하나님과 성자 하나님의 관계는 기본적으로 아버지께서 아들을, 아들이 아버지를 영화롭게 하시는 관계다. 5절을 보자. "아버지여 창세전에 내가 아버지와 함께 가졌던 영화로써 지금도 아버지와 함께 나를 영화롭게 하옵소서" 주님께서 무엇이라고 기도하셨는가? "창세전에"라고 말씀하셨다! 주님께서 기도하시는 것을 지금 사도 요한이 보고, 듣고 있다는 사실을 생각해보라. 성령님께서는 사도 요한이 주님의 기도하시는 모습을 보게 하셨고, 훗날 기억하게 하셔서 이것을 요한복음에 기록하게 하셨다. 주님께서 "아버지, 우리가 세상을 창조하기 전에 나와 아버지가 함께 누렸던 영광, 그 영광으로 이제 아들을 다시 영광스럽게 하옵소서."라고 기도하시는 것을 들었을 때 사도 요한은 얼마나 놀랐을까? 그 순간 요한의 온몸이 얼어붙는 듯했을 것이고 머리카락이 쭈뼛 섰을 것이다. 주님은 지난 3년 동안 그가 몸을 기댔고 그와 함께 갈릴리를 거니셨던, 소위 한솥밥을 드셨던 분이다. 물론 요한은 주님이 메시아라는 사실을 알았다. 그런데 예수님의 기도를 듣고 보니, 그분은 창조주 하나님이셨다! 자신이 사람의 몸을 입으신 창조주 하나님과 3년을 다녔던 것이다. 하나님의 영광을 보고는 살 자가 없는 그 거룩하신 하나님 말이다. 그곳에서 주님은 창세전에 아버지와 누리던 영광을 다시 누리게 해달라고 기도하셨고, 우리는 여기서 한 가지 실마리를 얻게 된다. 성삼위 하나님께서는 세상을 창조하시기 전에 영광을 누리고 계셨다. 좀 더 정확하게 표현하면 아버지가 아들을, 아들이 아버지를 영화롭게 하고 계셨다. 24절도 주목할 만하다. "아버지여 내게 주신 자도 나 있는 곳에 나와 함께 있어 아버지께서 창세전부터 나를 사랑하시므로 내게 주신 나의 영광을 그들로 보게 하시기를 원하옵나이다" 주님은 여기서도 "창세전부터"라고 말씀하신다. "창세전부터 아버지께서 나를 사랑하셨다"고 말씀하신다. 그리고 아버지께서 예수님을 사랑하신 것이 예수님의 영광이며, 그 영광을 제자들이 볼 수 있기를 기도하고 계신다. 주님의 기도대로라면 우리가 던진 '세상을 창조하시기 전에 삼위 하나님은 무엇을 하셨는가?'라는 질문은 중요하다. 성부 하나님과 성자 하나님은 천지를 창조하시기 전에 서로가 서로를 영화롭게 하시면서 영광을 누리고 계셨다. 그리고 주님께서 24절과 같이 기도하신 대로라면 우리는 창세전에 성부 하나님께서 성자 하나님을 사랑하셨던 그 영광을 보아야 한다. 이것이 주님의 기도였기 때문이다!

그러나 우리에게는 '영화롭게 하다', 혹은 '영광을 돌리다'라는 단어가 그리 명확하게 이해되지 않는다. 우리는 종종 하나님께 영광을 돌린다는 말을 사용하지만, 그 의미는 여전히 지나치게 종교적으로 들리고 그 뜻도 모호하다. 과연 성부 하나님과 성자 하나님께서 서로 영광을 돌리고 영화롭게 하셨다는 말은 무슨 의미일까?

우리는 이제 잠언 8장 30~31절을 볼 준비가 되었다. "내가 그 곁에 있어서 창조자가 되어 날마다 그의 기뻐하신 바가 되었으며 항상 그 앞에서 즐거워하였으며 사람이 거처할 땅에서 즐거워하며 인자들을 기뻐하였느니라" 여기서 "내가"라고 표현한 화자(話者)는 누구인가? 여기서 1인칭인 '나'는 잠언 8장의 문맥으로 볼 때 지혜다. 지혜가 의인화되어서 "나 지혜는"이라고 말하고 있다(잠 8:12). 이 말씀을 읽어보면 지혜가 가리키는 분은 바로 삼위 하나님의 제2위이신 예수 그리스도라는 사실을 부인하기 어렵다. "그리스도께서 그 곁에 계셨다"고 한다면 '그'는 누구신가? 바로 성부 하나님이시다. 따라서 우리는 30절을 "그리스도께서 성부 하나님 곁에 계셔서 창조자가 되어"라고 읽을 수 있다. 그러면 그때 하나님께서 무엇을 하셨는가? 성자 하나님이신 그리스도께서는 날마다 그(성부 하나님)의 기뻐하신 바가 되셨고, 항상 그(성부 하나님) 앞에서 즐거워하셨다. 성부 하나님께서도 성자 하나님을 기뻐하셨다. 즉 서로가 서로를 기뻐하고 즐거워하고 계셨다! 이것이 하나님께서 천지를 창조하시기 전에 하셨던 일이고, 존재하셨던 방식이다. 이 구절에 따르면 세상을 창조하시기 전에 성부 하나님과 성자 하나님께서 서로를 영화롭게 하시면서 누리셨던 영광은 성부 하나님과 성자 하나님께서 서로를 기뻐하시고 즐거워하셨던 완전한 행복과 완전한 만족, 그리고 완전한 기쁨을 의미한다.

코이노니아

조나단 에드워즈는 이것을 하나님의 행복이라고 표현했다.[20] 영원 전부터 하나님께서는 성부와 성자와 성령으로 계시면서 서로를 한없이 사랑하시고 완전한 행복을 누리셨으며, 완전한 영광 가운데 거하고 계셨다. 이 삼위 하나님 안에 있는 기쁨과 영광의 충만을 성령의 '코이노니아'라는 말로 설명할 수 있다. 사도 바울은 고린도후서를 이렇게 마쳤다. "주 예수 그리스도의 은혜와 하나님의 사랑과 성령의 교통하심이 너희 무리와 함께 있을지어다"(고후 13:13). 많은 목사님들이 이 구절을 사용하여 축도를 하기 때문에 우리에게 익숙한 구절이다. 여기서 성령의 교통하심(교제, 코이노니아)이 무엇을 말한다고 생각하는가? 축도를 들을 때, 당신은 "성령의 교통하심"이라는 말에서 무엇을 생각하는가?

성삼위 하나님께서는 세상을 창조하시기 전에 교제하고 계셨고, 그 완벽한 교제가 삼위 하나님 안에 있었으며, 그 완벽한 교제를 통해 하나님은 충만한 기쁨과 행복을 누리고 계셨다. 사도 바울은 이런 충만한 기쁨과 행복을 누리는 성령 하나님으로 말미암은 성삼위 하나님의 교제가 고린도교회에 있기를 축복한 것이다.

성령의 교제에는 조금의 불일치도, 갈등도, 시기도, 원수 맺음도 없다. 이것은 성삼위 하나님 안에서의 교제이고, 이 교제는 완전한 기쁨과 행복과 만족을 낳는다. 우리도 예배에서 행해지는 축도를 통하여 하나님께서 이렇게 교회를 축복하시는 그 마음을 알아야 한다. 하나님께서는 이 기쁨의 정서를 당신의 형상으로 만들어진 존재인 사람에게, 특별히 하나님의 교회에 나누어주시기를 기뻐하셨다.

슬픔이라는 정서가 가슴속에 묻고 삼키는 것이라면, 기쁨이라는 정서는 한없이 나누고 싶고 나눌수록 더 커지는 성질을 가지고 있다는 점에서 서로 다르다. 세상을 창조하시기 전에 성삼위 하나님께서 영원 전부터 교제하며 누리고 계셨던 삼위 하나님의 기쁨은 이런 방식으로 천지 창조의 동기로 작용한 것이다. 삼위 하나님께서는 그 넘치는 기쁨을 또 다른 존재에게 흘려보내주시기를 강력하게 원하셨고 그렇게 하기를 기뻐하셨다. 그래서 사람을 창조하신 것이다. 여기서 우리는 하나님께서 왜 인간을 하나님의 형상으로 창조하셨는지 그 일차적인 이유를 깨닫게 된다. 하나님의 형상으로 창조하셨다는 것은 하나님께서 가지고 계시는 인격성과 그분의 도덕적 속성들을 가진 존재로 창조하셨다는 말이다. 즉 하나님의 형상으로 만들어졌기 때문에 인간은 하나님과 소통할 수 있는 존재가 된 것이다. 많은 사람이 하나님의 형상을 말할 때 하나님의 도덕적 속성을 가졌다는 것은 강조하지만 하나님과의 소통이라는 중요한 목적은 놓치는 것 같다. 하나님과의 소통을 통해서 인간은 하나님의 기쁨을 느낄 수 있는 존재로 창조되었다. 소통할 수 없는 관계라면 어떻게 기쁨을 줄 수 있겠는가? 하나님께서는 삼위 안에서 누리시는 이 완전하고도 넘치는 기쁨을 흘려보내 주시려고 인간을 하나님의 형상으로 지으셨다. 이것이 창세기 1~2장에 나타난 이야기의 핵심이다.

세상을 창조하신 동기

하나님께서 6일 동안 세상을 창조하실 때 맨 마지막에 인간을 창조하셨다. 이것이 무엇을 말해주는가? 하나님께서 모든 환경과 조건을 완벽하게 조성하신 후에, 창조의 꽃인 인간을 맨 마지막에 만들어 그 동산에 거하게 하신 것이다. 존 칼빈도 『기독교 강요』에서 창조 순서에 나타난 하나님의 세심한 배려에 대해 썼다. '우리는 이와 같은 사물의 순서에서 인류에게 보여주신 하나님의 부성애적인 사랑을 깊이 생각하지 않으면 안 된다. 왜냐하면 만일 하나님께서 아담을 불모의 텅 빈 땅에 두셨다면, 또는 빛이 있기 전에 그에게 생명을 주셨다면 아마도 하나님은 인간의 복지를 충분히 마련하지 않은 분으로 보였을 것이기 때문이다.'[21] 인간이 마지막 날에 창조되지 않았다면 창조의 마지막 날까지 생존조차 불가능했을 것이다! 당신은 하나님께서 창조하신 세상에서 처음 인간을 두셨던 동산의 지명인 '에덴'의 뜻을 아는가? '에덴'이라는 말은 '기쁨, 환희'를 의미한다. 그 동산의 이름조차 하나님께서 인간을 창조하신 동기가 성삼위 하나님께서 누리시던 기쁨이라는 것을 보여주고 있다.

또한 하나님께서 아담에게 하와를 만들어주신 일을 생각해보라. 아담이 외롭다고 하나님께 부르짖어 기도한 적이 있는가? 이스라엘의 왕 사울처럼 아담이 금식을 맹세했는가? 아니다. 하나님께서는 아담이 외로움이라는 정서적 부족함을 느끼기도 전에 그것을 먼저 아셨고, 아담이 미처 느끼지도 못하는 필요를 채워주시기 위하여 하와를 만들어주셨다! 하와를 주시는 과정은 어땠는가? 하나님께서 아담에게 하와를 만들어줄 테니 흙을 퍼다 놓으라고 지시하시고 물을 묻혀서 진흙을 빚으라고 하셨는가? 아담에게 하나님의 일을 하기 위해 헌신하라고 하셨는가? 작업 목록을 제시하셨는가? 우리가 성경에서 보는 것은 하나님께서 아담을 푸른 초장에 눕혀 편히 잠들게 하시고 하나님께서 친히 하와를 만들기 위해서 일하시는 모습이다. 하나님께서는 아담에게서 갈비뼈를 하나 취하셨다. 그리고 그 자리를 살로 채우신 다음, 그 갈비뼈로 여자를 만드시고 그 여자를 아담에게 이끌어오셨다. 그리고 아담을 살며시 깨우시고는 "짠" 하고 하와를 아담의 눈앞에 보이셨다. 그야말로 "서프라이즈"였다. 아담은 놀랐고 그 입에서는 시가 흘러나왔다. "이는 내 뼈 중의 뼈요, 내 살 중의 살이로다." 이 모든 이야기 속에서 하나님이 아담에게 기쁨을 주기를 얼마나 원하시는지 보이는가?

우리는 하나님께서 아담에게 에덴동산에서 선악을 알게 하는 나무의 실과를 먹지 말라고 하신 것을 알고 있다. 그리고 아담 앞에 넘어질 시험을 두어 결국 넘어지게 한 장본인이 바로 하나님이라고 생각하고 싶어 한다. 너무나 많은 사람이 이것을 놓고 하나님이 아담을 넘어지게 만드셨다고 말한다. 마치 하나님께서 악의 조성자가 되시는 것처럼 말이다. 동시에 바로 그 동산 중앙에 생명나무가 있었고, 선악과 시험을 통과한 후 아담에게 생명나무 실과를 상으로 주어 영원히 먹고 누리게 하시려 했던 선하신 하나님의 마음을 보려고 하지 않는다.

성경 전체의 이야기는 결국 하나님께서 주시는 새 하늘과 새 땅에서 그 잃어버렸던 생명나무 실과를 영원히 먹게 하시는 하나님의 은혜를 보여준다(계 22:2). 창세기 3장에서 죄를 짓기 전에 인간이 누렸던, 완전히 만족스럽고 행복한 상태를 상상할 수 있는가? 이 모든 것이 하나님의 창조 동기가 하나님의 기쁨을 하나님의 형상인 인간에게 나누어주시려는 것이었음을 보여주기에 너무나 충분하지 않은가?

하나님께서는 인간을 창조하신 후 인간과 관계를 맺기 원하셨고 우리가 창세기 1장과 2장에서 본 것처럼 인간의 모든 필요를 온전하고 만족스럽게 채워주기 원하셨다. 하나님께서 삼위 안에서 누리시는 기쁨과 행복의 완전함만큼이나 그것을 인간에게 나누어주시기를 강렬하게 원하셨다. 이렇게 우리는 삼위 하나님의 기쁨이 하나님께서 세상과 인간을 창조하신 동기라는 것을 성경의 계시 안에서 확인할 수 있다.

세상을 창조하신 목적

하나님의 천지창조의 동기가 삼위 하나님께서 창세전부터 누리시던, 넘치는 완벽한 기쁨이었다면, 천지창조의 목적은 무엇일까? 궁극적으로 그것은 하나님의 영광이라고 말할 수 있을 것이다. 다만 앞에서도 말한 바와 같이 그 '영광'이라는 단어가 우리 대부분에게 너무나 추상적으로 들린다는 것이 문제다.

하나님께서 천지창조를 통해서 받으시고자 하는 영광은 피조물들이 하나님을 위해서 열심히 노동을 하고 고생을 함으로써 이루어지는 것이 아니다.

하나님의 천지창조의 목적은 하나님의 천지창조의 동기와 일치한다. 즉 인간은 하나님께서 주시고 싶어 하시는 기쁨으로 기뻐하고 만족함으로써 하나님께 합당한 영광을 돌리게 되는 것이다.

좀 더 쉽게 설명해보겠다. 하나님께서 먼저 사람에게 기쁨을 주신다. 그러면 사람은 하나님께서 주신 기쁨으로 기뻐하게 된다. 이런 것을 보통 "은혜 받았다"고 표현하지 않는가? 이런 기쁨과 은혜의 반응은 다시 하나님께 드리는 감사와 찬송과 예배로 나타나게 되어 있다. 그러면 하나님께서는 그것을 영광으로 받으시는 것이다. 이러한 순환이 계속해서 이어지고, 하나님께서 우리에게 주시는 기쁨과 은혜의 정도도 점점 더 깊어지고 커지면서 우리는 하나님께 점점 더 영광을 돌리게 되는 것이다.

이렇게 하나님께서는 천지창조의 목적인 하나님의 영광을 성취하신다. 이것은 단지 인간에게만 나타나는 것은 아니다. 창조된 모든 만물 안에 하나님의 영원하신 능력과 신성이 분명히 보여 알려지게 하심으로써 하나님의 영광을 자연 만물이 증거하게 하신다(롬 1:20 참조). 이것이 사실상 하나님께서 세상과 인간을 창조하신 목적이고, 그중에서도 특별히 인간의 존재 목적을 암시한다.

요약하자면, '왜 하나님께서 세상을 창조하셨는가?' 이 질문에 대한 답은 두 가지로 정리된다.

즉 천지창조의 동기는 하나님께서 삼위 안에서 누리시던 완벽한 기쁨이었고, 천지창조의 목적은 그 기쁨을 인간에게 주심으로 인해 인간과 모든 피조 세계가 하나님의 기쁨 안에서 만족하고 행복을 누림으로써 하나님께 영광을 돌리는 것이다.

한 마음과 한 길

예레미야 32장 39~41절은 성경 전체에서 너무나 중요한 핵심적 메시지를 담고 있는 부분이다. 이 본문은 하나님의 선하심을 한껏 게시하여 드러내고 선포한다. "내가 그들에게 한 마음과 한 길을 주어 자기들과 자기 후손의 복을 위하여 항상 나를 경외하게 하고 내가 그들에게 복을 주기 위하여 그들을 떠나지 아니하리라 하는 영원한 언약을 그들에게 세우고 나를 경외함을 그들의 마음에 두어 나를 떠나지 않게 하고 내가 기쁨으로 그들에게 복을 주되 분명히 나의 마음과 정성을 다하여 그들을 이 땅에 심으리라"

이 짧은 말씀은 예레미야 31장 31절 이하의 새 언약이라는 주제의 연장선상에서 하나님이 자기 백성과 맺으시는 영원한 언약을 설명하고 있다. 본문에서 하나님은 백성들에게 한 영원한 언약을 세우겠다고 말씀하신다. 그 언약의 내용이 무엇인가? 먼저 "한 마음과 한 길"을 주시는 것이다. 왜 한 마음과 한 길을 주신다고 하시는가? "자기들과 자기 후손의 복을 위하여"다. 여기서 말하는 '복'은 무엇을 의미하는 것인가? '복'이라는 말은 "하나님은 선하시다"고 할 때 '선하시다'의 히브리 단어 '토브'와 같은 말이다. 즉 '복을 위하여'라는 말은 하나님께서 그들과 그들의 자손에게 '선을 베풀어주시기 위하여', 그래서 그들이 '하나님의 행복으로 행복을 누리고 하나님의 기쁨으로 기쁨을 누릴 수 있도록'이라는 뜻이다.

그 복은 다름이 아니라 항상 하나님을 경외하게 하고 하나님께서 그들에게 복을 주기 위하여 그들을 떠나지 않으신다는 사실이다. 나는 이 구절에 대한 'New Living Translation'의 번역을 좋아한다. "to worship me forever, for their own good and for the good of all their descendants"(그들 자신과 그들의 후손들의 선을 위하여 그들이 나를 영원히 예배하도록). 하나님을 경외한다는 말을 NLT는 '하나님을 예배한다'고 번역했다. 즉 하나님께서는 하나님의 백성이 자기들의 행복과 자기 후손들의 행복을 위해서 오직 하나님만을 예배하도록 한 마음과 한 길을 주신다. 40절에도 "나를 경외함을 그들의 마음에 두어 나를 떠나지 않게 하고"라고 했는데, 이것도 의미상 '그들의 마음에 하나님을 예배하는 갈망이 생겨서 다시는 그들이 스스로 하나님을 떠나서 우상을 섬기거나 다른 길로 행하지 않을 것이라'는 말씀으로 이해할 수 있다.

그렇다면 어떻게 하나님의 백성의 마음에 항상 하나님을 예배하고 싶은 갈망이 일어나게 되는 것일까? NLT는 40절을 이렇게 번역했다. "And I will make an everlasting covenant with them: I will never stop doing good for them. I will put a desire in their hearts to worship me, and they will never leave me." 이것을 우리말로 풀어보면 다음과 같다. "내가 그들과 영원한 언약을 세울 것이며 그 내용은 이렇다. 내가 그들을 위하여 선을 베풀어주는 일을 결코 그치지 않을 것이다. 그래서 그들의 마음에 나를 예배하고 싶은 열망을 만들어줄 것이다. 그리고 그들이 나를 결코 떠나지 않게 만들 것이다."

선하신 하나님께서 도무지 소망 없고 감동하지 않는 죄인들의 심령이 무너지고 감동할 때까지 그들에게 선을 베푸시는 일을 결코 그치지 않겠다고 영원한 언약을 맺으시는 것이다. 마침내 그 죄인의 심령에 하나님을 예배하지 않을 수 없고, 그 선하신 하나님을 예배하고 싶은 갈망이 충만해질 때까지 하나님은 계속해서 선을 베푸시겠다고 약속하신다.

그리고 이런 하나님의 선하심을 베풀어주시는 은혜는 어떤 죄인의 완악함과 패역한 죄악보다 더 강하다. 때문에 그들은 결국 선하신 하나님을 떠나지 않게 될 것이다. 이것이 40절의 의미다.

마음과 정성을 다하여

이제 41절을 보자. "내가 기쁨으로 그들에게 복을 주되 분명히 나의 마음과 정성을 다하여 그들을 이 땅에 심으리라" 여기서도 복을 준다는 말은 선을 베푸신다는 뜻이다. 하나님께서 죄인들과 이런 언약을 맺으시고 그들에게 선을 베푸시기를 그치지 않으시는 것이 약속 때문에 억지로 행하시는 의무이거나 고역일까? 아니다. 하나님께서는 그들에게 선을 베푸시는 것이 고역이 아니라 기쁨이라고 말씀하신다. 뿐만 아니라 하나님께서는 당신의 마음과 정성을 다해 그렇게 하겠다고 약속하신다. 내 마음은 이 말씀에 무너진다. 우리는 "네 마음을 다하고 목숨을 다하고 뜻을 다하고 힘을 다하여 주 너의 하나님을 사랑하라"(막 12:30)는 말씀을 안다. 하나님이 우리에게 이렇게 명령만 하시는 분인가? 아니다. 도리어 하나님은 우리에게 먼저 그렇게 행하셨다. 마음과 정성을 다해서 죄인을 사랑하셨다. 그것은 하나님의 의무가 아니라 기쁨이었다. 그래서 하나님은 우리로부터 마음을 다하고 목숨을 다하고 뜻을 다하고 힘을 다한 사랑을 받으시기에 너무나 합당한 분이시다.

'나를 예배하려는 열망이 그들의 마음속에 일어나게 하고야 말겠다'는 하나님의 강력한 의지가 보이는가? 억지로가 아니라 가슴에서 터져 나오는 기쁨과 감사와 감격으로 하나님께 예배를 드리고 싶어서 견딜 수 없을 때까지, 아니 영원히 우리에게 선을 베풀어주시겠다는 것이다. 아무리 철면피 같고 돌같이, 혹은 얼음장같이 굳은 마음을 가지고 있으며 양심이 강퍅한 사람이라 할지라도 하나님께서 선을 베풀어주시는 일을 그치지 않으심으로써 그런 사람의 마음이 움직여 감동을 받고 선하신 하나님의 그 사랑 앞에 무릎을 꿇게 하시겠다는 말씀이다.

하나님을 이길 수 있는 인간은 없다. 하나님께서 그 일을 시작하시면 그 누구라도 선하신 하나님께 반응하게 되어 있다. 이렇게 하나님의 선하심을 경험하고 누리게 되면 하나님을 자랑하고 하나님을 높이고 하나님을 예배하고 싶어 하는 마음이 견딜 수 없이 일어나게 될 것이다. 익히 알려진 바와 같이 '예배'(worship)라는 영어 단어는 '합당한 가치를 인정한다'(worthy)는 말에서 유래되었다. 따라서 하나님을 경험하고 누리고 있다면, 그분의 선하심에 만족하고 있다면, 결코 그냥 가만히 앉아 있을 수 없을 것이다. 시도 때도 없이 하나님을 예배하고 싶을 것이다. 그런 마음을 주시기 위하여 하나님은 선을 베푸시기를 결코 그치지 아니하시겠다는 약속을 그리스도 안에서 모든 믿는 자들에게 영원한 언약으로 주시는 것이다.

그러면 어떤 결과가 일어날까? 그런 은혜와 사랑을 입은 하나님의 백성들은 결코 하나님을 떠나지 않을 것이다.

우리는 구약성경에서 수없이 이스라엘 백성이 하나님을 배반하고 떠나가는 모습을 보았다. 그들은 바알을 섬겼고 아스다롯을 섬겼고 많은 이방 우상들을 섬겼다. 우리 자신의 삶에서도 경험하지 않았는가? 그런데도 하나님께서는 이처럼 당신의 선하심을 베푸심으로써 그들에게 하나님을 경외하고 하나님을 예배하고 싶어 하는 마음을 주셔서 그들이 하나님을 떠나지 않게 하시겠다고 하신다. 그러므로 하나님의 선하심을 알고 경험하고 누리는 자는 하나님을 떠나지 않는다. 죽음 앞에서도 말이다.

하나님의 사명선언문

다니엘 풀러는 이 구절에서 하나님의 사명선언문이라고 할 만한 것을 발견했다.[22] 이것은 하나님의 사명선언문이다. "나의 최고의 사명은 _____를 섬기는 것이다." 밑줄 위에 당신의 이름을 넣어서 읽어보라. 나는 이렇게 읽는다. "나의 최고의 사명은 형익이를 섬기는 것이다." 이것이 하나님의 사명선언문이라는 사실이 믿어지는가? 예레미야 32장 39~41절이 바로 그 이야기다. 하나님께서 자기 백성에게 선을 베풀어 주시는 것은 의무가 아니라 하나님의 기쁨이다. 하나님께서 나 같은 인간을 사랑하시는 것은 억지로 하시는 의무가 아니라 그분의 기쁨이다.

하나님께 모독이 되는 경박함이 되지 않기를 바라면서 나는 조심스럽게 상상해본다. 하나님께서는 오늘 아침 내가 자리에서 일어나기 한참 전에 먼저 일어나셔서 책상머리에서 하루를 계획하시기 전에 그 사명선언문을 읽으셨다. "나의 사명은 형익이를 섬기는 것이다." 그리고 그 무한하신 지혜와 능력으로 그 일을 계획하셨고 온종일 실행하신다. 어제도, 이전에 내가 살아왔던 모든 날들 동안에도 한 번의 예외 없이 그렇게 해오셨다. 하나님은 나의 평생에, 그리고 영원토록 그렇게 하실 것이다. 물론 하나님은 주무시지도 않고 책상도 없으시다. 하나님은 오늘 당신과 내가 일어나기도 전에, 이미 오늘 하루 동안 하실 일을 당신의 이 말씀에 근거하여 결정하셨고 실행하기 시작하셨다. 그것은 자기 백성을 섬기시는 일이다. 어느 종교에도 이런 하나님은 없다.

하나님께서 이사야 선지자를 통해서 하신 말씀에 나는 깊이 공감한다. "너희가 나를 누구에게 비기며 누구와 짝하며 누구와 비교하여 서로 같다 하겠느냐"(사 46:5). 모세도 홍해를 가르시고 자기 백성을 구원하신 하나님께 백성들과 함께 이렇게 노래했다. "여호와여 신 중에 주와 같은 자가 누구니이까 주와 같이 거룩함으로 영광스러우며 찬송할 만한 위엄이 있으며 기이한 일을 행하는 자가 누구니이까"(출 15:11). 다윗도 노래했다. "주여 신들 중에 주와 같은 자 없사오며 주의 행하심과 같은 일도 없나이다"(시 86:8).

이것이 바로 하나님의 선하심을 경험한 백성들의 예배다. 선하신 하나님을 만나면 이런 일이 일어난다. 그들은 하나님을 즐거워하기 시작한다. 억지나 의무가 아니라, 기쁨으로 하나님을 섬기기 시작한다. 왜냐하면 하나님께서 자기들의 인생에 찾아오셔서 그치지 않고 선을 베풀어주시는 것을 경험했기 때문이다. 하나님의 선하심을 맛보아 알았기 때문이다. 그들의 마음이 감동을 받았기 때문이다.

기독교는 우리가 하나님을 감동시키는 것이 아니다. 하나님은 영원히 지옥에 떨어질 수밖에 없는 우리 인생에 찾아오셔서 무감동한 죄인의 마음을 감동시키실 때까지 그치지 않고 선을 베푸시겠다 약속하시고 그 일을 실로 이루셨고 이루시는 하나님이시다. 이런 하나님을 아는가? 당신이 믿는 하나님이 이런 하나님이신 줄 알았는가? 만일 당신이 지금까지 이처럼 선하신 하나님을 향하여 마음을 닫고 살아왔다면 얼마나 하나님을 모욕하고 살아온 것인가?

기억하라. 기독교의 핵심은 하나님의 선하심이다.

선 하 신   하 나 님 을   향 한   진 리 의   여 정

2

그리스도인은 무엇을 믿는가

죄 – 하나님의 선하심을 믿지 않음

하나님이 누구신가에 대한 심각한 오해와 무지가 오늘날 교회의 가장 큰 문젯거리라는 것이 내가 이 책을 통해서 말하고 싶은 대전제다. 선하신 하나님을 머리와 가슴으로 아는 것은 오늘날 교회가 회복해야 할 가장 중요한 과제다. 우리는 앞 장에서 하나님에 대한 오해가 기독교의 핵심을 오해하게 만든다는 것을 살펴보았다. 이번 장에서는 하나님에 대한 오해가 죄에 대한 왜곡도 가져온다는 것을 볼 것이다. 하나님을 바로 알지 않으면 우리는 죄도 바로 알 수 없다.

죄에 대한 불충분한 이해

죄가 무엇인가? 많은 사람들이 보편적으로 가진 죄에 대한 오해는 '하라/하지 말라'의 조항들을 범하는 것이 죄라고 생각하는 피상적인 견해다.

가령 교회에 잘 다니고, 술 담배 하지 않고, 그리스도인으로서 특별히 나쁜 행동을 하지 않는다면 문제가 없다고 생각하는 태도다. 이것은 죄에 대한 가장 심각한 오해라고 할 수 있다. 이렇게 피상적인 수준에서 죄를 이해하는 한, 그는 결코 하나님을 안다고 말할 수 없다.

구약시대 이스라엘 백성들이 가장 많이 넘어졌던 문제도 바로 이것이다. 그들은 율법의 조항들을 범하고 범하지 않는 것으로 자신들의 죄를 판단하려고 하였다. 뿐만 아니라 예수님 당시에는 하나님께서 말씀하신 율법의 내용보다 더 많은 적용 관련 조항들을 만들어 놓고 그것까지 지키는 열심을 보였지만, 결과적으로는 하나님 앞에서 극악한 죄인들일 뿐이었다. 주님은 "너희 중에 율법을 지키는 자가 없도다"(요 7:19)라고 말씀하셨다.

사실 신약성경에서 죄를 설명하는 데 가장 많이 사용된 헬라어 단어는 '하마르티아'다. 이 단어는 본래 '과녁에서 빗나간 것', 혹은 '길에서 벗어난 것'을 의미한다.

이렇듯 그 의미가 분명하지만, 많은 사람들에게는 여전히 추상적인 단어로 들린다는 것이 문제다. 이 밖에도 죄를 설명해주는 성경의 많은 단어들이 있다. 가령 허물(사 58:1), 반항과 불순종(삼상 15:23), 불법(요일 3:4), 적대감(롬 8:7), 반역(호 6:7) 등이다.

우리가 이런 단어들의 의미를 공부하고 성경이 가르치는 죄의 개념을 바르게 아는 것은 너무나 중요하다. 만일 우리가 이 개념들을 하나하나 바르게 이해한다면 죄는 반드시 하나님과의 인격적인 관계 속에서만 설명될 수 있다는 사실을 알게 될 것이다. 그러므로 죄를 단지 '하라/

하지 말라'의 목록을 지키고 지키지 않는 차원에서 생각하는 것은 하나님과의 인격적 관계 속에서의 죄를 보지 못하게 하는 것이다.

죄가 발생한 시점

창세기 3장은 첫 사람 아담과 하와가 최초의 범죄를 저지르게 되는 상황을 놀라울 정도로 정교하게 묘사하고 있다.

창세기 3장의 처음 일곱 구절은 죄의 본질을 이해하게 하는 매우 중요한 본문이다.

먼저 우리가 이 본문에서 찾아야 하는 것은 죄가 발생한 시점이다. 하와가 뱀의 유혹을 받아서 선악을 알게 하는 나무의 열매를 먹은 순간이 죄가 발생한 순간일까, 아니면 하와가 옆에 있던 아담에게 주어서 같이 먹었을 때 최초의 범죄가 성립된 것일까? 이것도 아니라면 죄가 발생한 순간은 언제일까?

사실 성경이 매우 정교하게 설명하는 인류 최초의 범죄가 발생한 시점은 그들이 금단의 열매를 따 먹기 전이다. 그것은 뱀의 유혹을 받아서 하와의 마음속에 하나님에 대한 생각의 변화가 일어나기 시작한 시점이다.

본문에는 뱀과 하와의 대화가 기록되어 있다. 우리는 이 대화 속에 나타나는 과장과 생략이라는 왜곡을 통해 하와의 생각이 어떻게 변화하고 있는지, 하와의 마음속에서 무엇이 일어나고 있는지를 비교적 정확하게 관찰할 수 있다.

두 가지 약속

뱀과 하와의 대화 속에서 우리는 진리를 발견하지 못한다. 과장과 생략으로 왜곡된 진리만 있을 뿐이다. 언젠가 제임스 패커가 말했듯이 "전체를 가장한 절반의 진리는 완전한 비진리다." 첫 번째로 보게 되는 왜곡은 뱀의 질문에서 시작된다. 창세기 3장 1절이다. 뱀이 "하나님이 참으로 너희에게 동산 모든 나무의 열매를 먹지 말라 하시더냐"고 물었다. 이것은 하와를 함정에 빠뜨리기 위해 던져진, 매우 지능적인 질문이다. 이 질문에서 뱀은 간교하게 선하신 하나님을 왜곡하고 있고, 하와로 하여금 왜곡된 하나님을 보도록 유혹한다. 그것은 "동산 모든 나무의 열매"라는 말에서 나타난다. 하나님께서 처음에 아담에게 하신 말씀은 "동산 각종 나무의 열매는 네가 임의로 먹되"(창 2:16)였다. 즉 하나님께서는 동산 모든 나무의 실과를 마음대로 먹으라고 말씀하셨지만, 뱀은 동산 모든 나무의 실과를 먹지 말라고 말씀하셨는지 묻는다.

이것은 달라도 너무 다른 이야기다. 하나님이 그렇게 나쁘고 인색하고 너희에게 아무것도 주지 않는 분이냐고 말하는 것이다. 물론 하와는 뱀의 말을 부인하고 나섰다. "동산 나무의 열매를 우리가 먹을 수 있으나" 여기서 하와는 무엇을 생략하고 있는가? 바로 "모든"과 "마음대로"라는 두 단어를 생략했다. 그렇다면 이 생략은 무엇을 의미할까? 하와는 비록 뱀의 말을 부정했지만, 이미 하나님께서 자신들에게 모든 것을 주신 것은 아니라는 생각을 그녀의 대답 속에 드러내고 있다. 다시 말해 뱀의 질문이 전면적인 하나님에 대한 왜곡이라면 하와의 대답은 하나님에 대한 부분적인 왜곡이다.

그녀는 계속 이야기했다. 3장 3절이다. "동산 중앙에 있는 나무의 열매는 하나님의 말씀에 너희는 먹지도 말고 만지지도 말라 너희가 죽을까 하노라" 여기서 세 번째 왜곡이 나타나는데 이번에는 생략이 아니라 과장이다.

하나님께서는 "선악을 알게 하는 나무의 열매는 먹지 말라 네가 먹는 날에는 반드시 죽으리라"(창 2:17)고 말씀하셨다. 하와의 말에 어떤 과장이 나타났는가? 그녀는 "만지지도 말라"는 말을 더했다. 이것이 왜 중요할까? 하와는 이 단어를 더함으로써 하나님께서 금하신 명령이 의미하는 것보다 하나님을 매우 인색한 분으로 묘사하고 있는 것이다.

하와의 말이 풍기는 하나님에 대한 미묘한 왜곡은 이것만이 아니다. 창세기 2장 9절은 하나님께서 동산 중앙에 생명나무와 선악을 알게 하는 나무를 두셨다고 기록하고 있다. 즉 동산 중앙에는 하와가 말한 것처럼 선악을 알게 하는 나무만 있었던 것이 아니다. 생명나무도 있었다. 우리는 하나님께서 생명나무의 실과를 먹지 말라고 직접 말씀하셨는지에 대해 정확히 모른다. 하지만 성경의 이야기 전개를 볼 때 그것은 하나님께서 선악을 알게 하는 나무의 실과를 먹지 말라는 테스트를 통과했을 때, 하나님의 선하심과 주권에 대한 온전한 신뢰를 통해서 그들에게 주어질 상급이었다는 사실을 충분히 유추할 수 있다(계 2:7, 22:2).

하나님께서 하나의 테스트를 주시면서 '내가 이런 상을 너희에게 주려고 한다'고 아담과 하와에게 그 상을 미리 보여주신 셈이다. 그러나 하와의 말 속에서 표현된 그녀의 마음은 하나님의 선하심을 바라보기보다, 하나님이 자신이나 아담에게 완전히 선하시지 않으며 오히려 최선의 것은 당신만이 홀로 가지시고 자기들에게는 주지 않으신다는 느낌을 충분히 보여준다.

하와의 마음이 여기까지 이르자, 뱀이 확실하게 그 과장과 왜곡의 마침표를 찍는다. 카운터펀치였다. 4~5절이다. "너희가 결코 죽지 아니하리라 너희가 그것을 먹는 날에는 너희 눈이 밝아져 하나님과 같이 되어 선악을 알 줄 하나님이 아심이니라" 뱀은 교만하게 하나님의 말씀 자체를 전면적으로 부정하고 있을 뿐만 아니라, 놀랍게도 하나님의 의도까지 왜곡하여 해석하고 있다.

이것이 과장과 왜곡의 절정이다. 하와가 어느 정도 자신의 유혹에 틈을 제공하기 시작하자 뱀은 그 틈을 비집고 들어와서 결국에는 죽을 수 있을 만큼의 독을 뿌려놓는 일에 성공한 것이다. 하나님은 "반드시 죽으리라"고 말씀하셨지만, 뱀은 정면으로 부인하여 "결코 죽지 아니하리라" 말한다. 그러자 하와는 두 가지 약속 사이에서 어느 것을 믿어야 할지 모를 곤경에 처하게 되었다. 전에는 유일하고 참되신 하나님으로부터 주어진 오직 한 가지 약속만 있었다. 그런데 이제는 두 개의 약속이 하와 앞에 놓여 있다. 즉 "먹으면 죽지 않을 뿐 아니라 선악을 알게 되어 하나님처럼 될 것"이라는 뱀의 약속이 더해졌다. 그렇다면 이제 누구의 약속을 믿어야 하는가?

하와의 의심

우리가 죄의 본질을 이해하기 위해서는 뱀과 하와의 대화 중 하와의 마음속에서 어떤 일이 일어났는가를 보는 것이 결정적으로 중요하다. 왜냐하면 이것을 기록하고 있는 본문이야말로 성경이 죄에 대해서 언급하는 최초의 원초적인 설명이기 때문이다.

하와의 말 속에서, 하나님이 자신들을 축복하시기 위해서가 아니라 당신의 필요를 채우시기 위해서 자기들을 만들어 이용하는 것이 아닌가, 하는 생각이 느껴진다. 하와의 말은 뱀과의 대화 속에서 방향을 조금씩 이동했다. 그리고 결국 하나님께서 진정으로, 그리고 언제나 자기들에게 최선만을 공급해주시는 선하신 하나님이라는 사실을 의심하기에 이른다. 적어도 그 전까지는 아무 문제가 없었다. 그들은 하나님께서 주신 최적의 환경 속에서 최적의 배우자와 함께 하나님이 주시는 모든 기쁨을 받아 누리며 살아왔다. 그리고 그 선하신 하나님을 기쁘게 섬기고 즐거워함으로써 그분을 영화롭게 했다.

그런데 하와의 마음속에서 선하신 하나님에 대한 왜곡이 일어나자 하나님에 대한 신뢰에 금이 가기 시작했다. 아담과 하와가 선악을 알게 하는 나무의 실과를 따 먹기 전에 이미 하와의 마음속에서 그런 변화가 일어나고 있었던 것이다. 그것이 결국 자신과 남편은 하나님께 매우 바람직한 목표를 달성하는 도구이자 하나님의 장기판 위의 말들에 불과한 것 아닌가, 하는 터무니없는 생각에까지 이르게 된 것 같다.

이것이 하와의 말에서 우리가 볼 수 있는 변화다. 따라서 이 최초의 범죄가 발생한 시점이 언제냐, 하는 질문의 답은 하와의 마음속에서 이러한 생각, 즉 선하신 하나님에 대한 왜곡이 일어나기 시작한 시점이 된다.

성경이 말하는 죄

그렇다면 성경이 말하는 죄는 무엇인가? 이 최초의 범죄 사건에서 설명해주는 죄는 무엇인가?

죄는 하나님께서 언제나 자신에게 최상의 것을 공급해주신다는 것을 의심하는 것이다. 이것이야말로 죄에 대한 어떤 정의보다 성경에 충실한 죄의 정의가 아닐까 싶다. 왜냐하면 이보다 더 죄를 하나님과의 인격적인 관계 속에서 이해하고 설명하는 것이 없기 때문이다.

죄는 하나님의 선하심을 믿지 않는 것, 선하신 하나님을 불신하는 것이다. 다시 말해 죄는 불신이다. 주님이 보혜사 성령님께서 행하실 사역을 제자들에게 미리 설명하시면서, 성령님이 오시면 그가 죄에 대하여 책망하실 것이며 그 죄는 바로 "그들이 나를 믿지 아니함"(요 16:9), 즉 불신의 죄라고 하신 말씀과 조금도 다르지 않다. 따라서 만일 사람이 지옥에 간다면 그가 행한 죄질이 나쁘거나 죄의 무게가 심해서가 아니라, 그가 단순히 예수 그리스도를 믿지 않는 불신의 죄를 범했기 때문이다.

교회를 다니는 대부분의 사람들은 자신이 예수 그리스도를 믿는다고 생각할 것이다. 그러나 "하나님이 당신의 모든 삶 속에서 참으로 선하신 분입니까?"라고 묻는다면 "예"라고 대답하기를 주저할 사람이 적지 않을 것이다.

이것이 바로 하와가 넘어졌던 대목이라는 사실을 기억할 필요가 있다. 선하신 하나님에 대한 신뢰의 결핍, 상실, 왜곡이 바로 죄다. 선하신 하나님에 대한 불신은 한없는 사랑과 자비, 그리고 완전한 기쁨—하나님께서 삼위 안에서 누리시던 기쁨—과 행복을 나누어주시기 위해서 인간을 창조하신 하나님의 선하심과 영광을 가장 효과적으로 경멸하는 태도이기 때문이다. 즉 이와 같은 불신은 하나님의 창조 목적과 동기를 완전히 모독하는 것이다.

다니엘 풀러는 하와와 아담으로 하여금 "믿지 아니하는 악한 마음"(히

3:12)으로 이처럼 언제나 최상의 것만을 공급해주시는 선하신 하나님을 의심하게 만드는 것이 뱀의 전략이었다고 지적한다.[23] 물론 이런 질문이 생길 수 있다. '이렇게 고통스러운 환경에 처해 있는데 지금도 하나님께서 내게 최상의 것을 공급해주시는 중이라고 믿으라고?' 이 문제는 좀 더 뒤에 다루도록 하겠다. 그러나 기억하라. 죄는 하나님께서 언제나 내게 최상의 것만을 공급해주신다는 것을 믿지 않고 의심하는 것이다.

영적 독립선언

또한 죄는 '영적인 독립선언'이라고 말할 수 있다. 하와는 뱀과의 대화 속에서 잔뜩 왜곡되어버린 하나님, 그런 하나님을 신뢰하고 기뻐하고 의지하고 살아가야 할 필요가 없어졌다. 마음속으로 하나님으로부터의 독립을 선언한 셈이다. 즉 그녀는 범죄함으로써 자신과 세상의 창조주, 그리고 그녀가 존재하고 살아가는 모든 환경(그 모든 환경이 다 창조주 하나님으로부터 주어졌다!)으로부터 독립을 선언한 것이다.

피조물이 감히 창조주로부터 독립을 선언하였다. 그렇지 않고서야 어떻게 하나님께서 말씀하시고 약속하신 것을 믿지 않고 뱀이 준 약속을 믿고 행동을 취할 수 있었겠는가? 하와가 뱀의 말을 듣고 그 나무의 열매를 보자, 정말 놀랍게 보이기 시작했다. 창세기 3장 6절이다. "여자가 그 나무를 본즉 먹음직도 하고 보암직도 하고 지혜롭게 할 만큼 탐스럽기도 한 나무인지라" 그래서 그녀는 선악을 알게 하는 나무의 열매를 따 먹었다! 그리고 자기가 뱀과 대화하는 동안 계속 옆에 서서 침묵으로 일관하던 남편 아담에게 주어 그도 먹게 하였다. 이 사실은 아담의 마음에서도 하와에게 일어난 것과 같은 변화가 진행되고 있었다는 것을 보여준다. 그들은 이렇게 함으로써 영적으로 하나님으로부터 독립을 선언하였다. 더 이상 하나님의 말씀이 그들에게 어떤 의미도, 구속력도 지니지 않게 되었다. 뱀이 말한 대로, 그들은 하나님과 같이 되어 그들 자신의 하나님이 된 것이다. 이것이 오늘날 아담의 후손으로 태어나는 모든 인간이 죄인으로서 가지고 태어나는 본성이다. 복음서에는 죄의 본질이 영적인 독립 선언이라는 것을 설명하는 두 예가 나온다.

부자 청년(마 19:16~22)

첫째는 우리가 잘 아는 부자 청년의 이야기다. 여기서도 우리는 부자 청년의 생각을 추적해볼 필요가 있다. 그는 예수님께 나아와 "내가 무슨 선한 일을 하여야 영생을 얻으리이까"(마 19:16)라고 물었다. 그리고 예수님께서 "네가 생명에 들어가려면 계명들을 지키라"(17절)고 말씀하시자 자신이 어려서부터 십계명을 다 지켰다는 사실을 강조하여 말한다(18~19절). 그런 다음 아직도 뭔가 더 부족한 것이 있는지 묻는다(20절). 그러자 예수님은 정확하게 그가 말한 것, 그에게 부족한 것 하나를 말씀하셨다. "네가 온전하고자 할진대 가서 네 소유를 팔아 가난한 자들에게 주라 그리하면 하늘에서 보화가 네게 있으리라 그리고 와서 나를 따르라"(21절). 이어 성경은 "그 청년이 재물이 많으므로 이 말씀을 듣고 근심하여 가니라"(22절)라는 슬픈 결말을 보여준다.

이 청년의 마음에 숨겨진 문제는 무엇이었을까? 그는 죄를 자기가 알고 있는 계명들, 즉 '하라/하지 말라의 목록'으로 여기고 있었고 자신은 그것을 완벽하게 지켜왔다고 확신하고 있었다. 그만하면 과녁을 잘 맞추며 살아가고 있다고 여겼던 것 같다. 하지만 그는 하나님의 약속을 신뢰하지 못했다. 주님께서 말씀하신 대로 자기가 가진 재물을 다 팔아 가난한 자들에게 나눠주고 주님을 따르게 되면, 그때부터 고생길이 될 것이라는 두려움이 있었던 것이다.

그는 돈을 사랑하는 사람이었다. 그의 인생을 움직일 수 있는 중요한 가치는 돈이었다. 그래서 그는 돈을 포기할 수 없었다. 돈을 사랑하며 돈을 믿고 살아가는 그의 마음이, 예수님의 인격을 신뢰하고 예수님을 따르는 것이 자기에게 최상이라는 생각을 할 수 없게 했다. 어쩌면 그는 어거스틴이 가졌던 것과 유사한 두려움, 즉 하나님은 자기가 기껏 모아 놓은 재산을 빼앗아 가난한 자들에게 나누어주게 하시는 분이라는 생각 때문에 주님을 따라가지 못했는지 모른다. 또 하나님을 자기 재산이나 노리는, 계속해서 헌금을 강요하시는 분으로 왜곡하여 보았을지도 모를 일이다. 그래서 그는 결국 주님으로부터 독립을 선언하고 근심하며 자기의 길을 갔다.

그의 문제의 핵심은 무엇인가? 바로 선하신 하나님에 대한 불신이다. 그것은 그가 무엇을 행하고 하지 않고의 문제가 아니었다. 그는 그리스도를 신뢰하지 않았다. 그분이 모든 선한 것을 공급해주시는 하나님이심을 믿지 못했던 것이다.

어린아이(마 19:13~15)

두 번째는 어린아이의 이야기다. 부자 청년의 이야기 바로 앞에 기록되어 있지만 여기 등장하는 어린아이는 부자 청년과 정반대의 경우를 보여준다. 주님께서는 "어린아이들을 용납하고 내게 오는 것을 금하지 말라 천국이 이런 사람의 것이니라"(마 19:14)라고 말씀하셨다. 또한 마태복음 18장에서는 주님께서 "너희가 돌이켜 어린아이들과 같이 되지 아니하면 결단코 천국에 들어가지 못하리라"(마 18:3)고 말씀하셨다. 무슨 말씀인가? 어린아이는 자기가 어린아이에 불과하다는 것을 안다. 즉 어린아이는 부모가 없으면 자기는 아무것도 아니라는 것을 안다. 때문에 어린아이는 자신을 의지하지 않는다.

아이들을 조금만 관찰해보면 우리는 주님께서 하신 말씀의 의미를 이해할 수 있다. 어린아이들은 혼자서 놀다가도 힐끗힐끗 엄마가 어디에 있는지 살핀다. 그렇게 안심한 후에야 계속해서 논다. 그러다가 한순간 엄마가 눈에 보이지 않으면 갑자기 불안해서 엄마를 찾고 울기 시작한다.

이것이 어린아이다. 만일 어린아이가 부모가 아닌 자기 자신을 의지하기 시작한다면 그 아이는 이미 주님이 말씀하신 어린아이가 아니다.

주님은 여기서 어린아이의 철저한 의존성을 말씀하셨다. 어린아이가 순진하고 죄가 없어서 천국에 들어간다고 말씀하신 것이 아니다. 성경은 어디에서도 어린아이에게 죄가 없다고 가르치지 않는다. 어린아이도 믿음으로 천국에 들어간다. 그리고 그 믿음은 바로 선하신 하나님에 대한 신뢰다.

정상적인 어린아이라면 부모가 자기에게 좋은 것을 줄지, 독약을 줄지 의심하겠는가? 어린아이는 부모가 자기를 위해서 모든 선한 것을 공급해준다는 사실을 안다. 그렇게 부모의 선함을 신뢰한다. 그러므로 이 어린아이의 이야기를 통해 우리는 믿음이란 독립선언이 아니라 '의존선언'이라는 사실을 배운다. 즉 성경이 말하는 죄의 반대말은 믿음이다.

당혹스러운 질문

당신은 어떤가? 당신이 믿는 하나님은 어떤 분인가? 당신은 하나님께서 언제나 당신에게 최상의 것만을 공급하시는 선하신 하나님이라는 사실을 믿는가? 그 선하신 하나님을 신뢰하는가?

만일 그렇다면 당신 삶의 모든 상황에서 그 신앙이 어떻게 표현되는가? 만일 당신이 천지를 창조하신 무한광대하신 하나님께서 당신에게 그 무한하신 능력과 지혜로 언제나 최상의 것을 공급하고 계신다는 것을 안다면, 그리고 그 하나님을 믿는다면 당신의 신앙은 어떻게 표현되어야 한다고 생각하는가?

당신의 과거와 현재, 그리고 당신의 미래를 향해서도 그 전능하고 선하신 하나님을 아버지로 모시고 믿는다면 당신의 삶에 어떤 변화가 일어나겠는가?

지나온 당신의 삶 전체를 돌아볼 때, 당신은 하나님께서 그 모든 순간에 선하셨고 최상의 것을 주셨다는 것을 인정할 수 있는가?

현재는 어떤가? 그래서 당신은 그 선하신 하나님께 감사하는가? 당신의 불확실한 미래에도 하나님께서 역시 그 선하심으로 최상의 것을 주실 거라 믿는가? 그래서 미래를 생각하면 당신의 마음이 벅차오르고 기대가 되는가?

어쩌면 이런 질문이 당혹스럽게 느껴질지 모르겠다. 왜냐하면 하나님을 믿고 있지만 여전히 우리 삶에는 하나님의 선하심을 의심할 만한 이유들이 존재하기 때문이다.

세 가지 욕구

여기서 래리 크랩이 인간의 욕구를 세 개의 동심원으로 설명한 것이 도움이 될 것 같다.[24]

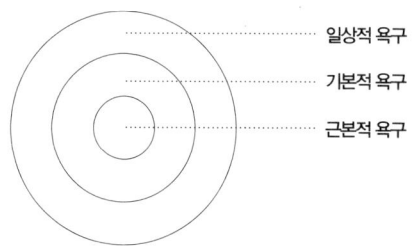

그림출처 「Inside out」 Larry Crabb

그에 의하면 인간은 세 가지 욕구를 가지고 있다. 가장 바깥쪽에 있는 동심원은 일상적 욕구(casual longing)를 보여주는데, 이것은 다른 사람과의 관계에 상관없이 채워지는 욕구로, 주로 의식주와 관계된 욕구다. 좋은 집, 좋은 차, 물질적인 여유, 소망이 이루어지는 것 등에서 행복을 느끼는 것은 이 일상적 욕구가 채워졌기 때문이다. 그 다음 안쪽에 있는 동심원은 기본적 욕구(critical longing)를 보여준다. 이것은 주로 관계의 욕구다. 아무리 집과 차가 좋고 물질적 여유가 있다 해도 불행한 부부 관계, 말 안 듣는 자녀, 불화하고 있는 직장동료, 혹은 교회 안에 불편한 관계가 있으면 행복하다고 느낄 수 없다. 그 까닭은 바로 이 기본적 욕구 때문이다. 이 욕구가 채워지면, 일상적 욕구가 다소 채워지지 않아 육신이 좀 불편할 때라도 마음은 편안함을 느낄 수 있다. 세 번째로 가장 안쪽에 있는 동심원은 근본적 욕구(crucial longing)다. 이것은 하나님과 관련된 영적인 욕구라고 할 수 있다. 즉 하나님만이 채워주실 수 있는 욕구다.

의식주의 문제, 그리고 행복한 가정과 원만한 관계들로 일상적 욕구와 기본적 욕구가 채워질 때, 사람은 종종 하나님 안에서 만족하고 있다고 착각할 수 있다. 하나님의 축복을 하나님 자신과 혼동하는 것이다. 그래서 하나님은 우리의 근본적 욕구를 다루시기 위해 때로는 우리의 일상적 욕구나 기본적 욕구, 혹은 둘 다를 무너뜨리시곤 한다. 그럴 때 우리는 고통스러워하지만, 동시에 우리가 무시하고 살아왔던 근본적 욕구를 볼 기회를 가지며 하나님의 임재의 실재를 맛보게 된다. 이것을 C. S. 루이스는 기가 막히게 표현했다. "하나님은 쾌락 속에서 우리에게 속삭이시고, 양심 속에서 말씀하시며, 고통 속에서 소리치십니다. 고통은 귀먹은 세상을 불러 깨우는 하나님의 메가폰입니다."25)

하나님께서 일상적 욕구나 기본적 욕구를 건드리실 때 우리는 고통스럽다. 그래서 우리는 그 순간의 하나님이 선하시다고 믿기가 어렵다. 하지만 그때야 비로소 우리는 하나님께서 메가폰으로 귀먹은 우리를 불러 깨우시는 소리에 귀를 기울이게 된다.

그림출처 「Inside out」 Larry Crabb

이렇게 하나님은 밖에서부터 안으로가 아니라, 안에서부터 밖으로 향하면서 하나님을 알게 하신다. 즉 일상적이고 기본적인 욕구들이 채워짐으로써 근본적인 욕구가 채워지는 것이 아니다! 그러나 일상적 욕구나 기본적 욕구가 깨지고 채워지지 않는 것이 고통스럽기만 할 뿐, 하나님께서 메가폰으로 소리치시는 것을 듣지 못한다면 결코 선하신 하나님을 알 수 없다. 그분의 선하심을 의심하고 반증할 증거들이 삶 속에 너무도 많기 때문이다. 언제까지 그것이 지속될까? 바로 하나님의 실재를 경험함으로써 자신의 중심에 있는 근본적인 욕구가 채워질 때까지다.

뿌리 깊은 오해

나는 아직 복음을 말하지 않았다. 물론 하나님은 선하시다는 것, 그리고 하나님께서 당신의 자녀들에게 언제나 최상의 것만을 공급해주신다는 것은 복음이다. 그러나 이것은 매우 추상적인 복음이다. 이것만으로 우리는 하나님의 선하심에 감동하지 못한다. 우리는 복음의 핵심을 알기까지 결코 하나님의 선하심을 알 수 없고, 복음을 제대로 깨닫기 전에는 하나님의 선하심을 신뢰할 수 없다. 하나님에 대한 우리의 뿌리 깊은 오해, 즉 하나님께서 우리에게 언제나 최상의 것만을 주신다는 것을 의심하는 죄의 뿌리가 해결되지 않는다면, 복음에 대한 우리의 이해와 깨달음과 믿음도 결국 이 뿌리에 걸려 넘어지게 되어 있다.

그러므로 기억해야 한다. 인류는 마귀가 하와에게 심어 놓은 하나님에 대한 왜곡된 인상, 즉 하나님에 대한 근본적인 오해로 지금까지 고통당하고 있다. 이것이 바로 죄다. 그래서 하나님을 믿지 못하고 하나님께 나아가지 않고 하나님께 반역하는 것을 일삼으며 살아가는 것이다.

인류가 가진 모든 고통의 원인은 바로 하나님에 대한 바른 이해와 신뢰가 없다는 것이다. 이것이 아담의 후손이 지닌 비극이다. 이들에게는 선하신 하나님께서 주신 단 하나의 약속만 있는 것이 아니라, 마귀가 던져 놓은 정반대의 약속이 있다. 그리고 죄는 하나님의 약속이 아니라 마귀의 약속을 믿고 마귀의 약속을 선택하여 따르는 것으로 나타난다. 죄도 약속을 준다는 사실을 기억하라. 죄는 기쁨과 소유, 행복과 명예, 그 외의 많은 것을 약속한다. 뱀이 하와에게 말했던 것처럼 말이다. 그러나 죄의 결국은 하나님과의 관계를 손상시키고 사람을 영적 죽음에 이르게 한다. 이것이 죄의 비참함이고 무서움이다.

반면 하나님을 신뢰하면 하나님께서는 우리의 믿음을 실망시키지 않으시고, 우리 인생에 참으로 최상의 것을 공급해주신다. 때로는 그것이 다양한 방식의 고통으로 주어진다 할지라도 우리는 하나님께서 "내게 지금 줄로 재어준 구역은 아름다운 곳에 있음이여 나의 기업이 실로 아름답도다"(시 16:6)라고 말할 수 있다. 성경에 당신 자신을 계시하신 유일하고 참되신 하나님은 자기 백성을 위하여 언제나 최상의 것만을 공급하시는 선하신 하나님이다. 이 선하신 하나님을 의심하고 믿지 않는 것이야말로 죄의 본질이고 핵심이며, 하나님을 최고로 모독하는 적극적인 행위다. 그러므로 우리는 자신의 믿음을 점검해볼 필요가 있다.

'나는 과연 나에게 언제나 최상의 것만을 공급해주시는 선하신 하나님을 신뢰하고 있는가? 지금 내가 겪고 있는 이 어려움조차 하나님께서 내게 베풀어주시는 최상의 선이라는 사실을 고백할 수 있는가?' 만일 당신이 아직 이와 같은 하나님을 믿고 있지 않다면 '참으로 이런 하나님이시라면 내가 그분을 만나야 하지 않겠는가? 믿어야 하지 않겠는가?'라고 생각하는 것이 합당할 것이다. 이 하나님을 자기 아버지로 알고 믿는 것이야말로 세상에서 가장 복된 일이 아닌가!

복음 – 하나님의 선하심을 보는 창

문제는 여전히 남는다. 우리에게는 아직도 "하나님이 선하시다면 어떻게 이런 일이 내게 일어날 수 있을까?"라는 질문이 남아있다. 즉 하나님의 '전능하심'은 믿어도 그분의 '선하심'은 믿지 못하는 게 우리다. 이제 복음의 핵심을 말할 때가 되었다.

십자가에 대한 오해

자기가 전한 복음 외에 다른 복음을 전하면 천사라 할지라도 저주를 받아야 한다고 말했던 사도 바울은 같은 서신에서 "내게는 우리 주 예수 그리스도의 십자가 외에 결코 자랑할 것이 없으니 그리스도로 말미암아 세상이 나를 대하여 십자가에 못 박히고 내가 또한 세상을 대하여 그러하니라"(갈 6:14)고 말했다.

그에게 복음은 '십자가의 복음'이었다. 십자가는 기독교 최고의 상징이다. 사도 바울처럼 참된 그리스도인들은 십자가를 자랑한다. 하지만 초대교회 당시 십자가가 치욕과 수치의 상징이었다는 사실을 생각하면 이것은 놀라운 아이러니가 아닐 수 없다. 마이클 카드는 이렇게 말한다. "1세기 크리스천들에게 있어서 십자가에 못 박힌다는 것은 역사에 기록된 사건이 아니라 실재하는 공포였습니다. 실제로 친구나 가족 중에서 십자가에 달려 희생된 아픔을 갖고 있는 사람이 많았으니까요."[26] 그러므로 오늘날 십자가 모양의 목걸이를 하고 치장을 하는 것은 당시의 개념으로는 상상할 수도 없는 혐오스러운 행위인 셈이다. 즉 이것은 중세의 단두대나 근대의 교수형 밧줄이나 현대의 전기의자 같은 것으로 치장을 한 것보다 더 혐오스러운 행위다. 당시의 눈으로 본다면 말이다.

또 어떤 사람들은 도덕적 관점에서 십자가를 이해한다. 십자가는 '헌신과 희생의 상징'이라는 것이다. 그래서 우리도 그리스도처럼 끊임없는 헌신과 희생을 해야 하고 하나님께서도 바로 그것을 요구하신다고 말한다. 그러나 이것은 십자가에서 일어난 일의 진상을 충분히 알지 못하는 견해다. 또 많은 사람이 십자가를 보면서 동의하는 것은 십자가가 '하나님의 사랑'이라고 보는 관점이다. 물론 하나님의 사랑은 거기에 나타났고, 예수님도 자신을 못 박는 로마병사들을 용서하셨다. 누가 이것을 부인하겠는가? 십자가는 분명 사랑과 용서의 상징이다. 그러나 이것이 십자가가 의미하는 전부는 아니다. 만일 그렇게 생각한다면, 당신은 아직도 십자가의 진상을 모르는 것이다.

십자가를 대하는 많은 신자들이 가지는 또 하나의 그릇된 관점은 십자가에 대한 감상주의적 태도다. 그들은 십자가를 보면서 주님께서 손과 발에 못 박히시고 창에 찔리시고 머리에 가시면류관을 쓰신 일을 생각한다. 그리고 그 고통이 얼마나 아프셨을까 생각한다. 나도 중학교 때 그런 식으로 접근했던 것을 기억한다. 그렇게 십자가를 오래 쳐다보고 있으면 나도 모르게 눈물이 났고, 은혜와 하나님의 사랑을 느낄 수 있었다. 10여 년 전 멜 깁슨이 감독하여 만든, 그리스도의 고난을 너무나 사실적으로 그려낸 영화 'Passion of the Christ'를 통해서도 우리는 이런 감상주의적 접근에 이를 수 있다. 문제는 이런 감상주의적 접근이 십자가에서 실제로 일어난 일을 보지 못하게 할 수 있다는 점이다. 문제는 주님이 얼마나 아프셨나가 아니라 왜 그런 고통과 함께 죽으셔야 했으며, 그 고통을 과연 육신적인 고통의 수준에서만 볼 수 있느냐의 문제와 그 고난과 죽으심을 통해 실제로 무슨 일이 일어났는지를 아는 것이다.

지금 소개한 몇 가지, 즉 십자가에 대한 이러한 다양한 접근들은 복음을 제대로 이해한 시각이라고 할 수 없다. 복음을 몰라도 이런 정도의 관점은 얼마든지 가질 수 있다. 이런 이해는 하나님에 대한 오해와도 깊이 연결된다. 십자가와 복음에 대해 가지게 되는 오해도 결국은 하나님을 알지 못하는 데서 기인한다. 성경이 계시하는 하나님을 바르게 알지 못하고서는 십자가도, 복음도 이해할 수 없다.

심판의 유보

십자가에서 무슨 일이 일어났는지, 즉 십자가 사건의 진실을 알기 위해서 우리가 먼저 알아야 하는 것은 바로 하나님께서 어떤 의도를 가지고 십자가 사건을 만드셨는가, 하는 문제다. 왜냐하면 예수님께서 십자가에 달려 죽으신 사건은 우발적으로 일어난 것이 아니라, 창세전부터 성삼위 하나님께서 계획하셨고 의도하셨던 일이기 때문이다. 또한 하나님께서는 구약성경에서 많은 선지자들이 이것을 예언하게 하셨다. 그런 하나님께서 과연 십자가를 통해 입증하고자 하신 것은 무엇일까?

로마서의 두 구절이 이 질문에 대해서 명확하게 대답하고 있다. 첫 번째 구절은 로마서 3장 25절이다. "이 예수를 하나님이 그의 피로써 믿음으로 말미암는 화목제물로 세우셨으니 이는 하나님께서 길이 참으시는 중에 전에 지은 죄를 간과하심으로 자기의 의로우심을 나타내려 하심이니"

복음을 설명하는 이 위대한 구절은 예수님을 화목제물로 십자가에 세우신 분이 성부 하나님임을 분명하게 밝히고 있다. '세우셨다'는 말은 본래 '공개적으로 게시·전시한다'는 의미다. 즉 십자가 사건은 어느 구석에서 비밀리에, 혹은 신비스럽고 영적인 방법으로 일어난 일이 아니다. 그것은 역사가들도 부인할 수 없는 실제 역사의 시공간 속에서 일어난 사건이다. 당시 기자들이 있었다면 대서특필했을 사건이었다. 유대와 갈릴리에서 많은 이적을 행하셨고 수많은 군중에게 말씀을 전하셨던 그분이 로마 정권에 의해서 십자가에 달려 죽으신 사건이 아닌가!

하나님께서는 만인이 그리스도를 볼 수 있도록, 역사 속에 십자가를 세우셨고 그 위에 그리스도를 화목제물로 올리셨다. 이 구절을 읽을 때 사람들이 오해하는 것은 "전에 지은 죄"가 무엇이냐는 것이다. 적지 않은 사람들이 자기가 예수님을 믿기 전에 지은 죄를 말하는 것으로 이해하는 것을 보았다. 그러나 이 말씀이 가리키는 것은 예수 그리스도께서 사람으로 이 땅에 오시기 전, 더 정확하게는 예수님께서 십자가에 달리시기 전에 사람들이 지은 죄다. 물론 하나님께서는 모세를 통해서 이스라엘 백성들에게 제사제도를 주심으로써 하나님 앞에서 죄를 처리할 수 있는 장치를 허락하셨다. 그렇다면 그 제사제도를 통해 이스라엘 백성들의 죄가 하나님 앞에서 완전히 용서받고 깨끗이 해결되었을까? 아니다. 하나님께서는 단지 그 죄들을 '간과해주셨을' 뿐이다. 간과한다는 표현은 '눈감아주다', 혹은 '무시하다'라는 뜻이다. 거듭 말하지만 하나님은 제사제도를 통해 죄를 용서하신 것이 아니다. 길이 참으시면서 전에 지은 죄를 간과해주신 것뿐이다!

아담으로부터 시작하여 모세의 율법 아래 제사를 드렸던 이스라엘의 모든 역사 속에서 하나님은 죄를 용서하신 적이 한 번도 없으셨다. 다만 믿음으로 제사를 드리는 하나님의 백성들을 향한 당신의 심판을 유보하셨다. 그들의 용서받지 못한 모든 죄가 쌓이고 쌓이도록 하나님께서는 오래 참으셨고 길이 참으셨다. 아담으로부터 그의 후손들이 범죄한 죄악들로 인하여 상상할 수도 없는 죄의 산이 하늘에까지 쌓여 높아지는 동안에도 하나님께서는 그 모든 죄에 대한 당신의 거룩한 진노를 참으셔야 했다. 이것이 "길이 참으셨다"는 본문의 표현이 의미하는 것이다.

화목제물

여기서 우리는 화목제물이라는 의미를 정확하게 알 필요가 있다. "화목제물"은 헬라어로 "힐라스테리온"이라고 읽는데, 이 단어는 신약성경에서 단 두 번 사용되었으며 신학적으로 의미가 깊다. 로마서 3장 25절 외에 이 단어가 사용된 구절은 히브리서 9장 5절이다. "그 위에 속죄소를 덮는 영광의 그룹들이 있으니 이것들에 관하여는 이제 낱낱이 말할 수 없노라" 이 구절에는 화목제물이라는 단어가 보이지 않는다. 하지만 이 구절 안에도 분명히 헬라어 '힐라스테리온'이 있다. 바로 "속죄소"라는 말이 로마서 3장 25절에서 "화목제물"로 번역된 같은 단어다.

로마서에서 "화목제물"이라고 번역된 '힐라스테리온'은 본래 성전의 지성소에 있는 언약궤의 덮개인 속죄소를 가리키는 말이다.

이스라엘의 대제사장은 1년에 한 차례, 즉 속죄일에 지성소에 들어가 자기와 온 이스라엘 백성의 죄를 속하기 위하여 희생제물의 피를 속죄소 위에 뿌려야 했다. 이렇게 함으로써 대제사장은 이스라엘 백성의 죄를 향한 하나님의 거룩한 진노를 해소했다. 따라서 로마서 3장 25절은 이렇게 말하는 것과 같다. "예수님은 자신의 피가 뿌려진 속죄소가 되셨다." 이렇게 예수님은 화목제물이 되심으로써 하나님의 백성의 죄를 길이 참으시는 중에 오래도록 쌓여있던 하나님의 거룩한 진노를 완전히 만족시키셨다. 이것이 화목제물의 의미다.

하지만 적지 않은 현대의 신학자들이 이 단어의 의미를 축소시켰다. 그리고 그 결과가 영역성경 'Revised Standard Version'에 반영되었다. 이 성경은 기존에 화목제물을 의미하는 영어단어인 'propitiation' 대신 'expiation'를 선택했다. 이 단어의 원형인 'expiate'는 '배상한다'는 개념이다. 즉 '손해를 배상한다, 죄의 대가를 지불한다'는 것이다. 반면 'propitiate'에는 '화를 진정시킨다'는 개념이 더해진다.

사실 화목제물(propitiation)이 의미하는 것은 그리스도의 십자가 희생이 단지 손해를 배상하거나(expiate) 죄의 대가를 지불하는 차원이 아니라 그 죄로 말미암은 하나님의 거룩한 진노를 해결하였다는 것이다. 그렇다면 왜 RSV는 'propitiation' 대신 'expiation'을 선택한 걸까? 왜 현대 신학자들 중에는 이렇게 이 단어의 의미를 축소시키려는 사람들이 있는 걸까? 바로 '하나님의 진노'라는 개념을 받아들일 수 없거나 그 개념 자체를 싫어하기 때문이다. 그들은 조나단 에드워즈의 유명한 설교 "진노하시는 하나님의 손에 있는 죄인들"이라는 개념에 진저리친다. 즉 성경에서 '진노하시는 하나님'을 제거함으로써 오직 선하신 하나님만을 보여주려 하는 것이다. 그러나 그렇게 하려면 '하나님의 진노'와 함께 '하나님의 거룩하심'도 제거해야 할 것이다.

하나님의 의로우심

하나님의 거룩하심은 죄에 대해서 정당하게 진노하시는 하나님을 보여준다. 의로운 분노다. 또한 예수님은 십자가에 화목제물로 달려 죽으시면서 단순히 우리의 죗값만을 치르신 것이 아니라, 우리의 죄를 향하여 오래 참으신 하나님의 거룩한 진노를 완전히 만족시키셨다. 더 이상 자기 백성의 남은 죄를 향하여 털끝만큼의 진노도 남아있지 않도록 말이다. 이것이 '화목제물'이라는 단어가 의미하는 것이다. 즉 하나님께서는 온 세상의 눈앞에서 예수를 십자가에 화목제물로 삼아 죽이시기까지 죄에 대한 진노를 길이 참으셨다.

그렇게 해서 하나님이 하고자 하신 일은 무엇인가? 바로 '자신의 의로움을 나타내시기 위함'이다. 하나님이 십자가에서 제일 먼저 입증하고자 하신 것은 당신의 사랑이 아니라 의로움이었다. 십자가는 온 세상 앞에 공의로우신 하나님을 증명한다. 하나님께서는 짐승들의 피로 드려지는 제사로써 '이전에 지은 죄'를 간과해주셨지만, 그것으로 인간의 죄의 문제가 해결된 것은 아니었다. '죄는 반드시 심판을 받아야 한다!' 이것이 하나님의 공의의 원칙이다. 심판하지 않고 봐주고 넘어가는 일, 즉 '간과되는' 일은 공의로우신 하나님 앞에서 일어날 수 없다.

결국 하나님께서는 믿음으로 드리는 제사를 통하여 그리스도 안에서 간과되어온 모든 죄를 심판하셨다. 그분은 십자가에서 하늘에 이르기까지 쌓인, '전에 지은 죄'를 포함하여 미래에 일어날 자기 백성의 모든 죄를 심판하셨다. 그렇게 십자가를 통하여 당신의 의로우심을 입증하셨다. 그러므로 십자가에 나타난 성부 하나님의 진노를 이해하지 못한다면 복음을 제대로 안 것이 아니다. 우리가 십자가에서 무엇보다 먼저 보아야 하는 것은 '택하신 모든 백성의 죄를 향한 하나님의 진노가 죄 없으신 하나님의 독생자 예수 그리스도께 얼마나 무섭게 부어졌는가!'이다.

사랑의 확증

이제 두 번째로 하나님이 십자가에서 입증하시려 한 것이 무엇인지 살펴보자. 로마서 5장 8절이다. "우리가 아직 죄인 되었을 때에 그리스도께서 우리를 위하여 죽으심으로 하나님께서 우리에 대한 자기의 사랑을 확증하셨느니라" 여기서 하나님은 십자가로 "자기의 사랑"을 확증하셨다고 말한다. 십자가에서 입증된 하나님의 사랑은 무가치하고 값싼 사랑이 아니다. 그 사랑은 하나님의 의로우심 때문에 세상의 어떤 것과도 비교할 수 없는 가치 있는 사랑이 된다. 또한 하나님의 이 사랑은 사랑할 만한 자들을 향한 것이 아니었다. "우리가 아직 죄인 되었을 때에", 즉 "우리가 아직 하나님의 원수였고, 하나님의 두려운 진노밖에는 받을 것이 없는 대상이었을 때에" 나타난 하나님의 사랑이다. 그러므로 십자가는 한편으로는 하나님의 공의를, 또 한편으로는 하나님의 사랑을 동시에 입증한다.

그래서 십자가는 하나님의 지혜다. 공의와 사랑은 결코 완벽하게 양립할 수 없는 두 가지 속성이다. 사람은 누구나 한편으로 치우치게 마련이다. 완전히 공의로우면서 완전히 사랑인 사람은 존재하지 않는다. 그러나 하나님은 완전히 공의로우시고, 동시에 완전한 사랑이시다. 하나님의 공의는 죄인을 심판하여 영원한 지옥에 처하게 해야 한다고 요구한다. 또한 하나님의 사랑은 죄인을 용서하여 영원히 하나님의 축복을 누리는 하나님의 자녀로 삼아야 한다고 요구한다. 십자가는 이 두 요구를 모두 완벽하게 충족시키는 하나님의 지혜다. 십자가에서 하나님은 당신의 거룩하심과 의를 조금도 양보하지 않으시는 동시에 당신의 사랑을 온전하게 드러내고 성취하셨다.

또 하나님께서는 자신이 구원하기로 택하신 모든 죄인의 죄를 십자가에서 심판하셨다. 그들 각자를 심판하시는 대신 독생자 예수 그리스도를 완전한 사람으로 이 땅에 오게 하셔서, 택하신 모든 백성의 죄를 대신하는 대속제물로 십자가에 매달아 심판하셨다. 이런 방식으로 하나님은 자기가 택하신 사람들을 사랑하셨다. 조금의 감함도 없이 그리스도께서 그 모든 죄에 대한 하나님의 형벌을 다 받게 하심으로써, 자기 백성에게 거저 주시는 은혜로 구원을 선물하셨다. 그래서 십자가는 하나님의 지혜다.

이사야가 전한 복음

자, 이것으로 우리는 십자가를 충분히 이해한 것일까? 아니다. 이제 우리는 예수님께서 십자가를 지시기 800여 년 전에 이 사건을 예언했던 이사야 선지자의 이야기를 들어야 한다.

이사야 53장은 놀라울 정도로 예수님의 고난과 십자가의 죽으심을 사실적으로 예언한 본문이다. 우리는 그 예언과 묘사의 정교함에 놀라지 않을 수 없다.

특별히 우리가 주목하고자 하는 부분은 10절부터다. 10절에서 이사야는 이렇게 말했다. "여호와께서 그에게 상함을 받게 하시기를 원하사 질고를 당하게 하셨은즉 그의 영혼을 속건제물로 드리기에 이르면 그가 씨를 보게 되며 그의 날은 길 것이요 또 그의 손으로 여호와께서 기뻐하시는 뜻을 성취하리로다"

"여호와께서 그에게 상함을 받게 하시기를 원하사……" 여기서 "그"는 누구를 가리키는가? 물론 오실 메시아, 예수 그리스도를 가리킨다. 그리고 "여호와"는 당연히 성부 하나님이다. 즉 성부 하나님이 예수 그리스도께서 상함을 받으시기 원하셨다고 말하고 있다.

이 본문의 의미를 제대로 이해하려면 삼위일체의 교리를 제대로 알아야 한다. 성부 하나님과 성자 하나님께서는 어떤 관계이신가? 성부 하나님과 성자 하나님의 상호 관계는 우리가 앞에서 이미 살펴본 것처럼, 서로를 영화롭게 하시는 가운데 완전한 영광 중에 거하시고, 완벽한 행복과 최상의 기쁨을 누리시며, 완전하게 사랑하고 사랑받으시는 관계다. 그런데 어떻게 성부 하나님께서 성자 하나님의 상함을 원하실 수 있단 말인가?

이 질문에 정확히 대답하려면 우리는 "상함"이란 단어의 의미를 알아야 한다. 본문에 쓰인 "상함"이 의미하는 것은 단순히 다친다는 뜻이 아니다. 히브리어에서 이 단어는 '으깨다, (즙을) 짜다, 박살내다'와 같이 매우 강한 의미를 전달한다. 많은 영역성경이 선택한 'crush'가 그 뜻을 잘 전달해준다. 즉 성부 하나님께서 성자 하나님의 으깨어짐을 원하셨다는 말이다.

우리가 살펴보아야 하는 또 하나의 단어는 "원하사"이다. 이 단어가 10절 뒷부분에 명사 형태로 사용되었는데 "여호와의 기뻐하시는 뜻을 성취하리로다"에서 "뜻"에 해당하는 단어. 이 말의 본래 뜻은 '기쁨'이며 기쁨 중에서도 큰 기쁨, 환희와 같은 것이다. 따라서 "여호와의 기뻐하시는 뜻을 성취하리로다"는 곧 "여호와의 기쁨을 성취하리로다"라는 말이 된다.

그렇다면 앞에서 동사 형태로 사용된 '원하사'는 무슨 의미일까? 성부 하나님께서 예수 그리스도의 고난과 십자가에서의 죽으심을 '기뻐하셨다'는 말이다. 성부 하나님은 예수 그리스도의 고난과 죽으심을 단순히 원하신 것이 아니라 기뻐하셨다! 'King James Version'의 이 부분을 우리말로 옮기면 다음과 같다. "그를 상하게 하는 것이 주를 기쁘시게 하였기에…… 주의 기쁨이 그의 손에서 번창하리라"(Yet it pleased the LORD to bruise him... and the pleasure of the LORD shall prosper in his hand).

이와 같이 성자 하나님이신 예수 그리스도께서 십자가에서 고난받으시고 죽으신 그 순간은 하나님께서 세상과 인간을 창조하신 이래 성부 하나님의 가장 큰 기쁨의 순간이 되었다.

하나님의 기쁘신 뜻

이 얼마나 놀라운 역설인가? 성부 하나님께서 그토록 기뻐하시고 사랑하시는 성자 하나님의 고난과 비참한 죽으심을 기뻐하셨다는 것을 어떻게 이해해야 하는가? 왜 성부 하나님은 아들의 죽으심을 기뻐하셨는가? 이런 일은 사람에게조차 일어날 수 없다. 짐승이라도 그럴 수 없을 것이다. 그런데 이사야 선지자는 성부 하나님께서 그 일을 너무나 기뻐하셨기에, 아들이 질고를 지고 슬픔과 비애 가운데 들어가게 하셨다고 말한다(사 53:4 참조).

여기에 사용된 슬픔과 비애를 뜻하는 '질고를 지다'라는 표현은 영원한 영광 가운데 거하시고 완전한 행복과 기쁨을 누리시는 하나님께 어울릴 수 없는 말이다. 질고는 죄의 결과로 말미암은 것이기 때문이다. 그런데 성부 하나님께서는 그 아들이 질고를 당하게 하시고 그를 속건제물로 삼으시기를 조금도 주저하지 않으셨다. 오히려 이 일은 성부 하나님의 기쁘신 뜻의 성취였다. 왜냐하면 성자께서 자신을 속건제물로 드려 고난을 받으시고 죽으심으로 그 씨를 보게 될 것이기 때문이다.

'그 씨'는 십자가에 달리신 성자 하나님께서 자신의 죄 때문에 죽으셨다는 사실을 믿고, 하나님의 속죄와 자비의 은혜를 구하고, 하나님께 나아와 그 죄의 씻음을 받게 되는 모든 하나님의 자녀들이다. 이것이 바로 하나님의 기쁘신 뜻이었으며 성자이신 예수 그리스도께서 자발적인 순종과 죽기까지 보여주신 순종을 통해 성부 하나님의 기쁨을 성취하신 것이다. 이처럼 아들의 고난과 죽으심 자체가 기쁜 일일 수는 없지만 그것이 성부 하나님의 기쁨이 된 것은 바로 성자 하나님의 순종으로 말미암은 죄인들의 구원 사건이 되었기 때문이다.

"엘리 엘리 라마 사박다니"

우리는 십자가에서 예수 그리스도가 당하신 고난만 보려고 하는 경향이 있다. 그러나 성경은 십자가에서 성부 하나님이 하신 일을 말한다. 성부 하나님께서는 그 아들의 고난과 죽으심까지도 피하지 아니하시고, 즉 아무리 값비싼 대가를 지불하신다 할지라도 택하신 백성들의 구원을 위한 사랑을 보여주셨다. 그러므로 십자가에 나타난 하나님의 사랑은 우리가 감히 예단할 수 있는 성질의 것이 아니다.

또한 예수님은 십자가에서 "엘리 엘리 라마 사박다니"(마 27:46)라고 외치셨다. 이는 "나의 하나님, 나의 하나님, 어찌하여 나를 버리시나이까?"라는 의미의 아람어다.

하나님께서 그 아들을 버리셨다. 아니, 버리셨을 뿐 아니라 당신이 택하신 백성이 전에 지었던 모든 죄와 앞으로 짓게 될 모든 죄를 예수 그리스도에게 전가시키신 후에 그 모든 죄를 심판하셨다. 따라서 그리스도를 믿는 자들은 그리스도의 죽으심 안에서 자신들의 과거와 현재와 미래의 죄에 대한 하나님의 무서운 심판을 이미 다 받았다. 예수님이 십자가에서 지옥의 고통과 심판을 다 받으셨기 때문이다.

지금 우리가 사용하고 있는 사도신경에는 채택되지 않았지만, 4세기 경의 사도신경에 추가되었던 문구가 있다. 바로 '십자가에 못 박혀 죽으시고 지옥에 내려가셨다가'라는 구절이다.

이 부분은 역사적으로 많은 논란이 되었지만, 종교개혁자들은 이 구절을 없애기를 원치 않았다. 존 칼빈은 이 구절에 대해서 이렇게 말했다. "교리의 요점을 설명할 때에는 이 문구를 보존해야 한다. 매우 중요한 문제에 대한 귀중하고 유용한 신비가 포함되었기 때문이다. ……이

신조를 제거한다면 그리스도의 죽음의 혜택이 많이 상실될 것이다."[27] 칼빈의 말은 그리스도께서 실제로 지옥에 가셨다는 의미가 아니라, 십자가에서 당하신 하나님의 심판이 바로 그리스도께서 우리를 대신하여 지옥의 심판을 겪으신 것이었음을 뜻한다. 하이델베르크 요리문답도 44문에서 이렇게 말하고 있다.

> 문) 지옥에 내려가셨다는 말을 왜 덧붙이고 있습니까?
> 답) 극심한 시련과 시험 가운데서도 내 주 예수 그리스도께서 나를 지옥의 고통과 괴로움에서 구원하셨음을 확신하고, 거기서 풍성한 위로를 얻게 하기 위함입니다. 그리스도께서는 이 땅에 사시는 내내, 특히 십자가 위에서 말 못할 괴로움과 아픔과 두려움과 지옥 같은 고통을 친히 겪으심으로 나의 구원을 이루셨습니다.

그래서 믿는 자들은 이미 심판을 받았다. 십자가에 달려 하나님의 저주와 진노, 그리고 지옥의 심판을 받으신 그리스도 안에서 말이다. 그리스도를 죽인 것은 로마 군인들도, 유대의 종교 지도자들도 아니다. 엄밀히 말해 그리스도를 죽인 분은 성부 하나님이시다. 죄에 대한 하나님의 진노는 이렇게 나타났다.

그러나 예수 그리스도를 믿지 않는 사람들을 향한 심판은 아직 남아 있다. 주님께서 재림하실 때, 그 마지막 날에 그들을 향한 성부 하나님의 무서운 심판이 있게 될 것이다.

하나님의 패션, 그리스도의 패션

지금까지의 이야기를 정리하기 위해서 '패션'(Passion)이란 단어를 중심으로 십자가 사건을 이해해보자. 십자가에는 성부 하나님의 패션과 성자 하나님의 패션이 모두 나타나 있다.

'열정'을 의미하는 단어인 'passion'은 중세 영어에서는 열정이 아니라 '고난'을 의미했다. 그런데 이 단어가 현대에는 열정을 의미하는 단어로 그 뜻이 변화되었다. '어떤 것을 너무나 열망하는 나머지 그것을 갖기 위해서라면 어떤 고난, 어떤 대가라도 지불할 수 있는 것'이 'passion'의 의미가 된 것이다.[28]

하나님은 자기 백성을 포기하지 않으셨다. 성부 하나님께서는 어떤 대가를 지불하시더라도 당신의 택한 백성을 포기하지 않으신다는 것을 십자가에 달리신 그리스도를 통해서 입증해 보이셨다. 자기 아들을 십자가에 못 박아 죽이심으로써 말이다. 그분은 아들에게 죄인들을 향한 진노를 아낌없이 쏟아부으셨다. 더 이상 남은 것이 없도록 다 쏟으셨다. 죄에 빠진 자기 백성을 구원하시려는 성부 하나님의 '열정'(passion)이 성자 하나님의 '고난과 죽으심'(passion)을 가져왔다. 이것이 십자가에서 일어난 일이고 십자가의 진상이다.

우리의 구원은 성부 하나님의 패션(열심)과 성자 하나님이신 예수 그리스도의 패션(고난)이 합하여 성취된 일이다. 그리고 그 구원을 우리 삶에 적용하시는 분은 성령 하나님이시다.

성경은 십자가를 통한 이와 같은 구원역사가 성삼위 하나님의 사역이라고 설명한다.

"다 이루었다"

이사야 53장 11절은 "그가 자기 영혼의 수고한 것을 보고 만족하게 여길 것이라"고 말한다. 또한 주님은 십자가 위에서 마지막으로 "다 이루었다"고 말씀하셨다. 무엇을 이루셨다는 말인가? 바로 성부 하나님의 기쁘신 뜻을 다 성취하셨다는 말이다. 그리스도께서는 당신의 고난과 죽으심을 통하여 성부 하나님의 '열정'을 이루셨다. 그래서 그분은 자신의 일을 만족하게 여기셨다. 성부 하나님께서는 "나의 의로운 종이 자기 지식으로 많은 사람을 의롭게 하며 또 그들의 죄악을 친히 담당하리로다"(사 53:11)라고 인정하신다. 또 그 아들을 높이사 존귀하게 하시고 승리한 자에게 주시는 전리품을 주신다(12절). 이것이 이사야 선지자가 주님이 오시기 800여 년 전에 설명하고 선포한 십자가의 복음이다.

그러므로 십자가는 단순히 우리에게 희생이나 헌신을 요구하는 표시가 아니다. 광야에서 불뱀에 물려서 죽게 되었던 이스라엘 백성들이 높은 장대에 매달린 놋뱀을 바라보는 자마다 살았던 것처럼(민 21:9), 하나님은 우리에게 십자가를 볼 때 그곳에 달리신 그리스도를, 그리고 십자가에 아들을 매달아 모든 진노를 쏟아부으신 성부 하나님을, 그리고 그렇게 죄인을 사랑하셨던 하나님의 기쁘신 뜻을 보라고 말씀하신다. 우리는 그렇게 십자가를 바라보아야 한다. 그렇게 십자가를 바라보는 자는 광야에서 놋뱀을 보고 산 자들처럼 살아나게 된다.

당신은 십자가에서 죄를 심판하시는 거룩하고 의로우신 성부 하나님을 보는가? 우리가 아직 죄인 되었을 때에 우리를 사랑하신 성부 하나님을 보는가? 자기 아들을 아끼지 아니하시고 내어주셔서 그에게 모든 죄를 향한 무서운 진노를 쏟아부으신 성부 하나님의 열심을 보는가? 십자가에서 그 무서운 하나님의 진노를 받으사, 성부 하나님으로부터 완전히 단절되고 끊어지시는 것을 피하지 않으시고 죽기까지 감당하신 성자 하나님 그리스도의 고난을 보는가? 우리를 향한 성부 하나님의 진노의 잔이 한 방울도 남지 않도록 끝까지 들이키신 성자 하나님의 고난을 보는가?

십자가, 하나님의 선하심을 보는 창

이 십자가에서 우리는 하나님의 선하심을 발견한다. 에덴에서 쫓겨난 인생이기에 자기 삶에서 일어나는 일이라고는 전부 고통스럽고 땀을 흘려야 하는 것들뿐이고, 수고의 결과조차 정직하게 얻을 수 없는 고통스러운 삶이어서 도무지 하나님의 선하심을 알 수도 없고 인정할 수도 없는 우리지만, 비로소 이 십자가를 통해 우리는 하나님의 선하심을 볼 수 있게 되었다. 사도 바울은 성령의 영감으로 이렇게 기록했다. "자기 아들을 아끼지 아니하시고 우리 모든 사람을 위하여 내주신 이가 어찌 그 아들과 함께 모든 것을 우리에게 주시지 아니하겠느냐"(롬 8:32).

하나님께서는 십자가로 당신의 선하심을 증명하셨다. 자기 아들을 아끼지 아니하시고 내어주심으로써, 그 아들을 향하여 진노와 저주와 심판을 쏟아부으심으로써, 하나님은 우리를 향하신 당신의 선하심을 넘치도록 증명하셨다.

십자가를 통해서, 나는 하나님의 사랑받는 자녀가 된 것이 어떤 가치를 지불하고 이루어진 일인지를 본다. '값없이 주어지는 구원'이라는 말은 구원이 싸구려라는 말이 아니다. 우리 영혼의 구원이, 우리의 목숨이

만 개라도 그 목숨을 다 주어도 살 수 없는 무한의 값이기에, 우리가 도무지 얻을 수 없는 것이기 때문에 하나님께서 우리에게 그것을 은혜로 거저 주셨다. 무한히 영광스러우신 성자 하나님의 생명으로 우리를 사셨다.

그러므로 성경이 설명하고 보는 방식대로 십자가를 바라보는 한, 당신은 결코 십자가와 복음, 그리고 당신의 구원을 싸구려로 만들지 않을 것이다. 십자가를 제대로 바라보고 있다면, 당신에게 무슨 일이 일어나든지 당신은 하나님이 선하시다고 말할 수 있다. 당신에게 무슨 일이 일어나든지 그 일을 해석하는 창은 오직 하나, 십자가의 복음뿐이다. 신자는 십자가의 창문을 통해서 매일매일 하나님의 선하심을 확인한다. 자기에게 일어나는 모든 일을 십자가의 창문을 통해서 내다보고 해석한다. 기억하라. 비록 우리가 구원을 얻었을지라도 여전히 우리는 육신을 가지고 에덴동산 밖에서 쫓겨난 삶을 살고 있다. 그래서 우리에게는 탄식이 있다(롬 8:23 참조). 하지만 사도 바울과 함께 우리는 이렇게 말할 수 있다. "그러나 내게는 우리 주 예수 그리스도의 십자가 외에 결코 자랑할 것이 없으니"(갈 6:14).

❻ 믿음 – 선하신 하나님에 대한 신뢰

오직 믿음, 기독교가 서고 넘어지는 교리

종교개혁자 마틴 루터는 이신칭의 교리를 가리켜 "기독교가 서고 넘어지는 교리"라고 했다. 그리고 사도 바울은 갈라디아서를 쓰면서 처음부터 "저주"라는 단어를 두 번씩이나 사용하며 "다른 복음은 없다"고 단호하게 말했다. "다른 복음은 없나니 다만 어떤 사람들이 너희를 교란하여 그리스도의 복음을 변하게 하려 함이라 그러나 우리나 혹은 하늘로부터 온 천사라도 우리가 너희에게 전한 복음 외에 다른 복음을 전하면 저주를 받을지어다 우리가 전에 말하였거니와 내가 지금 다시 말하노니 만일 누구든지 너희가 받은 것 외에 다른 복음을 전하면 저주를 받을지어다"(갈 1:7~9).

사도 바울은 왜 이토록 강한 어조로 말했을까? 그가 떠난 후, 거짓 교사들이 갈라디아에 와서 '다른 복음'을 전했기 때문이다. 다른 복음은 오직 믿음으로 구원을 얻는 이신칭의의 교리에 뭔가를 더한 것이다.

5세기에 어거스틴은 사도 바울이 전했던 복음, 즉 오직 믿음의 교리를 지키기 위해서 펠라기우스와 싸웠고, 500여 년 전에 종교개혁자들이 싸웠던 것도 바로 그 복음을 위해서였다. 그들은 모두 오직 믿음으로 의롭다함을 얻는 이 교리에 복음의 존립이 걸려 있다고 믿었다. 이와 같이 기독교는 믿음으로 구원을 받는다 가르치고 이 점에서 바로 모든 종교와 구별된다.

이제 우리가 던질 질문은 이것이다. '왜 믿음인가? 왜 오직 믿음인가? 왜 하나님께서는 믿음을 구원의 방법으로 정하셨는가? 왜 보통 사람들이 납득할 만한 선한 행위가 아니란 말인가?' 이 점에서 우리는 성경이 가르치는 믿음의 핵심이 무엇인지를 분명하게 이해할 필요가 있다. 이 질문에 대한 당신의 대답이 불분명하다면, 당신의 믿음은 결코 견고할 수 없다. 실제로 이러한 질문을 던지는 사람들을 많이 만나보지는 못했다. 대부분의 사람들은 기독교는 그냥 믿음으로 구원을 받는 종교라고 생각할 뿐 왜 사도 바울과 어거스틴, 그리고 종교개혁자들이 오직 믿음의 교리에 목숨을 걸었는지에 대해서는 깊이 생각해보지 않는다.

성경이 말하는 구원 얻는 믿음에는 분명한 믿음의 내용이 있다. 예수를 믿는다 말하고 복음을 믿는다 이야기하지만, 자기가 믿는 믿음의 내용을 설명할 수 있는 사람은 적은 것 같다. 또 그 믿음이 궁극적으로 하나님을 영화롭게 하는 가장 뛰어난 방법이라는 사실과 그 이유를 아는 이는 더욱 적다. '오직 믿음'의 교리에 따르면, 우리가 믿음 위에 우리의 행위나 그 어떤 것을 얹어놓는 것은 하나님께 마땅히 돌아갈 영광을 인간에게 돌리는 것이 된다. 그래서 사도 바울은 싸웠고, 교회사의 많은 영적 위인들도 그렇게 했다. 내가 이 장에서 믿음에 대해 말하려고 하는 것은 다음의 두 가지다. 첫째, 믿음은 하나님을 영화롭게 하는 최고의 방법이다. 둘째, 믿음은 하나님의 선하심을 믿는 것이다.

믿음은 하나님을 영화롭게 하는 최고의 방법이다

믿음은 하나님을 영화롭게 하는 최고의 방법이다. 왜 그런가? 하나님의 선하심을 불신하는 죄의 성향을 가지고 태어나는 아담의 후손을 구원하시는 일은 그들의 뿌리 깊은 의심을 없애버리고 다시 그들로 하여금 하나님의 선하심을 보게 하여, 그 안에서 최고의 만족을 누리도록 하시는 것이었다. 이것은 그들이 어떤 선한 행위로 하나님을 만족시켜 드림으로써가 아니라 오직 하나님께서 일하심의 결과로, 하나님의 선하심을 그들에게 입증하심으로써만 이루어질 수 있는 일이다. 즉 하나님이 다시 인간의 선한 행위를 보고 그들을 믿으시는 것이 아니라, 하나님의 선하심을 믿지 못해서 자기만을 믿고 살아가는 죄인이 하나님의 선하심을 믿게 됨으로써 일어나는 것이다. 그래서 복음은 인간이 하나님을 위해서 행한 어떤 선한 행위가 아니라 하나님께서 죄인을 위해 행하신 하나님의 선하신 일이다.

다니엘 풀러는 믿음을 후원자와 피후원자의 관계로 설명했다.[29)] 재정이나 어떤 후원을 받고 있는 피후원자가 정말 훌륭하고 관대한 후원자의 명예를 높일 수 있는 방법은 오직 그와 그의 관대함을 신뢰하는 것이다. 가령 관대한 후원자의 재정적 후원을 입어서 그림을 그리는 화가라면, 그가 후원자의 명예를 높이기 위해 할 수 있는 일은 그림을 팔아서 돈을 갚는 것이 아니다. 그렇게 한다면 그것은 도리어 후원자의 관대함과 선함을 모욕하는 일이 될 것이다. 후원자가 단지 돈을 얻기 위해서 투자한 것이 아니기 때문이다. 오히려 후원자의 명예와 그 관대함을 높이는 유일한 길은 그의 인격과 동기의 선함을 의심 없이 믿고 신뢰하는 것이다. 후원자에 대한 이런 신뢰는 후원자의 마음에 피후원자를 위하여 더 베풀고자 하는 기쁨을 만들어낼 것이다. 이와 같이 하나님께서 죄인에게 요구하시는 것은, 하나님께서 그들을 위해 행하신 선하신 일을 인정하고 다시 하나님의 선하심을 신뢰하는 것이다. 하나님께서 죄인을 위해서 행하신 선한 일이 바로 복음이다. 복음을 듣고 하나님의 선하심에 감격하고 다시 하나님의 선하심을 전적으로 신뢰하며 하나님께 돌아오는 것이 회심이다. 때문에 복음 없는 회심은 없다. 회심은 하나님의 선하심을 믿고(믿음), 선하신 아버지께로 돌아오는 행위(회개)다.

사도 바울이 왜 그토록 갈라디아 교회에 격한 어조로 편지를 썼는지 이해하겠는가? 거짓 교사들은 믿음만으로 하나님을 만족시킬 수 없다고 가르쳤다. 그들은 믿음도 중요하지만 할례를 받아야 하며 율법의 행위도 요구된다고 말했다. 이것은 좋은 의도가 아니라 하나님의 선하심을 모독하는 것이다. 절반의 복음이 아니라 거짓 복음이다. 하나님의 선하심을 높이는 것이 아니라 인간의 선함을 높이고 인간을 영화롭게 하는 일이다. 종교개혁자들이 자신들의 목숨을 내놓고 중세 로마교회의 가르침과 싸워야 했던 이유도 바울과 조금도 다르지 않았다.

믿음은 하나님의 선하심을 믿는 것이다

하나님의 선하심이 복음 안에 이렇게 나타났다면, 죄인이 하나님께 드려야 하는 합당한 반응은 오직 그 선하심을 믿고 신뢰하는 것뿐이다.

이신칭의의 고전적 구절인 창세기 15장 6절을 보자. "아브람이 여호와를 믿으니 여호와께서 이를 그의 의로 여기시고" 하나님께서는 아브라함에게 이미 '아브라함 언약'이라는 약속을 주셨다(창 12:1~3). 75세였던 아브라함이 자기의 고향인 갈대아 우르를 떠났던 것은 오직 하나님의 약속을 믿었기 때문이었다(히 11:8). 그에게 요구된 것은 하나님을 위해서 위대한 일을 하는 것이 아니었다. 그에게 요구된 것은 오직 믿음, 그 약속에 대한 믿음과 약속하신 이를 믿는 믿음이었다!

창세기 15장은 아브라함이 가나안에 들어와 거의 10년의 세월을 보내고 있을 때의 이야기다(창 16:3 참조). 당시 아브라함은 85세에 이르렀고 아내 사라는 남편보다 열 살이 적은 75세였다. 때문에 하나님께서 약속하신 자녀가 주어질 가능성이 점점 줄어들고 있었다. 그래서 아브라함은 15장 2절에서 회의적인 대답을 했다. "주 여호와여 무엇을 내게 주시려 하나이까 나는 자식이 없사오니 나의 상속자는 이 다메섹 사람 엘리에셀이니이다" 그러나 하나님께서는 "그 사람이 네 상속자가 아니라 네 몸에서 날 자가 네 상속자가 되리라"(창 15:4)고 약속하셨다. 그리고 그날 밤 아브라함을 데리고 밖으로 나가 밤하늘에 펼쳐진 무수한 별들을 보여주시면서 저 별들과 같이 네게서 태어나는 자손이 많아질 것이라고 약속하셨다. 요즘 이 말씀을 읽는 많은 사람들은 하나님께서 주신 이 약속의 의미를 거의 알기 어려울 것 같다. 십수 년 전 나는 중국 내 몽고 초원에서 보았던 하늘의 광경을 잊을 수 없다. 그 전에는 밤하늘에 그렇게 많은 별이 있는 것을 본 적도 없었고, 그렇게 많을 것이라고는 상상도 못했었다. 거의 쏟아질 듯이, 그리고 찬란하게 반짝이는 별빛은 나를 감동시켰고, 이내 나는 이 구절을 생각해냈다. '아, 하나님께서 그때 아브

라함에게 보여주신 광경이 바로 이런 것이었겠구나!'

　그렇게 아브라함은 하나님을 믿었다. 성경은 "아브람이 여호와를 믿으니 여호와께서 이를 그의 의로 여기시고"(창 15:6)라고 쓰고 있다. '의로 여기셨다'는 말은 그가 죄사함을 받았다는 선언이다. 이 믿음을 통해 아브라함에게 주어진 축복은 아브라함 자신도 도무지 상상할 수 없었던 놀라운 것이었다. 이 믿음을 통해 하나님은 아브라함의 죄로 인한 하나님의 진노를 없애셨고, 당신의 영광을 더럽히지 않으시면서 아브라함을 온전히 축복하실 수 있었다.

　그분의 영광을 더럽히지 않으면서 아브라함을 축복하실 수 있었다는 말이 무슨 의미일까? 하나님께서 죄인인 아브라함을 축복하신다면, 그것은 하나님의 선하심 이전에 그분의 거룩하심과 공의로우심을 부정하는 하나님의 모순행위일 수밖에 없고, 그렇게 하시는 것은 하나님의 영광을 드러내는 것이 아니라 오히려 더럽히는 일이 되고 말 것이다. 하지만 아브라함의 믿음을 보시고 그를 의롭다고 선언하심으로써 그의 죄사함을 이루어주셨다면, 이제 아브라함은 하나님의 축복을 받기에 합당한 자가 되는 것이고 하나님께서 그에게 축복을 베푸시는 것 또한 하나님의 영광을 더럽히지 않고 도리어 드러내게 되는 것이다.

　이제 하나님께서는 아브라함을 죄인으로 보시지 않고 의로운 자로 보심으로써 비로소 창세기 12장 1~3절에 선언하신 모든 약속을 이행하기 위하여 당신의 모든 창조적인 능력을 그에게 베푸실 수 있게 되었다. 그리고 아브라함이 하나님으로부터 이 축복을 얻어내기 위해서 한 일은 하나님의 약속과 그것을 반드시 이루어주실 그분의 선하심을 믿은 것뿐이다. 아브라함이 믿어야 했던 것은 하나님의 약속 안에 나타난 하나님의 선하심과 신실하심이다. 이 믿음이 하나님으로 하여금 계속해서 아브라함을 축복하시고 그 약속을 신실하게 이루어가게 하시는 기쁨이 되었다. "내가 기쁨으로 그들에게 복을 주되 분명히 나의 마음과 정성을 다하여 그들을 이 땅에 심으리라"(렘 32:41).

믿음이 구원의 원인이다?

믿음에 대한 심각한 오해 하나를 다루고 싶다. "믿으면 구원을 받는다"고 말할 때 일어나는 오해, 즉 믿음을 하나의 행위, 구원의 원인이 되는 것으로 보는 오해다.

믿음이 구원의 원인인가? 그럴 수 없다. 원인이라는 말의 사전적 정의는 '어떤 사물이나 상태를 변화시키거나 일으키게 하는 근본이 된 일이나 사건'이다. 이 정의를 그대로 따른다면, 믿음은 결코 구원의 원인이 아니고 될 수도 없다. 구원의 원인은 예수 그리스도께서 죄인 대신 십자가에 달려 하나님의 진노와 저주를 받아 죽으신 일이다. 다시 말해 구원의 원인은 복음이다. 복음이라는 객관적 사건이 일어났기 때문에 죄인들의 구원이 가능해졌다. 하나님께서 세상을 이처럼 사랑하사 독생자를 주셨기 때문에 죄인의 구원이 가능해진 것이다. 따라서 죄인을 구원하는 진정한 원인은 복음의 사건 안에 분명하게 나타난 하나님의 선하심이다. 그렇다면 믿음은 무엇인가? 믿음은 구원의 원인이 되는 복음이 나에게 적용될 수 있도록 전달되는 통로다. 믿음이 구원의 원인이라고 믿는 신앙은 자기의 믿음을 믿는 것뿐이다. 우리의 믿음은 믿음의 대상이 될 수 없다. 그런데도 자기의 믿음을 믿는 사람들은 "믿사오니"를 연발하면서 자기 자신에게 믿음을 주입시키려는 노력을 쉬지 않는다. 믿음은 자신의 주관적인 반응 이전에, 먼저 역사 속에서 일어난 복음의 객관적 사실을 정확하고 분명하게 알고 깨닫는 데서 시작된다. 그래서 믿음이 오로지 복음을 들음에서 나는 것이다(롬 10:17). 요약하자면, 믿음은 구원의 원인도 공로도 아니다. 구원의 원인은 죄인을 구원하기를 기뻐하셔서 그 독생자를 내어주신 하나님의 선하신 은혜다.

믿음은 자랑하지 않는다

그래서 믿음은 믿는 자로 하여금 자신을 자랑하지 않게 한다. 이것이 참된 믿음의 특성이다. 믿음이 구원의 원인이라면 그것은 자랑이 된다. 그러나 앞에서 말한 것처럼 믿음은 구원의 원인이 아니다. 그래서 사도 바울이 십자가 복음만을 자랑한다고 거듭 말하는 것이다. 십자가 복음이 바로 자기가 구원받은 원인이기 때문이다(갈 6:14, 고전 2:2, 롬 1:16 참조). 사실 자랑의 문제는 참된 믿음과 관련하여 가장 예민하게 살펴볼 수 있는 시금석이다. "너희는 그 은혜에 의하여 믿음으로 말미암아 구원을 받았으니 이것은 너희에게서 난 것이 아니요 하나님의 선물이라 행위에서 난 것이 아니니 이는 누구든지 자랑하지 못하게 함이라"(엡 2:8~9).

은혜에 의하여 믿음으로 말미암아 구원을 받은 사람은 하나님의 선하심을 자랑할 것이다. 그의 가슴에는 복음 안에 나타난, 그리고 그가 경험한 하나님의 선하심에 대한 감격과 감사가 있기 때문이다. 우리는 억지로 하나님의 복음을 자랑하고 십자가에 못 박히신 그리스도를 자랑할 수 없다. 복음에 나타난 하나님의 선하심을 알 때 비로소 하나님과 십자가에 달리신 그리스도를 자랑할 수 있게 된다. 사도 바울은 이렇게 기록했다. "만일 아브라함이 행위로써 의롭다 하심을 받았으면 자랑할 것이 있으려니와 하나님 앞에서는 없느니라"(롬 4:2). 그래서 믿음으로 의롭다함을 얻는 하나님의 자녀들이 참으로 그 은혜를 알 때 세월과 함께 겸손해질 수 있고, 하나님의 선하심을 자랑할 뿐 아니라 그분의 선하심을 점점 닮아가게 된다. 이것이 성화다. 믿었기 때문에 구원을 받았다고 말할 때, 구원의 원인이 나의 '믿음'에 있다고 생각한다면 그는 점점 경건의 능력 없이 경건의 모양만 갖춘 위선자가 될 수밖에 없을 것이다.

처음 믿음

기독교가 다른 모든 종교와 다른 점은 단순히 행위가 아닌 믿음으로 구원을 받는다는 것 이상이다. 믿음으로 구원받는다는 말에서 우리가 물어야 할 질문이 있다. '왜 하나님은 처음 믿음을 보시고 의롭다고 선언하시는 걸까? 정말 공정한 심판이 되려면, 우리 인생의 마지막 시간에 삶 전부를 저울에 달아보고 판단하셔야 하지 않을까?'

하지만 우리가 믿는 하나님은 죄인이 예수 그리스도를 처음 믿을 때의 믿음을 보시고 그를 영원히 의롭다 선언하신다. 즉 처음 믿을 때 영원한 구원이 결정된다. 그리고 그 구원은 변함없이 끝까지 이르게 된다. 하나님께서는 스스로 시작하신 착한 일을 그리스도 예수의 날까지 이루실 것이다(빌 1:6 참조).

사실 아브라함이 의롭다는 선언을 받은 것은 창세기 15장이지만 처음에 하나님께서 그에게 말씀하셨을 때, 그가 하나님의 약속의 말씀을 믿고 믿음의 행동을 시작했을 때, 이미 하나님은 그의 모든 죄를 용서하셨고 그를 의롭다 하셨다고 보는 것이 옳다. 처음 믿었을 때 하나님은 죄인을 의롭다고 선언하신다. 이것이 '이신칭의'의 교리다. 믿음의 첫 순간에 이렇게 의로움을 선언하심으로써 하나님은 당신의 영광을 조금도 훼손하지 않으시면서 자기의 자녀들을 위하여, 당신의 전능하신 능력으로 그 즉시 선하심을 베풀기 시작하신다. 이것이 오래도록 기다리신 하나님의 기쁨이기에, 그리고 이렇게 하는 것이 하나님의 구원의 의도이기에 하나님께서는 그 일을 조금도 연기하지 않으신다. 그들이 어떻게 행동하는지 조금 더 지켜보신 후에 최종 결정을 하시겠다고 하지 않으신다. 이것이 죄인이 믿을 때, 그에게 즉각적으로 성령을 주시는 이유다(행 2:38). 이와 같이 하나님께서는 믿는 자를 의롭다 하시고 즉각적으로 성령을 주심으로써 구원의 목적을 성취하신다. 구원의 목적은 처음 창조의 목적과 조금도 다르지 않다. 그것은 하나님의 형상인 사람에게 하나님의 기쁨을 부어주시는 것이다. 하나님께서는 믿는 자에게 즉시 성령을 주심으로써 회개하고 믿는 죄인의 심령 안에 성삼위 하나님의 기쁨을 회복시켜 주신다. 그래서 예수 그리스도를 믿는 자는 그 순간부터 하나님의 기쁨을 누리는 존재가 된다. 하나님께서는 이 일을 믿는 자가 죽을 때까지 연기하지 않으신다. 믿기 시작하는 순간에 당신 자신을 주심으로써 이 기쁨을 누리게 하신다. 따라서 믿는 자는 복음 안에서 하나님의 선하심을 보며 계속해서 그 선하심을 누릴 수 있다. 믿는 자의 삶이 모든 면에서 그들이 바라는 대로, 혹은 세상의 방식대로 성공할 것이라고 말하는 것이 아니다. 자기에게 일어나는 모든 일 속에서 하나님의 선하심을 발견하고 누리게 된다는 말이다.

믿음은 순종을 낳는다

하나님의 선하심을 신뢰하는 믿음은 반드시 순종이라는 행위를 낳는다. 이 점과 관련하여 오늘날 많은 신자들이 가진 오해 중 하나는 칭의와 성화를 분리하는 것이다. 즉 칭의는 믿음으로 얻지만 성화는 자기의 행위로 이룬다는 생각이다. 그러나 성경은 칭의를 얻게 한 믿음이 성화를 촉진한다고 가르친다. 참된 믿음은 순종의 행위를 만들어내기 때문이다. 하나님께서 받으시는 모든 순종의 행위는 오직 믿음으로부터 나온다. 하나님께서 기억해주시는 모든 수고 역시 믿음에서 비롯된다. 사도 바울이 기록한 "그로 말미암아 우리가 은혜와 사도의 직분을 받아 그의 이름을 위하여 모든 이방인 중에서 믿어 순종하게 하나니"(롬 1:5)라는 구절 중, "믿어 순종하게 하나니"라는 부분은 '믿음으로부터 나오는 순종'이라는 뜻이다. 데살로니가전서 1장 3절에서 "너희의 믿음의 역사와"라고 한 것도 '믿음이 만들어내는 행위'를 의미한다.

다니엘 풀러가 이를 의사와 환자의 관계로 설명했다. 만일 환자가 의사를 신뢰한다면 그는 의사가 진단하고 처방해준 약을 복용할 것이다. 그러나 환자가 의사를 신뢰하지 않을 땐 의사의 진단은 물론이고 처방해준 약을 구입했을지라도 먹지 않을 것이다. 그 이유는 의사를 믿지 않기 때문이다. 마찬가지로 하나님에 대한 우리의 믿음이 참된 것이라면 그 믿음은 하나님의 말씀에 순종하게 하는 능력이 되는 것이 당연하다. 하나님의 말씀에 순종하지 않는다면 그 이유는 오직 하나다. 하나님을 믿지 않기 때문이다. 그래서 성경에는 믿음과 순종이 같은 의미로 번갈아 기록되었다. "아들을 믿는 자에게는 영생이 있고 아들에게 순종하지 아니하는 자는 영생을 보지 못하고 도리어 하나님의 진노가 그 위에 머물러 있느니라"(요 3:36). "또 하나님이 누구에게 맹세하사 그의 안식에 들어오지 못하리라 하셨느냐 곧 순종하지 아니하던 자들에게가 아니냐 이로 보건대 그들이 믿지 아니하므로 능히 들어가지 못한 것이라"(히 3:18~19). 이 두 구절이 의미하는 것처럼 아들을 믿는 자는 곧 아들에게 순종하는 자다. 또한 순종하지 아니하던 자들은 곧 믿지 아니하는 자들이다. 이런 구절들은 구원 얻는 믿음은 반드시 순종이라는 행위를 만들어낸다는 것을 보여준다. 즉 순종은 참된 믿음의 본질적 특성이다.

갈라디아교회에 와서 다른 복음을 전했던 거짓 교사들이 가르친 행위는 믿음으로부터 나오는 순종이 아니었다. 그들이 말하고 가르친 것은 '믿음과 행위'였기 때문에 문제가 된 것이다. 이런 행위는 언제나 그리스도의 복음의 충분성을 믿지 않고 약화시킬 뿐 아니라 하나님의 선하심과 영광을 모욕한다. 그러므로 이런 생각으로는 끊임없이 믿음과 별개로 순종의 행위를 추구하게 됨으로써 위선적 삶에 빠지거나 좌절할 수밖에 없다. 믿음만이 하나님께서 받으시는 순종의 행위를 만들어낼 수 있기 때문이다.

믿음은 인내다

참된 믿음의 본질은 믿음이 만들어내는 순종일 뿐 아니라 또한 인내다. 하나님께서 죄인을 의롭다고 인정하시는 믿음은 그저 단 한 번 하나님을 믿는다고 말하는 것이 아니다. 구원 얻는 참믿음은 본질상 끝까지 인내하는 믿음이다. 조나단 에드워즈는 칭의의 믿음에 대해서 이렇게 설명했다. "하나님께서는 죄인이 처음 믿는 순간에 이루어지는 칭의에서 사실상 믿음의 인내를 믿음의 첫 행위에 포함되어 있는 것으로 고려하십시오. ……하나님께서는 죄인을 의롭다 하실 때 믿음의 인내를 고려하시되 마치 믿음의 인내가 이미 다 완성된 것처럼 고려하십니다. 그리고 신자는 그것(인내)에 의해서 의롭다함을 얻는 것입니다. 신자가 처음 믿을 때, 하나님께서는 믿음의 인내를 그 믿음의 속성으로 생각해주십니다. 때문에 칭의가 믿음의 인내가 완성되는 때까지 보류되지 않는 것입니다. 만일 하나님께서 믿음의 인내를 이와 같이 생각해주지 않으신다면 칭의는 죄인이 실제로 믿음 안에서 인내하기 전까지 유보될 수밖에 없을 것입니다."30)

하나님께서 죄인을 의롭다고 하신 믿음은 그것이 끝까지 인내하는 믿음이 될 것을 아신 하나님께서 그를 의롭다고 선언하신 것이다. 이 믿음의 인내를 하나님 편에서 설명할 때, 자기의 신실하심으로 구원받은 백성을 끝까지 붙드시고 이끌어가신다는 차원에서 '견인'이라고 설명한다. 견인은 성화에서 주어지는 별도의 축복이 아니다. 인내, 혹은 견인은 하나님께서 죄인을 의롭다고 하실 때 보셨던 믿음의 속성일 뿐이다. 구원 얻는 믿음은 처음에 한 번 하나님을 신뢰하는 믿음이 아니라 평생을 인내하면서 끝까지 그분의 선하심을 신뢰하는 믿음이다. 아브라함의 삶을 보면 하나님께로부터 의롭다함을 받은 후에도 계속해서 자신의 악함과 죄성을 드러낸다. 그럼에도 불구하고 이미 아브라함을 의롭다고 하신 하나님께서 당신의 영광을 더럽히지 않으시면서 당신의 모든 전능하심으로 그에게 선을 베푸셨기에 그가 끝까지 인내함으로 하나님을 신뢰하는 자리에 설 수 있었던 것이다. 이 믿음은 아브라함에게 그랬던 것처럼 끝까지 인내함으로 신자를 순종의 삶으로 인도하는 믿음이다.

장래에 대한 기대감

하나님께서 죄인을 의롭다고 여기시는 믿음은 신자의 장래에 대한 생각에도 깊은 영향을 미친다. 전능하신 하나님께서 선하신 분이고 그분이 예수 그리스도로 말미암아 나의 아버지가 되셨음을 믿는다면, 그것이 신자가 자신의 장래에 대해서 가지는 생각에 어떤 영향을 미치게 될까?

만일 그런 하나님을 알고 신뢰한다면, 그가 바라보는 미래는 염려와 걱정이 아닌 소망과 기대가 될 것이다. 자신의 미래가 비록 불투명하지만 전능하시고 선하신 하나님 아버지의 손에 있고 조금의 실수도 없으신 하나님께서 당신의 무한하신 지혜로 자기 인생을 이끌어가실 것이라고 생각한다면, 그런 하나님을 믿는다면 어떻게 신자가 자신의 장래에 대해서 두려워하거나 걱정할 수 있겠는가? 그래서 하나님의 선하심을 믿는 이 믿음은 언제나 신자에게 자신의 현재와 미래에 대한 일종의 자신감으로 나타날 수 있다.

아브라함은 하나님의 약속을 믿었기에 자기의 조카 롯에게 선택권을 줄 수 있었다. "아브람이 롯에게 이르되 우리는 한 친족이라 나나 너나 내 목자나 네 목자나 서로 다투게 하지 말자 네 앞에 온 땅이 있지 아니하냐 나를 떠나가라 네가 좌하면 나는 우하고 네가 우하면 나는 좌하리라"(창 13:8~9). 또 아브라함이 소돔 왕에게서 아무것도 요구하거나 취하지 않을 수 있었던 것도 하나님께서 약속을 이루어주실 것을 믿었기 때문이다. "아브람이 소돔 왕에게 이르되 천지의 주재이시요 지극히 높으신 하나님 여호와께 내가 손을 들어 맹세하노니 네 말이 내가 아브람으로 치부하게 하였다 할까 하여 네게 속한 것은 실 한 오라기나 들메끈

한 가닥도 내가 가지지 아니하리라"(창 14:22~23).

이와 같이 아브라함은 하나님의 약속을 믿고 갈대아 우르에서 나올 때나 그 이후에도 자기가 하나님을 위해 봉사를 하거나 하나님이 필요로 하시는 일을 해야 한다고 생각하지 않았다. 오히려 그는 일관되게 하나님께서 자기를 보호하시고, 책임져주시고, 약속하신 모든 것을 이루어주실 것을 알았고 그런 하나님을 믿었다. 그리고 하나님께서는 언제나 아브라함의 든든한 보호자요 후원자가 되어주셨다. 비록 그가 실패하고 잘못 행할 때조차 자신의 약속을 신실하게 이루어주셨다.

생각해보라. 상당한 재력을 갖춘 아버지가 아들에게 대학을 졸업하고 대학원을 진학하여 학위를 마칠 때까지 모든 재정적인 책임을 져줄 것이라고 약속했다. 그러면서 아들에게 재정적인 염려는 하지 말고 공부에만 전념하라고 말했다. 그럼에도 불구하고 아들이 학비에 대한 염려 때문에 공부해야 할 시간에 나가서 돈을 벌고 있다면 이것은 아버지의 약속과 아버지의 인격에 대한 불신을 드러내는 일이다. 그는 아버지를 신뢰하지 않고 있음을 행위로 보여주고 있다. 만일 그가 아버지의 선함과 그 약속을 믿었다면, 그는 학비와 생활비에 대한 염려를 조금도 하지 않은 채 공부에 전념하였을 것이다. 그리고 자신이 공부하는 동안에 내야 할 학비에 대해서만큼은 자신감을 가질 수 있을 것이다. 아버지에 대한 믿음 때문이다.

신앙에서도 이것은 동일하다. 하나님께서 성경을 통해 자녀들에게 두려워하지도, 염려하지도 말 것을 말씀하시는 이유는 분명하다. 두려움이나 염려는 불신앙의 증거이기 때문이고 신앙은 두려움과 염려를 몰아내기 때문이다.

영원히 책임지신다

일반적으로 '미래'라는 영역은 우리를 두렵게 한다. 소설이나 드라마에서나 일어날 듯한 일들이 주변에서 실제로 일어나는 것을 보며 그런 일이 자기의 삶에도 일어나지 않을까 두려워한다. 그리고 삶 속에서 생각하지 않았던 일들이 일어나 우리를 힘들게 하거나 고통스럽게 할 때도 우리는 내일을 두려워하게 된다.

인도네시아에 살 때 경험한 일이다. 몸이 건강한 적이 별로 없었던 아내가 한번은 내게 이렇게 말했다. "내가 당신을 놓고 먼저 가게 될까봐 두려워. 나야 하나님 품으로 가겠지만 인성이와 혜성이가 아직 너무 어린데, 아이들을 생각하면 너무나 불쌍해." 유감스럽게도 아내는 내가 불쌍하다고는 말하지 않았다! 여러 아내와 사별하고 여러 번 결혼했던 버마 선교사 아도니람 저드슨의 전기가 아내에게 너무 많은 영향을 준 것일까? 그때는 인성이와 혜성이가 세 살, 두 살이었을 때다. 나는 아내의 말을 곱씹었다. 아내의 말이 뇌리에서 떠나지 않았다. 단지 나를 불쌍하다고 하지 않아서가 아니다. 그 말은 마치 목에 걸린 가시처럼 나를 힘들게 했다.

나는 스스로에게 질문하고 또 질문했다. 아내는 자신이 죽으면 천국에 간다는 확신은 분명하게 가지고 있었다. 따라서 그것은 문제가 아니었다. 그런데 두려움! 아이들이 어린데 그냥 남겨져 엄마 없이 자라야 할, 아이들에 대한 상황이 두려웠던 것이다. 이것이 내 목을 찌르는 가시였다. 나의 질문은 이런 것이다. 선하신 하나님을 믿는 하나님의 자녀들에게 이런 두려움이 과연 정당한 것인가? 우리의 신앙과 이런 두려움은 양립할 수 있는 것인가? 하나님은 구원하신 자녀를 천국으로 인도하는 것 외에 다른 책임은 져주지 않으시는 분인가? 전능하시고 선하신 하나님 아버지를 믿는 하나님의 자녀들이 이 땅을 사는 동안 우리 자신의 삶이나 혹시 죽게 되면 남겨질 어린 자녀들의 삶에 대한 두려움과 염려를 가지고 살아야 하는 것인가? 이런 두려움은 신자의 삶에서 얼마만큼 정당성을 가질 수 있는 것일까? 어떤 두려움은 정당하고 어떤 두려움은 정당하지 않은 것인가? 내가 믿는 하나님은 우리의 이런 두려움조차(그때 나에게는 아내가 정말 일찍 주님께 가면 어쩌나 하는 두려움이 밀려왔다) 해결해주지 못하는 분이신가? 우리가 하나님을 믿는다고 하면서도 이런 두려움에 붙잡혀 살아간다면 우리와 불신자는 별 차이가 없는 것일까?

그날 아내의 말로부터 시작된 두려움에 대한 나의 신학적 성찰은 믿음의 핵심으로 다가서게 하는 하나님의 은혜였다. 나는 나를 죄로부터 구원하시기 위하여 그 아들을 보내어 십자가에 죽게 하신 하나님을 알고 있었지만 나를 위하여 모든 일을 이루시는 하나님의 선하심은 도무지 깨닫지 못하고 있었다. 아니, 나는 선하신 하나님에 대해서 별로 들어본 적조차 없다. 죽으면 천국에 갈 거라는 확신은 있었지만, 나와 나의 모든 삶을 최상의 것으로 공급해주시고 책임져주시는 선하신 하나님에 대한 확신은 없었다.

아브라함에게 약속을 주셨고 그의 인생 내내 그 약속을 신실하게 확인시키시고 또 확인시켜 주시며 하나님의 선하심을 확증하고 신뢰하게 하심으로써, 결국 아브라함으로 하여금 자기의 독자 이삭까지도 아끼지 않고 하나님께 제물로 바치는 순종을 가능하게 하신 하나님을 나는 잘 몰랐다. 또한 우리가 처음 하나님을 믿을 때 그 첫 믿음으로 우리를 영원히 의롭다고 선언하심으로써, 바로 그 순간부터(사실 하나님의 시간표로 보면 하나님께서 창세전에 자기 백성을 선택하셨을 때부터 시작된 일이다!) 당신의 영광을 훼손하지 않으시면서 우리를 위해 당신의 모든 전능하신 능력을 사용하시는 선하신 하나님을 나는 잘 몰랐었다.

그날 밤 하나님께서는 이렇게 나를 안심시켜 주셨다. '나는 너와 네 아내의 하나님일 뿐 아니라 네 자녀, 인성이와 혜성이의 하나님이기도 하단다. 내가 너희들을 책임지듯이 인성이와 혜성이의 인생도 책임진단다. 이것을 믿어라.' 이 말씀을 듣고, 나는 잠을 이룰 수 있었다.

모든 것을 이루시는 하나님

믿음은 하나님의 선하심을 신뢰하는 것이다. 우리는 하나님의 선하심을 신뢰함으로써 우리를 후원하시고 보호하시고 책임지시는 무한히 선하시고 전능하신 하나님을 영예롭게 할 수 있다. 우리가 하나님을 위해서 무엇을 해드리고 하나님이 필요로 하시는 어떤 일을 해드리는 것으로는 하나님을 영화롭게 할 수 없다. 그것은 도리어 하나님의 선하심과 영예를 모욕하는 것이다. 또한 하나님의 선하심과 그분의 약속을 신뢰하지 않는 일이다.

하나님의 자녀들은 다윗이 고백했던 것처럼 "나를 위하여 모든 것을 이루시는 하나님"(시 57:2)을 아는 사람들이다. 아직 펼쳐지지 않은 미래의 삶에 대해서는 이것이 일종의 자신감으로 표출될 수 있다. 이 믿음은 두려움과 염려를 몰아낸다. 선하신 하나님께서 내 인생을 책임져주실 뿐 아니라 나를 위하여 선을 베푸시기를 결코 그치지 않으신다는 그 약속을 믿기에(렘 32:40), 하나님의 자녀들은 더 이상 자기를 위해서 살 이유도 필요도 없다. 이것이 아브라함이 보여준 믿음의 삶이다. 아니, 성경에 나오는 모든 믿음의 사람들이 보여준 삶이다. 믿음으로 의롭다 하심을 받은 의인이 살아가는 삶의 방법은 계속해서 오직 믿음으로만 사는 것이다(히 10:38). 선하신 하나님을 신뢰하는 믿음으로 사는 것은 자기를 위해서 사는 삶이 아니고 하나님을 사랑하고 이웃을 사랑하는 삶이다. 이 믿음의 자리에 설 때 비로소 인간은 하나님과 이웃을 사랑할 수 있는 힘을 얻게 된다.

믿음은 하나님께서 나를 영원토록 구원하시기 위해서 필요한 모든 것을 이미 주셨으며, 주고 계시며, 주실 분이라는 것을 알고 그분을 신뢰하는 것이다. 그 하나님이 선하신 분임을 아는 것이고 믿는 것이다. 그리고 그 선하심을 알고 확인하는 열쇠는 에덴 밖에서 살아가는 우리 인생에 일어나는 사건들이 아니라 하나님 아버지께서 독생자 예수 그리스도를 십자가에 매달아 진노를 부으시고 심판하신 사건, 즉 복음뿐이다. 복음을 통해 선하신 하나님을 신뢰하는 믿음은 이런 고백을 하지 않을 수 없게 한다.

> 왜 내게 굳센 믿음과 또 복음 주셔서
> 내 맘이 항상 편한지 난 알 수 없도다.
> 내가 믿고 또 의지함은 내 모든 형편 잘 아는 주님
> 늘 돌보아주실 것을 나는 확실히 아네. (새찬송가 310장)

3

그리스도인은 어떻게 사는가

❻ 인간 사용설명서

영적 갈망을 지닌 존재

나는 전자제품을 구입한 후 사용설명서를 자세하게 읽는 편이다. 자칫 내 직관을 따라 이렇게 저렇게 조작하다가 새로 산 제품을 망가뜨리고 싶지 않기 때문이다.

그렇다면 인생에 대해서는 어떨까? 우리는 어떤 고가의 전자제품과도 비교할 수 없는 우리 인생을 창조하신 창조주 하나님의 사용설명서를 얼마나 존중하면서 살아가는 것일까? 너무나 우리 자신의 직관에 의존하여 살아가면서 인생을 망가뜨리고 있는 것은 아닐까?

어거스틴은 『참회록』 첫 부분에 이렇게 썼다. '당신은 우리를 당신을 위한 존재로 창조하셨기에, 주님 안에서 안식을 발견하기까지 우리 마음은 평화를 누릴 수 없습니다.'[31] 즉 그는 인간이 가진 영적 갈망은 사람이 원래 그렇게 창조되었기 때문이라고 말하고 있다. 시편 기자의 이

고백은 어떤가? "하나님이여 사슴이 시냇물을 찾기에 갈급함 같이 내 영혼이 주를 찾기에 갈급하니이다 내 영혼이 하나님 곧 살아계시는 하나님을 갈망하나니 내가 어느 때에 나아가서 하나님의 얼굴을 뵈올까"(시 42:1~2). 이 고백도 어거스틴의 말대로라면, 인간이 가지는 지극히 정상적인 갈망을 표현한 것이다.

모든 인간은 창조주 하나님의 설계대로 다 갈망을 가진 존재로 창조되었다. 다만 모든 사람이 자기의 갈망이 본질적으로 하나님에 대한 영적인 갈망이라는 사실을 아는 것은 아니다. 자신의 갈망이 궁극적으로 영적 갈망이고 하나님으로 채워져야 한다는 사실을 아는 사람은 적다. 3장에서 소개했던 래리 크랩의 세 가지 욕구가 그것을 잘 설명해준다. 하나님으로 채워져야 하는 영적 갈망은 채워지면 좋고 그렇지 않으면 어쩔 수 없는 것이 아니다. 어거스틴의 말대로 이 갈망이 채워지기 전까지 인간은 결코 참된 만족과 안식을 누릴 수 없다. 사람이 하나님을 갈망하는 것은 배고픔과 목마름만큼이나 정상적인 일이다.

인간 사용설명서

보통 이런 갈망이 하나님에 대한 영적 갈망이라는 사실을 발견하기 전까지 사람들은 그것을 행복과 기쁨에 대한 보편적 갈망으로 표출한다. 토마스 아퀴나스의 말이다. "기쁨 없이는 어느 누구도 살 수 없다. 그래서 영적인 기쁨을 빼앗긴 사람은 육체적 즐거움으로 전향한다."[32]

그의 말처럼 인간은 어떤 방식으로든 갈망을 표현한다. 예수님께서는 인간의 행복의 조건을 조금 독특하게 설명하셨다. '대계명'(the Great

Commandment)으로 알려진 본문인 마가복음 12장 28~31절을 보자. "네 마음을 다하고 목숨을 다하고 뜻을 다하고 힘을 다하여 주 너의 하나님을 사랑하라 하신 것이요 둘째는 이것이니 네 이웃을 네 자신과 같이 사랑하라 하신 것이라 이보다 더 큰 계명이 없느니라"

주님께서는 하나님 사랑과 이웃 사랑 이 두 가지 계명이 율법의 요약이라고 말씀하셨다. 그렇다면 이것이 인간의 행복과는 어떤 관계가 있는 것일까? 하나님은 신명기에서 율법을 주시는 목적이 바로 이스라엘의 행복을 위해서라고 말씀하셨다. "내가 오늘 네 행복을 위하여 네게 명하는 여호와의 명령과 규례를 지킬 것이 아니냐"(신 10:13). 즉 인간이 하나님을 전심으로 사랑하고 이웃을 자신과 같이 사랑하는 것이 행복의 조건이라고 말씀하신 것이다. 나에게는 이 '대계명'만큼 인간의 사용설명서를 잘 보여주는 구절이 없는 것 같다. 사람은 하나님을 사랑하고 이웃을 사랑함으로써 가장 행복할 수 있다. 하지만 하나님의 선하심을 믿지 않고 의심하는 죄성을 가진 존재로 태어난 아담의 후손들은 본능적으로 자기를 사랑하는 것이 행복에 이르는 조건이라고 확신한다. 우리는 어쭙잖게 사람을 사랑해보려고 하다가 도리어 상처를 받은 경험을 가지고 있다. 그리고 우리에게는 생각만큼 그렇게 남을 사랑할 수 있는 힘이 없다는 것을 실감하기도 한다. 또 자기와 조금만 기질이 달라도 그 사람을 사랑하는 것이 얼마나 힘든 일인지를 경험으로 안다. 그래서 자기 가족(심지어 가족 중에서도 자기 편), 혹은 자기 맘에 드는 사람만 사랑하고 살기로 작정한다. 하지만 이것은 조금 더 확대된 자기사랑에 불과하다. 이것은 인간이 창조주의 인간 사용설명서를 무시하고 살아가는 모습이며 이런 삶은 결코 참된 행복이나 만족에 이를 수 없다.

하나님의 존재 방식

성경은 사람이 하나님의 형상으로 창조되었다고 밝힌다. 따라서 사람이 정말 하나님의 형상으로 창조되었다면 우리는 하나님이 어떤 분이신지를 제대로 알 때 비로소 인간이 어떻게 존재하고 살아가야 하는지 알 수 있을 것이다.

하나님은 사랑이시다(요일 4:8, 16). 하나님과 같이 오래 참으시면서 자기 백성에게 그치지 않고 선을 베풀어주시는 분은 없다. "하나님이 세상을 이처럼 사랑하사 독생자를 주셨으니 이는 그를 믿는 자마다 멸망하지 않고 영생을 얻게 하려 하심이라"(요 3:16). 세상은 독생자를 주시는 하나님의 사랑보다 더 큰 사랑을 알지 못한다. 하나님께서는 반역하는 죄인들을 어떻게 그토록 오래 참으시고 사랑하실 수 있는지 생각해본 적이 있는가? 그 대답은 하나님께서 뭔가 부족하고 채워지지 않는 필요를 충족시키시려고 사람을 창조하신 것이 아니라는 사실에서 찾을 수 있다.

우리가 이미 앞에서 자세히 살펴보았듯이, 세상을 창조하시기 전에 하나님은 삼위로 계셔서 영원토록 서로가 완전한 사랑을 나누시며 완전한 행복을 누리고 계셨다. 하나님께서 하나님이시기 위해 필수적인 것은 오직 삼위로 계시면서 서로를 즐거워하시며 기뻐하시는 가운데 완전한 영광을 누리시는 것이다. 우리는 불행한 하나님, 뭔가 부족해서 다른 존재로부터 채워지셔야 하는 하나님을 상상도 할 수 없다. 성삼위 하나님께는 어떤 부족함도, 혹은 채워져야 할 어떤 필요도 없으셨다.

거듭 말하지만, 하나님께서는 부족한 행복을 채우시려고 사람과 세상을 창조하신 것이 아니다. 도리어 그 반대다. 하나님은 내적인 완전한 행복과 충만한 기쁨을 밖으로 확산하고 전달해주시고 흘려보내 주시려고 세상과 사람을 창조하셨다. 창조는 하나님에게 있어서 꼭 하셔야 하는, 하지 않으면 안 되는 필수적인 행위가 아니었다. 그것은 선을 베풀어주시기 위한 하나님의 전적으로 자유로운 행위였다.[33] 하나님은 이미 완전한 행복이 충족되고 계셨기에 어떤 조건에도 얽매이지 않고 사랑하실 수 있는 완전한 자유와 능력을 가지고 계셨다. 이것이 하나님의 존재 방식이고 사랑하시는 방식이다. 이것이 하나님께서 당신을 향하여 반역하는 죄인들을 그토록 오래 참으심으로, 그리고 끝까지 선하심으로 사랑하실 수 있는 이유다. 그래서 하나님은 당신의 피조물인 인간에게 오직 영원한 보호자요, 구속자요, 후원자이신 하나님의 무한한 선하심에 대한 신뢰 외에는 아무것도 요구하지 않으신다.

인간의 최고의 목적

당신은 인간이 존재하는 목적, 인간이 사는 최고의 목적이 무엇이라고 생각하는가? 만일 인간의 최고의 존재 목적이라고 말할 수 있는 절대적 기준이 존재한다면, 그것을 이루고 살면 성공한 인생이 될 것이고 그와 상관없이 산 인생은 아무리 많은 성취를 이루었다고 해도 실패하고 망한 인생일 것이 분명하다.

인간의 최고 목적에 대한 절대 선언은 분명히 존재한다. 그것을 웨스트민스터 소요리 문답 제1문답이 잘 보여준다. '인간의 최고의 목적은 하나님을 영화롭게 하고 그분을 영원토록 즐거워하는 것이다'(The chief end of man is to glorify God and to enjoy Him forever). 당신은 이 말에 동의하는가?

아니, 이 말의 의미를 충분히 이해한다고 생각하는가?

존 파이퍼는 이 문장에서 영어 단어 두 개를 수정함으로써 그 의미를 놀랍게 드러내주었다. "인간의 최고의 목적은 하나님을 영원토록 즐거워함으로써 하나님을 영화롭게 하는 것이다"(The chief end of man is to glorify God by enjoying Him forever). 즉 인간의 최고의 목적은 하나님을 영화롭게 하고, 하나님을 영원토록 즐거워하는 것 두 개가 아니라 본질상 하나라는 것이다. 사실 이 놀라운 통찰은 존 파이퍼 이전에 C. S. 루이스가 말한 적이 있다. "교리문답은 인생의 가장 큰 목적이 '하나님을 영화롭게 하고 그분을 영원토록 즐거워하는 것'이라고 말합니다. 그러나 사실은 이 두 가지가 같은 것임을 알게 될 것입니다. 하나님을 완전히 즐거워하는 것이 곧 그분을 영화롭게 하는 것입니다. 하나님은 우리에게 자신을 영화롭게 할 것을 명령하심으로써 자신을 즐거워하는 삶을 살도록 우리를 초대하고 계신 것입니다."[34]

하나님을 즐거워하라

그러면 하나님을 즐거워한다는 개념이 무엇인지 생각해보자. 그 뜻을 명확하게 이해하기 위해서 우리는 먼저 '하나님을 즐거워하는 것'(to enjoy God)과 '하나님을 기쁘시게 하는 것'(to please God)의 차이를 이해할 필요가 있다.

나는 어려서부터 하나님께 영광을 돌리라는 말을 많이 들어왔다. 그리고 어린 나이였지만 그것이 매우 힘든 일이라는 사실을 직감했다. 왜냐하면 하나님께 영광을 돌리기 위해서는 하나님께서 좋아하시는 일들을 해야 하는데, 그 일들이 대부분 내가 좋아하는 것과는 거리가 멀었기 때문이다. 주일에 돈을 쓰지 마라, 극장에 가지 마라, 이것은 되고 이것은 안 된다 등등 내게는 거의 다 어려운 것들이었고 나는 울며 겨자 먹기로라도 하나님을 기쁘시게 하기 위해서는 그 일들을 해야만 한다고 생각했다. 많이 실패했고 그때마다 좌절했다. 그리고 하나님을 믿고 섬긴다는 것은 고역이라고 생각하게 되었다. 하나님의 취미나 기호는 나의 것과 너무나 달랐다! 그러니 신앙생활에 기쁨이 있을 수 있었겠는가?

세월이 한참 지나고 나서야 나는 하나님을 즐거워한다는 기독교의 핵심적인 의미를 배우지 못했었다는 사실을 알게 되었다. '하나님을 기쁘시게 한다'(to please God)는 말이나 '하나님을 즐거워한다'(to enjoy God)는 말이나 그 온전한 의미는 본질적으로 다르지 않다. 다만 인간의 죄성 때문에 하나님을 기쁘시게 해야 한다는 말은 왠지 내가 찌그러지고, 내가 원치 않는 일들이지만 의무적으로라도 해서 하나님께 기쁨을 드려야 한다는 부담감이 되어 나를 눌렀다.

사실상 이것은 선하신 하나님에 대한 나의 무지의 결과였고 거기서 비롯된 기독교에 대한 근본적 오해였다. 나는 수없이 "하나님을 기쁘시게 하라"는 말을 들어왔지만 "하나님을 즐거워하라"는 말은 거의 들어본 기억이 없다. 심지어 중학교 때 교회에서 웨스트민스터 소요리문답을 배울 때조차 말이다.

만일 내가 '하나님을 즐거워하라'는 말을 바르게 배울 수 있었고 들어왔다면 어땠을까 생각해본다. 그랬다면 아마도 기독교와 신앙에 대한 많은 오해들이 줄었을 것 같다.

내가 어떤 대상을 즐거워한다면, 그 대상만 영광을 받는 것이 아니라 즐거워하는 주체인 나 자신도 기쁜 것이다. 하나님을 즐거워한다는 것이 그렇다. 우리의 즐거움의 대상이신 하나님께서만 영광을 받으시는 것이 아니라 그 주체인 우리도 기뻐하고 즐거워하며 영광을 누리게 된다. 이 개념은 우리가 누군가를 기쁘게 하기 위해서 뭔가를 해야만 하는 것과는 다른 차원이다. 즉 하나님을 즐거워하는 신자 자신에게 하나님의 기쁨이 주어지는 것이다.

의무와 기쁨의 차이

이런 점에서 우리는 의무와 기쁨의 차이를 생각할 수 있다. 십수 년 전, 아내의 생일에 무심코 잡아놓은 강의 일정 때문에 저녁 늦게 집에 들어가야 했던 날이 있었다. 나는 미안한 마음에 꽃집에 들러 멋진 꽃다발을 하나 주문했다. 그리고 카드를 하나 사서 아가서를 펴놓고 반은 옮겨 쓰고 반은 창작을 하여 아내에게 바치는 표절시 하나를 멋지게 썼다. "내 사랑 너는 어여쁘고도 어여쁘다 너울 속에 있는 네 눈이 비둘기 같고 네 머리털은 길르앗산 기슭에 누운 염소떼 같구나"(아 4:1). 내가 개인적으로 아내를 위해서 꽃을 산 것은 처음이었다. 나는 늘 '꽃을 사느니 그 돈으로 가족이 갈비를 먹는 게 훨씬 낫다'는 생각을 가지고 있었기 때문이다. 꽃을 가지고 집으로 들어가는데 이상하게 가슴이 뛰었다. 그리고 이런 생각을 했다. 아내가 "웬일로 꽃을 사왔느냐?"고 물을 텐데 어떻게 대답할까? 이렇게 대답하리라. "여보, 당신에게 꽃을 바칠 수 있다는 게 내게는 영광이고 특권이며 기쁨이자 행복이야."

그러나 아내는 나에게 그렇게 묻지 않았고 나도 대답할 기회를 얻지 못했다. 이것은 두고두고 나의 아쉬움이다. 하지만 내가 그때 깨닫고 배운 것이 있다. 나는 단지 아내를 기쁘게 해주고 싶었고, 그렇게 아내를 기쁘게 해줄 수만 있다면 그것이 또한 내게 기쁨이 되었을 것이라는 사실이다. 아내가 내 생각대로 물어봐주어서 내가 그렇게 대답을 했다 해도 하나도 힘들지 않았을 것이다. 왜냐하면 그것은 아내를 기쁘게 해주려는 의무감에서 억지로 생각해낸 것이 아니었기 때문이다. 만일 내가 무릎을 꿇고 아내에게 꽃을 바치며 이런 영광을 주어서 너무나 고맙다고 말했다 할지라도 그것이 나에게 굴욕적이거나 힘든 일로 느껴지지 않았을 것이다. 나는 아내를 기뻐하고 즐거워하고 있었으며 아내에게 기쁨을 더해주고 싶어 하는 마음뿐이었기 때문이다.

당신은 여기서 의무와 기쁨의 차이를 발견하는가? 우리 신앙이 의무의 이행 정도로 이해된다면 그것은 기쁨을 질식시켜 버리고 말 것이다. 내가 아내에게 꽃을 바치는 것이 다만 의무로 행해진 일이었다면 나는 그날 그다지 행복하지 않았을 것이다. 그리고 아내가 만일 억지로 하는 내 마음을 알게 된다면 그런 꽃은 아내에게 전혀 기쁨을 줄 수 없었을 것이고 도리어 모욕이 되었을 것이다.

여기에서 우리는 하나님을 섬기는 도리, 신앙생활의 원리를 발견할 수 있다. 이것을 기독교신앙의 핵심이라 해도 지나치지 않을 것이다. 여기서 발견하게 되는 중요한 명제는 기독교신앙의 시금석은 '기쁨'이라는 것이다. 그 기쁨이 바로 하나님께서 천지를 창조하실 때 삼위 안에서 누리고 계셨던 기쁨이다. 그리고 웨스트민스터 소요리문답 1문은 그 기쁨을 인간 존재의 최고 목적이며, 본질적으로 하나님을 즐거워하는 기쁨이라고 가르친 것이다. 하나님께서 주시는 그 기쁨이 하나님의 천지 창조의 동기였듯이, 인간이 살아가는 모든 삶의 참되고 바른 동기라는 것이다.

신앙에는 분명히 의무의 영역이 있다. 그러나 이 모든 의무는 C. S. 루이스가 말한 것처럼 우리의 즐거움을 위해 존재한다. "의무는 즐거움을 위해 존재하는 것입니다. 우리가 지금 '종교적 의무들'을 수행하는 것은 마치 메마른 땅에서 수로를 파는 것과 같습니다. 언젠가 물이 흐를 때를 대비해서 말입니다."[35] 그러므로 신앙의 본질은 근저에 기쁨을 가지는 것이다. 바로 하나님을 즐거워하는 기쁨이다.

유일하고 바른 길

이것을 존 파이퍼는 그의 기독교 희락주의로 표방되는 가장 멋진 문구로 정리해놓았다.[36] "우리가 하나님 안에서 최고로 만족을 누릴 때 하나님은 우리 안에서 최고로 영광을 받으신다"(God is most glorified in us when we are most satisfied in Him). 여기서 나는 당신에게 질문을 하나 던지고 싶다. 당신이 최고로 만족을 얻는 대상은 무엇인가, 혹은 누구인가? 만일 지금 당신이 스스로 이루어놓은 성공 안에서 너무나 만족하고 기뻐하고 있다면 '성공'이라는 가치는 당신 안에서 최고로 영광을 받게 될 것이다. 즉 당신을 보는 모든 사람이 '성공'이란 저렇게 영광스러운 것이구나 생각하게 될 것이다. 당신이 만족하고 기뻐하는 대상이 돈과 같은 물질이든 화목한 가정이든 그 무엇이든 간에 당신은 그 가치들을 너무나 영광스럽게 만들고 있는 것이다. 그 대상이 당신에게는 무엇인가?

이와 같이 하나님을 섬기는 도리, 기독교신앙의 핵심은 하나님 안에서 우리가 최고로 만족을 얻고 누리는 것이다. 그러면 하나님은 우리 안에서, 그리고 우리를 통해서 최고로 영광을 받으신다. 이것이 인간이 하나님을 영화롭게 할 수 있는 유일하고 바른 길이다.

행복의 필요충분조건

앞에서 이야기한 하나님의 존재 방식이 인간의 존재 방식에 대해 무엇을 말해주는가? 이 이야기는 인간이 하나님의 형상으로 창조되었다는 것에 대해 무엇을 말하고 있는가?

하나님께서는 당신께서 삼위로 존재하시듯 인간도 공동체로 창조하셨다. 그분은 아담이 혼자 있는 것이 좋지 않다고 보셨다(창 2:18). 그래서 하와를 만들어주셨다. 여기서 인간의 착각이 시작된다. 아담이 하와와 가지는 부부관계에서 성삼위 하나님께서 누리셨던 것과 같은 완전한 만족과 행복과 기쁨이 충족될 수 있을까?

천만에! 우리는 그것이 불가능하다는 것을 경험으로 안다. 단지 우리가 에덴에서 쫓겨난 아담의 후손이기 때문만은 아니다. 에덴에서부터 하나님께서 창조하신 인간의 설계구조가 그랬고, 우리의 구원이 완성된 후에도 인간은 하나님 없이 자기들끼리만의 행복으로는 완전한 행복을 누릴 수 없다. 첫째는 어떤 사람도, 어떤 것도, 또 어떤 조건도 인간의 행복의 조건을 완전하게 충족시켜 줄 수 없기 때문이고, 둘째는 인간의 욕구라는 것이 결코 제한적인 존재에 의해서 만족되지 않기 때문이다. 그래서 우리가 경험하는 모든 만족과 행복은 늘 일시적이고 상대적이고 조건적이며, 인간은 끊임없이 채워지지 않는 행복을 추구하면서 살아간다. 언제까지 그래야 하는 걸까? 어거스틴이 말한 것처럼 인간이 자기를 창조하신 하나님을 만나 하나님께서 채워주시는 은혜를 경험하게 될 때까지다.

인간이 하나님의 형상으로 만들어졌다는 말은 인간은 하나님으로만 참된 만족과 안식과 평안을 누릴 수 있다는 뜻이다. 삼위 하나님께서도 하나님으로만 완전한 행복과 만족과 기쁨을 누리시듯 말이다. 이것이 인간이 하나님의 형상으로 창조되었다는 말 속에 함축된 의미다.

따라서 인간의 행복의 필요충분조건은 하나님이다. 하나님으로 채워질 때 인간은 가장 깊은 영혼의 만족과 기쁨을 누리게 된다. 그리고 이 일은 언제나 당신의 사랑하는 독생자 예수 그리스도를 세상에 보내어 십자가에 못 박아 죽게 하신 하나님 아버지의 사랑을 만날 때 시작된다.

종종 이 십자가의 복음과 별개로 하나님의 선하심을 말하는 사람들을 볼 때가 있다. 이것은 머잖아 자기가 원하는 방식대로 도움을 주시는 하나님이 아니라는 것을 발견하게 될 때 무너지고 말 신앙이다. 무조건적인 신뢰가 아닌 조건적 신뢰다. 그러나 무한하신 하나님의 선하심은 우리의 상황에 따라 좌우되는 것이 아니다. 십자가의 복음을 통해 하나님의 선하심을 만난 사람의 신뢰는 인생의 어떤 사건을 만나도 결코 무너지지 않는다. 도리어 그 신뢰는 고난과 역경 속에서 더욱 견고해진다.

하나님의 선하심을 신뢰하기 시작한 사람은 자기의 과거에서도, 그리고 미래에서도 그 믿음을 사용하기 시작한다. 지난 삶을 돌아보면서 하나의 부족함도, 아쉬움도 남지 않도록 하나님께서 당신의 모든 손길로 자기의 인생을 돌보아주셨음을 깨닫게 하신다. 쓴뿌리가 없는 인생이 된다. 그다음에는 조금의 두려움이나 염려도 없이 오직 기대감으로 미래를 바라볼 수 있게 하심으로써 행복의 조건을 충족시키신다.

하나님께서 채워주시는 행복과 만족은 과거와 미래의 것만이 아니다. 지금 내가 겪는 환난과 고통 속에서도 즐거워할 수 있게 하심으로써 은혜와 선하심을 풍성하게 나타내신다. "다만 이뿐 아니라 우리가 환난 중에도 즐거워하나니 이는 환난은 인내를 인내는 연단을 연단은 소망을 이루는 줄 앎이로다"(롬 5:3~4). 그렇다. 사도 바울은 믿음으로 의롭다 하심을 얻은 하나님의 자녀가 단지 죽어서 천국에 가는 행복만을 말하는 것이 아니다. 그는 하나님의 자녀가 이 세상에서 누리는 행복을 말하고 있다. 그는 환난이 궁극적으로 소망을 이루는 것을 알기에 '환난에도 불구하고' 기뻐하는 사람이 아니라 '환난 때문에' 기뻐할 수 있는 존재다. 하나님의 은혜, 하나님께서 주시는 행복과 기쁨은 환경적이고 조건적인 것이 아니다. 인간을 당신의 형상대로 창조하신 하나님께서는 우리를 가장 흡족하게, 가장 만족스럽게, 가장 따뜻하고 가장 충만하게 채워주실 수 있는 분이다. 어느 작가는 이것을 찬송시로 이렇게 표현했다.

주의 친절한 팔에 안기세
우리 맘이 평안하리니
항상 기쁘고 복이 되겠네
영원하신 팔에 안기세
주의 팔에, 그 크신 팔에 안기세
주의 팔에, 영원하신 팔에 안기세

하나님 아버지의 사랑이 가슴에 부어질 때, 우리는 이런 고백을 하게 되고 참된 만족과 기쁨과 평안을 누리게 된다. 행복의 조건이 완전히 충족되는 것이다. 그래서 또 다른 찬송 작가는 이 만족과 행복을 이렇게 노래했다.

내 영혼이 은총 입어 중한 죄짐 벗고 보니
슬픔 많은 이 세상도 천국으로 화하도다
할렐루야 찬양하세
내 모든 죄 사함 받고 주 예수와 동행하니
그 어디나 하늘나라

이 찬송시는 어떤가?

하나님 사랑은 온전한 참사랑
내 맘에 부어주시사 충만케 하소서
내 주의 참사랑 햇빛과 같으니
그 사랑 내게 비추사 뜨겁게 하소서
그 사랑 앞에는 풍파도 그치며
어두운 밤도 환하니 그 힘이 크도다

하나님 사랑에 참자유 있으니
내 맘과 영에 채우사 새 힘을 주소서

이런 찬송시들은 다 나열할 수 없을 만큼 많다. 또한 이 고백들은 억지로 꾸며낸 이야기가 아니라 하나님으로 채워진 사람들이 자신이 누리는 행복과 만족에 대하여 정직하게 이야기한 것이다. 당신은 이런 행복, 이런 만족을 경험한 적이 있는가? 이런 기쁨을 아는가? 인간 행복의 필요충분조건은 오직 하나님으로만 완전하게 충족된다.

영원한 약속

그렇다면 문제는 이것이다. '우리는 하나님으로 채워져야만 비로소 행복과 만족, 그리고 기쁨을 누릴 수 있는 존재인데 과연 하나님께서는 우리 같은 인간들의 행복의 조건을 쉽게 채워주실까?'

이 질문 앞에서 우리는 다시 한 번 하나님이 어떤 분이신지 기억해야 한다. 하나님께서는 이미 삼위 안에서 완전한 행복을 누리고 계신다. 창조 이전에도 그러하셨고 영원까지 그러하실 것이다. 하나님은 영원토록 인간에게 행복을 명하실 수 있는 모든 행복의 근원이시다. 그래서 하나님께서는 아무 조건 없이, 더 행복해지려는 욕구 없이, 자유롭게 그 행복을 나누어주시고 계속해서 사랑하시며 영원토록 선을 베풀어주시기를 기뻐하신다. 하지만 거룩하고 공의로우신 하나님께서 당신의 영광을 훼손하지 않고 당신의 선하심을 베풀어주시기 위해서 죄인은 먼저 의롭다함을 받아야 한다. 하나님께서는 당신의 기쁨을 주시는 일을 조금도 미루지 않으시려고 우리가 인생의 마지막까지 믿음을 잘 지켰는지를 확인하실 때까지 기다리지 않으시고, 우리의 첫 번째 믿음의 행위를 보시고 우리를 영원히 의롭다고 선언하신다. 그리고 믿는 자에게 조금도 지체 없이 성령을 주심으로써 당신의 거룩한 기쁨을 알게 하신다. 하나님은 영원히 선을 베풀어주시는 일을 결코 그치지 않으시는 분이다. 선하신 하나님의 이 영원한 약속을 기억하라. "내가 그들에게 복을 주기 위하여 그들을 떠나지 아니하리라 하는 영원한 언약을 그들에게 세우고 나를 경외함을 그들의 마음에 두어 나를 떠나지 않게 하고 내가 기쁨으로 그들에게 복을 주되 분명히 나의 마음과 정성을 다하여 그들을 이 땅에 심으리라"(렘 32:40~41).

자유로운 사랑

하나님의 사랑과 은혜로 충만하게 채워진 사람에게는 어떤 일이 일어나게 될까? 행복의 필요충분조건이 완전히 충족되면, 하나님께서 그러시듯 인간도 비로소 자유롭게 사랑할 수 있는 능력을 지니게 된다. 더 행복해지려는 조건 없이, 되받으려는 계산 없이, 오래 참음으로 베풀어주는 사랑을 할 수 있게 된다. 그는 자신이 더 행복해지기 위해서 어떤 조건도 필요로 하지 않는다. 하나님께서 이미 그를 채워주고 계시기 때문이다.

그럴 때 얼마나 자유롭겠는가? 베풂에 있어서 얼마나 풍성하겠는가? 또 얼마나 관대하겠는가? 그 어떤 일에도 상처를 받지 않을 만큼 얼마나 강해지겠는가? 그런 사람은 계산적이거나 인색하지 않을 것이다. 받으려고 하는 이기적인 사람이 아니라 주고 베풀기를 좋아하는 사람이 될 것이다. 왜냐하면 더 이상 아쉬움이나 부족함, 그 어떤 결핍이 없기 때문이다.

혹 이런 반론을 제기하고 싶을지 모르겠다. '역사 속의 왕자나 공주들처럼 모든 것이 채워진 환경에서 살아왔다는 것이 그 사람의 인격을 보장하는 것은 아니지 않은가?'

매우 좋은 환경에서 자란 사람임에도 불구하고 망가진 인격을 가진 경우가 적지 않기 때문에 이 반론은 타당하다. 그러나 우리는 이렇게 대답할 수 있다. 그들에게 채워진 것은 물질적인 면일 뿐, 그들의 마음과 영혼은 결코 완전하게 채워진 적이 없었다. 그것은 오직 하나님만이 주실 수 있는 것이다.

사랑을 주면 사람이 변한다고 말하는 심리이론가들, 내적갈등에서 평정을 유지하는 방법을 제시하는 정신분석가들, 혹은 이런저런 행동을 유발할 수 있도록 환경을 제공해주면 된다고 말하는 사람들이 간과하는 것은 하나님의 존재다. 세상의 그 어떤 존재나 환경도 하나님께서 베푸시는 무한한 선하심을 제공할 수 없고 선하신 하나님을 대신할 수 없다는 사실이다. 그래서 우리는 아무리 좋은 부모를 만나도, 또 아무리 좋은 환경을 만나도 우리 영혼의 완전한 행복과 만족에 이를 수 없다. 그러면서도 우리는 끊임없이 채워지기를 갈망하고, 우리의 모든 인간관계와 세상을 살아가는 방식도 결국 그런 욕구를 충족하려는 노력 이상이 되지 못한다.

래리 크랩은 이것을 인간의 타락한 구조라는 말로 설명했다.[37] 사람이 관계를 맺는 방식, 사랑하는 방식의 내면에는 '나는 네가 필요하다.'라는 메시지가 있다는 것이다. 그래서 이런 동기로 사람을 잘 대해주는 관계는 머잖아 '나는 너를 미워한다'는 결말을 맺게 된다. 그리고 그는 정글 같은 세상에서 살아남기 위해 치열하게 노력하는 삶을 살게 된다.

이것이 다가 아니다. 문제는 이 모든 생각의 근저에 '나는 하나님의 선하심을 의심한다'는 생각이 있다는 것이다. 이것이 죄성의 바닥이다.

래리 크랩이 말하는 것은 하나님의 선하심을 의심하는 한, 선하신 하나님을 발견하고 그 하나님으로부터 완전한 공급을 경험하지 못하는 한, 인간은 결코 다른 존재를 사랑할 수 없다는 것이다. 왜 그럴까? 그는 상대방으로부터 끊임없이 채워지기만을 원하기 때문이다. 하나님 외에는 그 누구도 그런 사람의 필요를 채워줄 수 없다. 그래서 그는 이 사람에게서 저 사람에게로 옮겨가면서 끊임없이 사랑했다가 미워하기를 반복할 수밖에 없는 것이다.

인간의 내면을 완전하게 충족시켜 주실 수 있는 분은 오직 하나님뿐이다. 그리고 그 하나님으로부터 완전한 사랑을 받고 그 안에서 완전한 행복을 누리게 되면 다른 사람을 자유롭게 사랑할 수 있는 능력을 갖추게 된다. 하나님께서 자기의 모든 것을 이미 만족스럽게 채워주셨고, 또 앞으로도 영원히 그러실 것이라는 사실을 알기 때문이다. 그는 더 이상 자신을 위해 살거나 자기를 사랑하기 위해서 남을 사랑할 이유가 없다. 선하신 하나님 아버지께서 그 전능하신 능력으로 자신을 충만하게 채워주시고 만족시켜 주실 뿐 아니라 미래에도, 그리고 영원토록 그렇게 하시겠다고 약속하신 것을 믿기 때문이다.

보라, 이것이야말로 하나님께서 인간을 사랑하시는 방식이 아닌가! 채움을 받기 위해서 사랑하신 것이 아니라 완전한 만족과 행복을 가지셨기에 그것을 주시려고 사랑하시는, 자유로운 사랑 말이다. 당신은 하나님의 형상인 인간이 하나님께서 사랑하시듯 그렇게 사랑할 수 있다는 것을 생각해본 적이 있는가?

모든 것이 선을 이룬다

"온갖 좋은 은사와 온전한 선물이 다 위로부터 빛들의 아버지께로부터 내려오나니 그는 변함도 없으시고 회전하는 그림자도 없으시니라" (약 1:17). 이 말씀대로 우리가 받아 누리는 모든 선한 것은 다 빛의 아버지이신 하나님께로부터 온 것이다. 또한 우리가 마음을 다하고 목숨을 다하고 뜻을 다하고 힘을 다하여 우리 주 하나님을 사랑하는 것이야말로 우리가 하나님께로부터 모든 것을 받아 누리는 길이다. 주님은 사실상 이 말씀에서 하나님을 믿는 것은 곧 하나님을 사랑하는 것이라고 가르치신다. 주님께서 '대계명'을 말씀하신 순서는 매우 논리적이다. 하나님을 사랑함으로써 행복을 누리지 못하는 사람은 결코 이웃을 조건 없이 자유롭게 사랑할 수 없다.

그렇다면 인간이 하나님을 사랑할 수 있는 힘은 어디서 주어지는 것일까? 나는 나 자신뿐 아니라 너무나 많은 사람이 하나님을 사랑하지 못하는 이유가 하나님의 선하심에 대한 뿌리 깊은 오해 때문이라는 것을 보았다.

그들은 복음을 안다. 예수님을 믿는다. 그런데 거기서 조금도 더 나아가지 못한다. 자신의 지난 삶 속에 깊이 내려진 쓴뿌리가 있다. 그리고 그들에게는 자기들의 펼쳐지지 않은 미래에 대한 두려움과 걱정이 있다. 현재의 삶에서도 도무지 만족할 수 없는 상황을 지나고 있다. 그들에게 복음은 너무 작다. 그들이 아는 하나님은 왜곡된, 그들의 죄성이 덧칠해 놓은 무섭거나 인색하신 하나님이다. 그래서 그들의 신앙생활에는 기쁨이 없다. 삶의 가장 깊은 곳에서 결코 빼앗길 수 없는 영적인 만족을 누리지 못한다.

야고보가 이야기한 "온갖 좋은 은사와 온전한 선물"은 우리가 경험하고 우리 인생에 주어지는 모든 것이다. 거기에는 좋아 보이는 것, 좋아 보이지 않는 것, 그리고 즐거운 것, 고통스러운 것이 있다. 하지만 사도 바울이 로마서 8장 28절에 기록한 대로 "우리가 알거니와 하나님을 사랑하는 자 곧 그의 뜻대로 부르심을 입은 자들에게는 모든 것이 합력하여 선을 이룬다."

기억하라. '모든 것'이다! 하나님의 선하심을 모르면 하나님을 사랑할 수 없다!

사랑으로써 역사하는 믿음

우리가 할 수 있는 모든 것은 복음 안에 나타난 하나님의 선하심을 보는 것이다. 복음은 기독교의 시작이 아니라 전부다. 우리는 복음의 창을 통하여 하나님의 선하심이 보일 때까지 자기 삶의 모든 사건을 주시해야 한다. 그리고 성경에 나타난 선하신 하나님의 모든 약속을 정직하게 마주 대할 필요가 있다. 우리로 하여금 선하신 하나님을 믿지 못하게 하는 우리의 삶을 용감하게 직면해야 한다. 그리고 성경이 가르쳐주는 인간 사용설명서의 진리를 따라 자기 자신의 삶을 재조정할 믿음의 용기가 필요하다.

자기 힘으로 이웃을 사랑하려다가 상처를 받은 적이 얼마나 많은가? 내 힘으로 하는 사랑은 이기적이고 조건적이고 한시적일 뿐이다. 이런 사랑은 우리를 만족시키지도 행복하게도 못한다. 주님께서 대계명에 말씀하신 사랑은 이런 것이 아니다.

사람은 자기 자신을 조건적으로 사랑하지 않는다. 사람이 자기를 사랑하듯 이웃을 사랑하려면 하나님의 사랑 안에서 완전한 만족과 공급을 받아야 한다.

하나님께서 인간을 사랑하시면서 경험하시는 행복과 만족과 기쁨을 누리려면, 우리는 먼저 하나님으로 완전히 채워져야 한다. 내적 충만함으로부터 조건 없이 자유롭게 주는 사랑만이 우리를 어떤 것에도 매이지 않고 사랑하게 한다.

이런 사랑은 강하다. 이런 사랑은 다른 사람들로 하여금 하나님의 선하심을 보게 만든다. 이 사랑의 전제는 선하신 하나님에 대한 신뢰다. 내가 지금 누리고 경험하는 현실만이 아니라 과거에도 그러셨고 미래에도 여전히 동일한 은혜로 날마다 순간마다 채워주실 선하신 하나님에 대한 신뢰다. 이 믿음만이 사랑을 가능하게 만든다.

그래서 사도 바울은 이렇게 썼다. "그리스도 예수 안에서는 할례나 무할례나 효력이 없으되 사랑으로써 역사하는 믿음(faith working through love) 뿐이니라"(갈 5:6). 선하신 하나님에 대한 신뢰는 이렇게 힘이 있다.

하나님이 필요하다!

하나님이 사랑이신 것처럼 나도 사랑이 풍성한 사람이 되고 싶다. 인색하지 않고 계산적이지 않으며 보상을 바라지 않으면서 사람을 사랑할 수 있는 사람이고 싶다. 그러나 하나님께서 내 삶의 행복을 온전하게 충족시켜 주시는 일 없이 그런 사람이 되려고 하면, 나는 위선자가 되거나 좌절하고 말 것이다.

주님께서 말씀하신 사랑은 이런 게 아니다. "네 마음을 다하고 목숨을 다하고 뜻을 다하고 힘을 다하여 주 너의 하나님을 사랑하라 하신 것이요 둘째는 이것이니 네 이웃을 네 자신과 같이 사랑하라 하신 것이라 이보다 더 큰 계명이 없느니라"(막 12:30~31).

여기 인간을 창조하신 창조주의 인간 사용설명서가 있다. 참된 행복과 만족을 위해 필요로 하는 모든 사랑을 넘치도록 하나님께로부터 받아 누림으로써 우리는 마음과 목숨과 뜻과 힘을 다하여 하나님을 사랑하게 되고, 사람들을 향해서는 아무 조건에 매이지 않고, 심지어 우리 자신에 대한 평판에조차 매이지 않으면서 자유롭게 베푸는 사랑을 줄 수 있다. 그리고 우리 자신은 세상에서 가장 행복하게 창조주 하나님의 의도대로 살아가게 될 것이다. 그러기 위해서 우리는 딱 한 가지를 고백해야 한다. "하나님, 저는 하나님이 필요합니다. 하나님만이 저의 필요를 채우시는 분입니다."

예수를 나의 구주 삼고

1820년 뉴욕 주 작은 마을의 어느 가난한 집에서 태어나 생후 6주가 될 때 의사의 실수로 실명하고 평생 95년을 맹인으로 살아야 했던 패니 크로스비는 평생 1만 편 이상의 주옥같은 찬송시를 쓴 여류 시인이다. 85세 때 그녀는 이런 말을 했다.

"나는 지금까지 살아오면서 한 순간도 누구에 대한 원한이나 분노를 품은 일이 없습니다. 왜냐하면 나는 좋으신 하나님과 그분의 무한하신 자비를 항상 믿어왔기 때문입니다. 그분은 나를 성별시키셨고 그분의 일을 하게 하셨습니다. 나에게 베푸신 그 많은 축복을 기억할 때 내가 어떻게 감히 불평을 할 수 있단 말입니까!"

이 말이 믿어지는가? 이것이 선하신 하나님에 대한 신앙이다. 그녀는 맹인이었음에도 불구하고 평생 다른 영혼들을 섬기고 사랑하며 살 수 있었다. 아주 자유롭게 말이다. 그녀가 쓴 찬송시 가운데 하나가 '예수를 나의 구주 삼고'이다. 이 가사는 그녀가 하나님 안에서 누렸던 행복을 잘 묘사한다. 하지만 이 가사는 더 이상 그녀만의 고백이 아니다. 선하신 하나님의 은혜를 경험하고 그 안에서 완전한 만족과 행복을 누린, 하나님의 선하심을 맛보아 알게 된 모든 사람의 고백이고 간증이다.

> 예수를 나의 구주 삼고 성령과 피로써 거듭나니
> 이 세상에서 내 영혼이 하늘의 영광 누리도다
>
> 온전히 주께 맡긴 내 영 사랑의 음성을 듣는 중에
> 천사들 왕래하는 것과 하늘의 영광 보리로다
>
> 주 안에 기쁨 누림으로 마음의 풍랑이 잔잔하니
> 세상과 나는 간 곳 없고 구속한 주만 보이도다
>
> 이것이 나의 간증이요 이것이 나의 찬송일세
> 나 사는 동안 끊임없이 구주를 찬송하리로다
>
> 아멘

❼ 과거의 은혜

과거가 없는 사람은 없다. 모든 사람은 과거와의 연속성 속에서 살아간다. 때로는 너무나 고통스러워서 지워버리거나 묻어버리고 싶은 순간이 있지만 누구도 그런 과거로부터 완전히 단절하여 살 수는 없다. 적지 않은 사람들에게 과거는 현재의 발목을 잡아끄는 불편한 실재다. 그리스도인에게 있어서도 결코 쉬운 문제가 아니다.

그래서 사람들은 자기 나름대로 과거에 대해 취하고 살아가는 자기만의 태도나 방법을 터득하게 된다. 바로 이 태도가 사실은 신앙과 매우 깊은 관련을 가진다. 어떤 태도를 취하느냐에 따라 우리의 신앙이 성장하는 것을 막고 정체하게 만드는 요소가 되거나, 혹은 선하신 하나님에 대한 기대를 가지고 장래를 바라보게 하는 소망이 된다. 이것이 우리가 이 장에서 살펴볼 주제다.

과거를 대하는 비신앙적 태도와 오해

많은 사람들이 일반적으로 힘든 과거에 대해서 취하는 태도는 '묻어버리자'는 것이다. 힘들었고 지워버리고 싶은 지난날의 사건을 묻어버리는 것은 어쩌면 우리가 과거에 대해 가질 수 있는 가장 쉬운 방법일지 모른다. 가능한 한 덜 생각하고, 생각나려고 하면 기분을 전환해서 그 생각을 지워버리고, 되도록 그와 관련된 생각이 날 만한 장소는 피하고, 그것을 말하지 않으며 살아가는 것이다. 하지만 그렇게 애를 쓴다고 과거가 영원히 잊히고 묻히는 것일까? 그럴 수 없다는 것을 우리는 너무도 잘 안다. 그럼에도 불구하고 묻어버리자는 태도가 일반적으로 과거에 대해 취할 수 있는 최선인 것처럼 보인다.

그런데 사실 진짜 문제는 이런 태도와 함께 우리가 가질 수 있는 비성경적인 오해다. 사람들은 그런 과거만 아니었다면 자신이 오늘 더 나은 존재가 되었을지도 모른다는 생각을 한다. 정말 좋은 환경이 좋은 사람을 만드는 것일까? 좋은 환경이 더 많은 감사를 만드는 것일까? 우리는 좋은 환경, 좋은 과거를 만나지 못해서 감사가 적고 현재에 불만이 많은 것일까? "나도 너같이 좋은 환경을 만났다면 너처럼 감사할 수 있고 너같이 말할 수 있어. 내가 겪은 일을 네가 알기나 해?"라는 태도가 낯익지 않은가? 이것이 바로 과거에 대하여 우리가 가질 수 있는 비성경적인 오해다. 물론 공감되는 부분이 전혀 없는 게 아니다. 하지만 이런 생각은 성경이 가르치는 옳은 생각이 아니다. '나는 괜찮은 사람인데, 환경이 나를 이렇게 만들었어!'라고 환경을 탓하는 모습은 옳지도 않고 성경적이지도 않다. 혹 당신에게 과거에 대한 이런 태도와 오해들이 있는지 생각해보라. 그리고 하나님을 믿는 당신의 신앙이 이런 태도와 오해들을 어떻게 변화시켰는지도 생각해보라. 하나님을 믿는다는 것, 그 믿음은 과연 우리의 과거에, 그리고 과거에 대한 우리의 태도에 어떤 영향을 미쳤는가? 과거는 어차피 되돌릴 수 없으니 믿음으로도 어찌할 수 없는 것 아닐까? 이제 하나님을 믿게 되었으니 과거는 덮어두고 장래에 베풀어주실 은혜만 바라고 살면 되는 것일까? 딜레마는 어떤 사람도 과거와 단절할 수 없으며 과거의 사건을 자기가 원하는 대로 지워버릴 수 없다는 것이다. 과거가 없이는 현재의 나도 없고 당연히 미래도 없다.

상처와 한(恨)

과거의 문제는 신앙에 있어서 본질적으로 중요하다. 우리는 믿음이 삶을 변화시킨다고 이야기한다. 맞는 말이다. 하지만 그 믿음이 신자의 삶을 변화시키기 위해 어떻게 역사하는지를 알아야 한다.

믿음이 신자의 삶을 변화시킬 때 피할 수 없는 한 영역은 바로 과거를 보고 대하는 관점을 변화시킨다는 것이다. 20세기 후반, 심리학적 접근이 교회 안의 보편적인 현상이 되면서 유행처럼 번진 용어가 있다. 바로 '상처'와 '내적 치유' 같은 용어들이다. 알고 보면 상처 없는 사람이 없다. 그 상처는 다 과거의 흔적이다. 그 상처들이 쌓여 분노가 되고 증오가 된다. 그래서 이런 문제들을 보다 심리학적으로 이해하고, 겉으로 표출되는 분노나 증오의 이면에 있는 원인인 상처를 치유해야 한다는 것이 일반적으로 내적 치유를 주장하는 사람들이 말하는 내용이다.

이것을 좀 더 한국적 상황에 비추어 설명한다면, '한'(恨)이라는 개념을 생각할 수 있다. 이것은 물론 개인의 삶에서 겪고 살아가는 문제이지만, 동시에 우리 민족의 긴 역사 속에서 민족 공동체가 함께 경험하고 느껴온 민족 공동체적 상처이기도 하다. '한'은 사전에서 '몹시 원망스럽고 억울하거나 안타깝고 슬퍼 응어리진 마음'이라고 정의된다. '한'은 사람을 건강하게 이끌어가지 못한다. 가슴 속에 그런 원망과 억울함, 안타까움과 슬퍼 응어리진 마음이 남아 있다면 어떻게 건강한 삶을 살아갈 수 있겠는가? 한은 과거의 매우 부정적인 경험이고 깊은 상처다. 따라서 해결되지 않은 한이 많이 남아 있다면 그 사람의 신앙은 결코 정상적으로 성장하지 않는다. 신앙이 정상적으로 성장해가기 위해서는 그 사람 안에, 특히 그 사람의 과거 안에 해결되지 않고 여전히 남아있는 한이나 상처들이 신앙으로 다루어져야만 한다.

당신에게는 과거에 맺힌, 한이라고 할 만한 것들이 있는가? 당신의 현재의 삶에 영향을 미칠 뿐 아니라 발목을 잡는다는 느낌을 가질 만한 과거의 사건이 있는가? 그것을 알 수 있는 질문이 있다. 만일 당신이 지금까지 살아온 삶을 돌아보면서 정말 이것만은 내 삶에 일어나지 않았더라면 좋았을 거라고 생각되는 일이 있는가? 그것이 무엇인가? '내 과거에서 이것만 지워버리면 정말 삶이 가벼워질 텐데⋯⋯.'라고 생각하게 만드는 사건이 무엇인가? 당신의 현재에 발목을 잡아끄는 과거의 일은 무엇인가? 너무 아파서 지금도 생각하기조차 두려운 일은 무엇인가? 그 일들을 묻어버리고 살아가려는 사람들에게 내가 이런 질문을 할 수 있는 용기는 여기에 근거한다. 바로 선하신 하나님을 신뢰하는 믿음은 과거의 모든 한이나 상처와 같은 거친 장애물들을 능히 무너뜨리는 힘이라는 사실이다. 더 정확하게 말해야겠다. 그 힘은 복음에 나타난 하나님의 선하심을 알고 믿는 것에서부터 나온다.

과거에 대한 새로운 관점

믿음은 그리스도인으로 하여금 과거를 새롭게 보게 한다. 인생의 어느 순간 하나님을 만나게 되었을 때, 우리는 그 하나님이 전능하고 무한하신 지혜로 역사와 우리 인생을 주관하신다는 사실을 알게 된다. 사람이 나이 마흔에 하나님을 만났을지라도, 지난 40년의 인생을 사는 동안 비록 하나님을 몰랐고 하나님을 섬기지 않았지만, 그 하나님은 언제나 자기의 하나님이셨다는 사실을 알게 되는 것이다. 나는 하나님을 몰랐지만 하나님은 언제나 나를 알고 계셨으며, 나는 하나님을 무시한 채 살아왔지만 하나님은 나를 사랑하셨다는 사실을 알게 된다. 이것은 하나님을 인격적으로 만난 사람들에게 나타나는 정상적인 반응이다. 이런 하나님에 대한 믿음은 우리로 하여금 우리의 지난 과거의 삶 전부를 새로운 관점, 즉 믿음의 관점으로 보게 한다. 이런 일은 모든 신자에게 일어나는 일이고 정상적으로 일어나야 하는 일이다. 선하신 하나님에 대한 바르고 참된 믿음이 바로 그 일을 한다.

그럼에도 불구하고 너무나 많은 사람들이 하나님을 믿는다고 하면서도 여전히 과거에 매여서 고통을 받거나 상처를 안고 살아가는 이유는 무엇일까? 그의 믿음에 무슨 문제가 있는 것일까?

사실 이 문제는 믿음 자체보다도 믿음의 대상이신 하나님에 대한 오해와 무지에서 기인하는 것이다. 너무나 많은 교인들에게 복음은 단순히 예수님이 십자가에서 내 죄를 위해 대신 죽으신 사건이다. 그들에게 복음은 기독교에 입문할 때 배우고 동의하는 매우 간단한 진술 이상이 되지 못한다. 하지만 복음의 내용은 훨씬 더 깊고 넓으며 풍성하다. 이렇게 복음을 알게 된 사람은, 복음을 통해 선하신 하나님을 인격적으로 만난 사람은 그 십자가의 사건을 통해서 점점 더 깊게 우리에게 자신을 계시하시는 하나님을, 그 선하신 하나님을 알아가게 된다. 그리고 성경이 계시하는 하나님은 나의 현재와 과거, 그리고 미래와 모든 삶 속에서 당신의 전능하신 능력과 지혜로 일하시고 역사하시고 돌보시고 인도하시는 선하신 하나님이심을 알게 된다. 이런 선하신 하나님에 대한 믿음은 우리의 과거를 바라보는 새로운 눈을 제공한다.

광야를 기억하라!

우리 인생에는 다 광야가 있다. 광야는 힘든 곳이다. 우리의 생존을 위한 기본적인 필요가 제대로 공급되지 않고 그것을 바랄 수도 없는 곳이다. 안정을 추구할 수 없고 늘 옮겨 다녀야 하는 불편한 삶이다. 옆을 둘러봐도 도움을 청할 만한 사람들이 보이지 않는 외로운 곳이기도 하다. 우리는 본성적으로 이런 광야를 싫어한다. 하지만 하나님은 우리를 이런 곳으로 데리고 가신다. "그러므로 보라 내가 그를 타일러 거친 들로 데리고 가서 말로 위로하고"(호 2:14). 하나님은 우리를 거친 들로 데리고 가셔서 부드럽게 말씀하시는 분이다. 거친 들이 아니면 알아듣지 못하기 때문일 것이다.

때문에 하나님은 이스라엘 민족의 역사에 광야라는, 결코 잊을 수 없는 과거를 주셨다. 신명기는 이스라엘 백성이 40년의 광야생활을 뒤로 하고 약속의 땅 가나안을 목전에 두었을 때 그들에게 주어진 하나님의 말씀이다. 애굽에서 나올 때 스무 살 이상의 성인이었던 사람들은 거의 다 죽었을 때다. 그들 중 생존해 있는 사람들은 모세를 제외하면 여호수아와 갈렙 두 사람뿐이었다. 아론은 이미 죽었고 모세도 그의 뒤를 따를 것이다. 광야는 그들의 무덤이었다. 정말 슬픈 이야기다. 가데스 바네아에서의 불신앙과 반역사건 때문에 일어난 비극이었다. 출애굽 당시 20세 이상의 성인이었던 사람들은 다 광야에서 인생을 허비하고 죽은 셈이다.

남은 자들의 숫자는 광야에서 출생한 세대로 인하여 처음 출애굽 당시와 비교할 때 큰 차이가 없었고 도리어 약간 증가하였지만 출애굽 당시에는 모두 스무 살 이하였던 자녀들 세대였다. 그 세대는 광야에서 부모들의 반역과 죽음을 보면서 성장했다. 아빠의 손을 잡고 나온 열 살짜리 꼬마가 쉰 살이 되었다. 그들의 인생 거의 전부를 광야에서 보낸 것이다. 당신이라면 그때 어떤 생각을 했겠는가?

물론 그들은 40년 동안 광야에서 하나님이 공급하시는 모든 은혜를 경험했다. 그리고 이제 약속의 땅 가나안으로 들어가기에 앞서 하나님께서는 지난 40년간 그들을 인도했던 인간 지도자 모세를 통해 하나님의 언약백성으로 살아가야 하는 이들에게 다시 한 번 언약의 말씀을 선포하고 설명해주셨다. 그것이 바로 신명기의 내용이다. 그래서 신명기의 많은 부분은 지난 40년의 광야생활에 대한 회상이다. 즉 신명기는 과거의 일을 신앙의 관점으로 다루는 성경인 것이다.

신명기 8장 2절을 보자. "네 하나님 여호와께서 이 사십 년 동안에 네게 광야 길을 걷게 하신 것을 기억하라 이는 너를 낮추시며 너를 시험하사 네 마음이 어떠한지 그 명령을 지키는지 지키지 않는지 알려 하심이라" 하나님께서는 지금 이렇게 말씀하시는 것이 아니다. "이제 너희들 눈앞에 약속의 땅인 가나안이 있지 아니하냐? 쓰디쓴 과거의 일들일랑

다 잊어버리고 이제 들어가 취하여라. 슬픈 과거는 다 잊자. 희망찬 미래만을 생각해라."

많은 고생을 하고 이제 곧 그 성취를 앞두고 있을 때, 사람들은 지난 고생은 다 잊어버리겠다고 생각하는 것이 보통이다. 그러나 하나님은 그런 생각에 동의하지 않으신다. 오히려 과거를 기억하라고 명령하신다. 광야는 고통스럽고 힘들었던 그들의 40년의 과거를 의미한다. 할 수만 있다면 잊어버리고 싶고 묻어버리고 싶은 과거다. 하물며 눈앞에 가나안 땅이 있을 때에야 더욱 그렇지 않겠는가?

그런데 하나님께서는 왜 그 고통스러운 40년의 광야 여정을 기억하라고 하시는 걸까? 인생을 광야에서 다 보내고 중년과 노년이 된 사람들에게 말이다. 그들에게 무슨 즐거운 추억, 무슨 기쁨의 시간을 회상할 것이 있겠는가? 어쩌면 그들 대다수는 '내 인생을 광야에서 다 날려버렸어.'라고 생각하지 않았을까? 그들의 마음속에 쓴뿌리가 깊이 내려지지 않았을까? 그런데도 왜 하나님께서는 40년의 광야를 기억하라고 하시는 것일까? 하나님의 입장에서도 이제 주시려고 하는 가나안 땅의 길목에서 그들로 하여금 과거를 기억하게 하시는 것이 좋을 것이 하나도 없을 것 같은데 말이다.

하나님의 손

하나님께서 이스라엘 백성에게 명하신 것은 지난 40년 동안의 광야 여정을 늘 생각하고 보던 방식으로 다시 보라는 말씀이 아니다. 즉 믿음의 눈으로 보라는 명령이다. 그렇다면 믿음의 눈으로 과거를 다시 보면 무엇이 달라질까? 우리의 맨눈으로 과거를 보고 이해하는 것과 믿음으로 과거를 보는 것에는 어떤 차이가 있는 걸까?

믿음의 눈으로 과거를 반추할 때, 우리는 거기서 하나님의 손을 보게 된다. 하나님께서 이스라엘 백성에게 과거 40년의 광야를 기억하라고 하시는 이유가 여기에 있다. 그들은 광야 40년의 삶에서 하나님의 손을 봐야만 한다. 이것은 가나안에 들어가기 전에 해야 할, 그들에게 반드시 필요한 일이었다. 당신도 하나님을 믿고 살아간다면 반드시 이 일을 해야 한다. 그냥 과거를 보는 것이 아니라 하나님의 눈으로, 믿음의 눈으로 과거를 보아야 한다. 그렇게 할 때 우리는 과거의 광야에서 하나님의 손을 본다. 그리고 하나님의 손이 나타나지 않은 적이 한 순간도 없었다는 사실을 알게 된다.

이 일을 어디서부터 어떻게 시작할 수 있을까? 먼저 당신이 살아온 과거에서 가장 쓸쓸하고 아팠던, 그래서 지워버리고 싶은 사건을 기억해보라. 하나님께서는 광야를 기억하라고 명령하신다. 그 명령대로 우리는 기억해야 한다. 그 일은 나 자신이 결정하지 않은, 그저 나에게 주어진 환경의 문제일 수도 있고, 어쩌면 나 자신의 잘못과 실수, 혹은 죄로부터 비롯된 문제일 수도 있다. 그것이 어떤 것이든 상관없이 당신이 복음의 창을 통하여 하나님을 믿는 믿음의 눈으로 보게 될 때 거기서 당신은 하나님의 손을 보게 될 것이다. 하나님의 손이 잘 보이지 않는가? 그렇다면 당신은 보일 때까지 하나님 앞에서 씨름해야 한다. 이것이야말로 우리가 그냥 넘어가서는 안 되는 중요한 믿음의 싸움이다. 이런 씨름은 대개 이런 질문으로 시작한다. '하나님, 제가 그토록 힘들 때 어디 계셨어요?' 우리는 반드시 이 질문에 대한 답을 얻어야 한다.

'모래 위의 발자국'이라는 제목으로 널리 알려진 작가 미상의 시에서 말했듯이 "네가 그렇게 힘들어했던 그때, 내가 너를 업고 걸었단다. 모래 위 한 사람의 발자국은 네 발자국이 아니라 내 발자국이야."라는 것을 확인해야 하는 것이다. 이 대답을 들어야 한다. 이런 확인 없이, 당신의 삶 속에 그냥 묻어놓은 과거의 사건들이 있으면 있을수록, 당신은 결코 하나님의 인격과 그분의 선하심을 신뢰할 수 없다. 그러면 당신은 복음을 축소시킬 수밖에 없고 그 축소된 복음만을 가지고 살아가게 될 것이다. 또한 당신은 전능하신 하나님을 믿고 죽어서 구원받을 것은 알지만, 선하신 하나님은 믿지 못하는 믿음의 장애를 안게 될 것이다. 이런 믿음으로는 장래의 은혜도 누릴 수 없다. 따라서 이 작업이 다소 힘들더라도 반드시 이 일을 해야만 한다.

"광야를 기억하라." 이것은 하나님의 명령이다. 당신의 과거의 광야 속에서 한 맺힌 모든 사건들, 억울하고 힘들었던 모든 사건들에 대해서 이 작업을 해야 한다. 선하신 하나님께서는 이 씨름을 하는 모든 자녀들에게 대답하실 것이다. "네 하나님 여호와께서 이 사십 년 동안에 네게 광야 길을 걷게 하신 것을 기억하라"고 명령하시는 하나님은 대답하실 준비가 되어 있으시기 때문이다.

이스라엘 백성들은 눈앞에 있는 가나안 땅으로 들어갈 생각에, 장래에 그들이 누리게 될 축복에 가슴이 뛰었을 것이다. 그런 그들에게 하나님께서는 힘들었던 과거를 끄집어낼 것을 요구하셨다. 이 일 없이는 결코 그들의 믿음이 실재가 될 수 없기 때문이었다. 이 작업 없이 그저 과거를 묻어놓고 앞으로 가는 신앙생활은 허구가 될 수밖에 없기 때문이었다. 그런 신앙은 늘 살얼음 위를 걷는 것 같은 불안함의 연속이 될 것이다. 그리고 삶에서 자신이 원치 않은 일이 일어날 때마다 '왜 하나님은 나에게 늘 이런 식으로 행하시는가?'라는 고질적인 불평과 원망이 반복적으로 흘러나오게 될 것이다. 때문에 우리는 과거를 묻어놓고 갈 수 없다. 신앙은 그저 막연한 바람이 아니다. 실재다. 그래서 우리는 과거를 다루어야만 하는 것이다.

삼십대의 위기

'삼십대의 위기'라는 말은 오래 전에 읽었던 상담 관련 책에서 본 말이다.[38] 사람이 대략 26세에서 38세 사이에 이런 현상이 일어난다고 하는데, 인생에서 처음으로 삶의 무게를 혼자서 감당해야만 하는 30대 전후의 시기에 일어나는 위기를 가리키는 말이다. 그동안은 아무 문제없이 잘 지내왔는데 갑자기 자신 안에 묵혀두었던 무언가가 한꺼번에 폭발하는 것을 경험하게 된다. 저자는 이것을 '정서적인 비타민A 결핍증'이라고 말한다. 그가 말한 A는 세 가지, 즉 Acceptance(수용), Affirmation(인정), 그리고 Affection(애정)이다. 과거의 삶 속에서 이 세 가지가 충분하게 채워지지 않을 때, 자신도 모르게 억누르고 살아왔던 것들이 한꺼번에 30대에 폭발한다고 한다.

이런 점에서 오늘날 많은 젊은 부부들이 이 시기에 삶의 큰 위기를 겪는 것은 이상한 일이 아니다. 과거의 사건을 묻어두고 가면 언젠가는 터지게 마련이다. 하나님께서 이스라엘 백성들에게 가나안 땅을 눈앞에 둔 좋은 시기에 과거 40년의 광야생활을 기억하라고 명하시는 이유도 여기에 있다.

신앙이 정체되는 이유

하나님을 믿는 많은 사람들의 믿음이 성장하지 않고 정체되는 한 가지 이유가 있다. 과거를 묻어둔 채 더 많이, 그리고 더 열심히 기도함으로써 믿음을 끌어올리려고 애를 쓰는 것이다. 그들은 더 많이 봉사하고 더 많이 성경을 공부한다. 하지만 그런 모든 봉사와 섬김과 신앙적 수고를 통해서도 좀처럼 선하신 하나님께로 나아가지 못한다. 문제의 원인이 그가 묻어둔 과거에 있기 때문이다. 과거의 사건을 믿음의 눈으로 바라봄으로써 하나님의 선하심에 대한 신뢰를 확인할 수 없기 때문이다. 이런 믿음으로는 아무리 많이 기도하고 아무리 많이 울어도 해결이 되지 않는다. 한이 맺혀서, 억울해서, 자기연민에 사로잡혀서 하나님 앞에 나와 우는 것을 건강한 신앙이라고 말할 수 없다. 물론 신앙은 이런 과정을 거치게 마련이다. 하지만 이런 과정을 지나서 '아, 하나님께서 이런 이유 때문에 내 인생에 그런 일이 일어나게 하셨구나!' 하는 깨달음으로, 그리고 그 하나님의 선하신 은혜가 그 일 속에 충만하게 드러난 것을 보기 때문에 우리는 감사와 기쁨으로 울 수 있는 것이다. 선하신 하나님에 대한 신앙은 우리를 그런 자리에 이르게 한다.

광야를 주시는 하나님의 의도

우리는 하나님께서 과거 40년의 광야생활을 기억하라고 말씀하시는 시점에 주목할 필요가 있다. 그들은 이제 가나안에 들어갈 것이다. 평생의 시간을 보냈던 지긋지긋한 광야가 이제 끝나가고 있다. 이때 하나님께서 광야를 기억하라고 말씀하신 의도는 '좋은 환경이 많은 감사를 만든다'는 그들의 뿌리 깊은 오해를 교정해주시려는 것임이 분명하다. 만일 이스라엘 백성이 40년이라는 그들의 과거를 기억 속에 묻어버리고 가나안 땅으로 들어간다면 그들은 결코 그 좋은 환경에서도 감사할 수 없게 될 것이 너무나 확실하기 때문이다.

그들이 먼저 짚고 가야 하는 것은 '40년이라는 광야의 삶 속에 계셨던 하나님의 손과 그 선하심을 감사할 수 있는가?'였다. 그래서 하나님은 왜 그들로 하여금 40년 동안 광야의 길을 걷게 하셨는지를 설명해주신다. "이는 너를 낮추시며 너를 시험하사 네 마음이 어떠한지 그 명령을 지키는지 지키지 않는지 알려 하심이라 너를 낮추시며 너를 주리게 하시며 또 너도 알지 못하며 네 조상들도 알지 못하던 만나를 네게 먹이신 것은 사람이 떡으로만 사는 것이 아니요 여호와의 입에서 나오는 모든 말씀으로 사는 줄을 네가 알게 하려 하심이니라"(신 8:2~3).

여기서 하나님은 '낮추신다'는 말을 두 번이나 하셨다. 이것은 이스라엘 백성들로 하여금 자신들이 어떤 존재인지, 또 얼마나 부패한 죄성을 지닌 존재들인지를 깨닫고 알게 해주시려는 말씀이다. 쉽게 말해 "네 주제를 알라"는 것이다.

신명기 9장 6~7절에서도 다시 설명되고 있다. "그러므로 네가 알 것은 네 하나님 여호와께서 네게 이 아름다운 땅을 기업으로 주신 것이 네 공의로 말미암음이 아니니라 너는 목이 곧은 백성이니라 너는 광야에서 네 하나님 여호와를 격노하게 하던 일을 잊지 말고 기억하라 네가 애굽 땅에서 나오던 날부터 이곳에 이르기까지 늘 여호와를 거역하였으되" 광야에서 그토록 하나님을 불신하고 거역했던 일들을 기억할 때 그들은 낮아질 수밖에 없었다.

낮아진다는 것은 죄인의 부패한 본성에 조금도 어울리는 말이 아니다. 우리는 언제나 스스로가 너무 당당하고 자격이 있고 합당하다고 여기기 원한다. 우리가 과거 때문에 고통스러워하는 솔직한 이유 중 하나도 그 과거가 우리를 낮추기 때문 아닐까? 우리는 그것을 부인하고 싶을 뿐이다. 누가 자기를 높여주는 과거를 잊으려 하고 묻어버리려 하겠는가? 그런 과거는 절대로 잊어버리지 않으려고 액자에 붙여놓지 않는가?

우리의 교만은 언제나 내가 옳고 하나님이 틀린 것으로 결론을 내리곤 한다. 하나님께서는 이스라엘 백성들이 이런 자신들의 죄성을 보기 원하셨다. 그것을 기억하기 바라셨다. 이것은 단순히 심리적인 문제나 상처 치유의 문제가 아니다. 속지 말아야 한다. 이것은 죄성과 죄의 문제이고 회개를 통해서만 해결되는 문제다. 내적 치유가 가진 문제는 죄성과 죄의 문제를 상처로 이해하려는 점이다. 그래서 내가 하나님께 회개해야 할 문제를 하나님이 내게 회개하셔야 할 문제로 뒤바꿔버린다. 이런 접근법은 죄를 상처로, 회개를 치유로, 죄인을 피해자로 만든다. 성경은 이런 관점을 허용하지 않는다. 이것은 악이고 교만이다. 하나님께서는 지금 가나안 땅에 들어가려는 이스라엘 백성들의 마음의 상처를 내적으로 치유하는 프로그램을 시작하시려는 것이 아니다. 하나님께서는 그들 자신을 보게 하시고 그들의 죄성과 죄를 보게 함으로써 그들을 낮추시려고 광야 40년을 기억하라고 하신 것이다. 이것은 회개로 이끄시는 은혜다. 이것이 광야를 기억하라고 하신 하나님의 첫 번째 의도였다.

두 번째는 믿음으로 사는 삶이 어떤 것인지를 가르쳐주시려는 의도로 광야 40년을 기억하라고 하셨다. 광야는 농사를 지을 수 있는 곳이 아니다. 그물을 쳐서 고기를 잡을 수 있는 곳도 아니다. 그곳은 물도 마시기 힘든 곳이었다. 그들이 살기 위해서 의존해야 했던 대상은 오직 하나님이었다. 40년 동안 하나님은 기적적으로 매일의 삶에 필요한 양식을 친히 공급하여주셨으며 목마른 백성에게 반석을 쳐서 물을 주셨다. 또 그들을 불기둥과 구름기둥으로 인도하여주셨고 모든 위험으로부터 지켜주셨다. 40년 동안 광야를 걸으면서 이스라엘 백성은 의복이 해어지지 않고 발이 부르트지도 않는 기적을 경험했다(신 8:4). 하나님께서는 만나를 통하여 그들에게 필요한 모든 영양소를 균형 있게 공급해주셨을 뿐 아니라, 40년 동안 옷이 해어지지 않게 하심으로써 그들의 일상적인 필요, 즉 의식주의 문제를 완벽하게 공급하셨다. 하나님께서 모든 조건과 환경 속에서 그들의 삶을 책임지신다는 것을 이보다 더 잘 배울 수 있는 기회가 어디에 있겠는가! 광야의 삶은 오직 믿음으로 사는 삶이다. "내 노력, 내 힘으로 산다"고 말할 수 없고 "전적으로 하나님의 은혜로 삽니다"라고 말하는 삶이 광야의 삶이다. 지난 40년 동안 그들이 광야에서 경험한 삶이 그것이었다. 그것을 가르치기 원하셨기 때문에 하나님께서 그들에게 과거를 기억하라고 하신 것이다.

믿음으로 사는 삶

이것을 보충해주는 말씀이 나온다. 신명기 8장 17~18절이다. "그러나 네가 마음에 이르기를 내 능력과 내 손의 힘으로 내가 이 재물을 얻었다 말할 것이라 네 하나님 여호와를 기억하라 그가 네게 재물 얻을 능력을 주셨음이라 이같이 하심은 네 조상들에게 맹세하신 언약을 오늘과 같이 이루려 하심이니라" 그들이 가나안 땅에 들어가서 풍족함을 누리게 될 때 '내 손으로 이 재물을 얻었다'고 말하는 교만에 빠지게 될 것을 미리 아신 하나님은 그들에게 과거의 광야를 기억하라고 명령하셨다. 광야의 과거를 기억한다면 그들은 장래에도 믿음으로 사는 삶을 떠나지 않을 것이다.

결국 하나님의 의도는 그들이 하나님을 떠나 다른 신들을 섬기지 않게 하시려는 것이었다. "네가 만일 네 하나님 여호와를 잊어버리고 다른 신들을 따라 그들을 섬기며 그들에게 절하면 내가 너희에게 증거하노니 너희가 반드시 멸망할 것이라"(신 8:19). 다른 신을 섬기지 않는 것은 선하신 하나님을 깊이 경험적으로 알고 신뢰할 때에만 가능하다.

나는 당신이 지난 광야 40년의 세월을 기억하라고 말씀하시는 선하신 하나님의 궁극적 의도를 깊이 알고 느끼게 되기를 바란다. 신명기 8장 16절을 보라. "네 조상들도 알지 못하던 만나를 광야에서 네게 먹이셨나니 이는 다 너를 낮추시며 너를 시험하사 마침내 네게 복을 주려 하심이었느니라" 하나님은 여기서 다시 한 번 '낮추신다'는 단어를 사용하셨지만 그 모든 것의 궁극적인 목적은 "마침내 네게 복을 주려 하심"이라는 것을 잊어서는 안 된다. 그들에게 선을 베풀어주시려는 것이 하나님의 궁극적 의도였다. 이것은 언제나 자기 백성을 향하신 변함없는 하나님의 의도다. 이것 때문에 하나님께서 광야에서의 40년을 허용하셨다. 그리고 이것 때문에 또다시 그 40년을 기억하라고 명하시는 것이다.

하나님은 "나는 너희에게 선을 베풀어주기 위해서 광야를 허용하였다"라고 말씀하신다. 그러므로 40년의 광야생활을 잊어서도 안 되고 묻어두어서도 안 된다. 반드시 기억해야 한다.

하나님께서 디자인하신 노정(course)

거듭 말하지만 하나님을 믿는 사람들이 과거의 사건을 믿음의 눈으로 보는 것은 너무나 중요하다. 거기서 하나님의 손을 보아야 하기 때문이고, 하나님의 선하심을 확인해야 하기 때문이다. 하나님께서는 이스라엘 백성에게 그것을 요구하셨다. 장래에 아무리 좋은 삶이 펼쳐진다 할지라도 과거 광야의 삶에서 하나님의 선하심을 확인하지 못한 사람은 결코 그 좋은 환경, 편안한 삶 속에서도 선하신 하나님을 즐거워하고 그 은혜를 누리면서 감사할 수 없기 때문이다.

이제 이스라엘 백성은 가나안에 들어가 '먹어서 배부르고 아름다운 집을 짓고 거주하게 되며 또 소와 양이 번성하며 은금이 증식되며 소유가 풍부하게' 되는 삶을 살게 될 것이다(신 8:12-13). 이것을 신명기 6장에서는 이렇게 표현했다.

"네 하나님 여호와께서 네 조상 아브라함과 이삭과 야곱을 향하여 네게 주리라 맹세하신 땅으로 너를 들어가게 하시고 네가 건축하지 아니한 크고 아름다운 성읍을 얻게 하시며 네가 채우지 아니한 아름다운 물건이 가득한 집을 얻게 하시며 네가 파지 아니한 우물을 차지하게 하시며 네가 심지 아니한 포도원과 감람나무를 차지하게 하사 네게 배불리 먹게 하실 때에"(신 6:10~11).

그런 날이 올 때 우리는 하나님을 잊지 않도록 조심해야 한다(신 6:12). 그런 날이 올 때 하나님을 잊지 않을 수 있는 길은 우리가 과거 광야의 삶에서 선하신 하나님을 발견하고 그분을 즐거워하는 것뿐이다. 때문에 우리는 우리의 과거를 기억해야 하는 이 믿음의 싸움을 포기해서는 안 된다.

과거의 모든 사건과 삶 속에서 하나님의 손길을 발견하고 하나님의 선하심을 마음 깊이 확인할 때까지 우리는 하나님 앞에 나아가야 한다. 그리고 선하신 하나님의 은혜의 손길을 과거의 모든 상황 속에서 보고 또 보아야 한다.

아, 그렇게 될 때 우리는 얼마나 복된 인생들로 변화되어 갈 수 있을까! 이렇게 자신의 과거를 믿음의 눈으로 반추하고 정리할 때 발견하게 되는 사실이 있다. 그것은 '나의 지난 삶은 하나님께서 나만을 위해서 특별히 디자인해 놓으신 과정이었구나!' 하는 깨달음이다. 이것을 깨닫게 될 때 과거와 연관된 나의 열등감은 눈 녹듯이 사라지고 하나님에 대한 감사가 넘치게 된다. 이 깨달음과 고백에 이르게 될 때 우리는 비로소 과거의 한과 슬픔, 그리고 고통이 말할 수 없이 선하신 하나님의 인도하심이었으며 변장한 축복이었다는 사실을 알게 된다.

복되고 영광스러운 자리

하나님께서 지금 이 자리로 당신을 데리고 오시기 위해서, 그리고 지금도 우리가 알지 못하는 영광의 자리로 당신을 데리고 가시기 위해서, 그리고 그 영광의 자리가 당신에게 정말 유익하고 복된 자리가 되게 하시려고 당신을 지금까지 인도하셨다는 것을 고백하는 것, 그것이 선하신 하나님을 믿는 믿음이 하는 일이다.

그러면 우리는 이렇게 질문하게 될 것이다. '하나님께서 나를 얼마나 사랑하셨으면 내게 이런 광야를 주셔서 나로 하여금 이렇게 복되고 귀한 깨달음의 자리에 서게 하셨을까?' 이것은 정말 다른 질문이지 않은가? 혹시 지금까지 인생을 살면서 당신이 지나온 광야가 있는가? 그렇다면 감사하라. 또 언젠가 그런 광야의 삶이 다시 주어질 수 있다는 것을 기억하라. 그리고 당신의 삶이 지금 광야를 걷는 중이라면 선하신 하나님께서 지금 당신에게 최상의 것을 주고 계신다는 사실을 알라. 하나님께서 이 과정을 통해 당신을 데리고 가시는 복되고 영광스러운 자리가 있다는 사실을 잊지 말고 기억하라. 이 과정에는 영광스러운 끝이 있을 뿐만 아니라 지금이 그 영광스러운 과정이기도 하다.

우리는 현재의 광야에서 하나님을 만나야 한다. 그리고 과거의 광야를 기억하면서 선하신 하나님을 고백해야 한다. 이런 일이 우리 삶에 일어나지 않는다면, 아무리 많이 봉사하고 섬길지라도 여전히 믿음의 정체를 경험하게 될 것이고, 온전한 믿음과 전심으로 반응하기보다는 양다리를 걸치면서 살아가게 될 것이다. 그러니 더욱 하나님을 경험할 수 없게 되는 악순환이 될 것은 자명하다. 무엇보다 당신은 선하신 하나님을 즐거워할 수 없을 것이며 하나님 안에서 만족을 경험하지 못할 것이고 이것은 점점 더 깊은 영적 침체로 당신을 끌고 갈 수도 있다. 이런 믿음은 선하신 하나님을 믿는 성경적 믿음이라고 할 수 없다. 하나님께서는 그것을 고쳐주시고 교정해주셔서 선하신 하나님을 알고 그분을 믿는 바르고 참된 믿음의 자리로 우리를 데리고 가기를 원하신다.

과거의 삶에서 선하신 하나님을 고백할 수 없으면 우리 인생에 아무리 좋은 것이 주어진다고 할지라도 우리는 결코 참된 감사와 믿음으로 사는 삶을 살지 못한다.

사실상 선하신 하나님을 믿는 신자에게는 억울한 일이 존재하지 않는다. 한 맺히는 사건들도 더 이상 설 자리가 없다. 우리 삶에 하나님의 손을 떠난 사건이나 시간은 하나도, 한 순간도 존재하지 않는다. 우리 인생의 전부는 다 선하신 하나님의 손길이 닿아 있는, 복되고 은혜로운 사건들이요 시간들이 된다.

아, 세상에 이보다 복된 인생은 없다! 선하신 하나님을 자기의 하나님으로 섬기는 사람보다 더 행복할 수는 없다. "여호와를 자기 하나님으로 삼은 나라 곧 하나님의 기업으로 선택된 백성은 복이 있도다"(시 33:12). 하나님께서 오늘 우리들을 부르시는 것은 바로 이런 자리로 부르시는 것이다.

왜 이런 복되고 행복한 삶으로 나아가지 않는가? 그리고 이 복된 삶 속에서 어찌 감사함이 메마를 수 있는가!

8
장래의 소망

선하신 하나님의 은혜는 실로 우리의 과거, 현재, 그리고 미래를 다 덮고도 남는다. 그리고 이 은혜를 알고 누리는 것 역시 선하신 하나님에 대한 바른 지식에 따라 좌우된다. 선하신 하나님을 알며 그 하나님을 믿는다는 것은 아직 펼쳐지지 않았고 수많은 불확실성을 안고 있는 장래에 대한 우리의 태도에 어떤 영향을 미칠까? 또한 선하신 하나님께서 장래의 은혜를 베풀어주실 것을 아는 믿음은 우리의 현재에 어떤 영향을 줄까? 선하신 하나님을 믿는 신앙은 장래에 대한 그리스도인의 생각을 포함한 이런 모든 문제에 결정적인 영향을 미친다.[39]

어떻게 순종할 수 있는가?

앞에서도 말했지만, 믿음의 본질은 순종을 포함한다. 주님은 산상수훈에서 하나님의 자녀들에게 먹고 사는 문제로 염려하지 말고 오직 하나님의 나라와 의를 최우선으로 추구하는 삶을 살라고 말씀하셨다(마 6:25~34).

이런 말을 하면 하나님을 믿는다는 사람들조차 "어떻게 그렇게 살 수 있어요?"라고 반문할 것 같은 느낌을 받는다. 그러면 주님께서 농담을 하신 걸까? 우리는 진지하게 앉아서 생각할 필요가 있다. 이것은 주님께서 하나님의 모든 자녀들을 향해 친히 말씀하신 것이다. 분명 하나님의 말씀이다!

그렇다면 우리는 어떻게 이 말씀대로 순종할 수 있을까? 우리는 또 다른 주님의 말씀도 생각해볼 수 있다. 주님은 "주라 그리하면 너희에게 줄 것이니 곧 후히 되어 누르고 흔들어 넘치도록 하여 너희에게 안겨주리라 너희가 헤아리는 그 헤아림으로 너희도 헤아림을 도로 받을 것이니라"(눅 6:38)고 분명하게 말씀하셨다.

우리는 이 말씀을 순종하며 살고 있는가? 우리는 정말 주는 사람인가, 아니면 여전히 누군가에게 받을 생각을 하고 살아가는 사람들인가? 당신은 당신이 사랑할 사람을 찾고 있는가, 아니면 당신을 사랑해줄 사람을 찾고 있는가?

또 주님은 부자 관원에게 이렇게 말씀하셨다. "네게 아직도 한 가지 부족한 것이 있으니 네게 있는 것을 다 팔아 가난한 자들에게 나눠 주라 그리하면 하늘에서 네게 보화가 있으리라 그리고 와서 나를 따르라"(눅 18:22). 이 사람이 주님의 말씀에 순종할 수 없었던 이유가 무엇인가? 돈을 사랑했기 때문이다. 분명히 누가복음의 본문은 그런 분위기를 전달하고 있다. "그 사람이 큰 부자이므로 이 말씀을 듣고 심히 근심하더라"(눅 18:23). 결국 그는 근심 속에서 주님을 떠나고 말았다. 당신은 그가 부자였다는 것, 그가 돈을 사랑했다는 것이 그가 주님의 말씀에 순종하지 않은 충분한 설명이라고 생각하는가?

무엇이 순종하게 하는가?

순종은 어려운 문제다. 신앙생활을 하면서 진짜 싸워야 하는 문제는 순종이다. 설교를 듣고 은혜받는 것, 성경을 공부하고 새롭게 깨닫는 것 모두 좋다. 그리고 중요하기도 하다. 하지만 듣고 배우고 깨달은 말씀을 따라 순종하고 살아가는 것이 없다면 그 모든 것은 무익할 뿐 아니라 그 영혼에 해롭기까지 할 것이다. 그래서 순종은 모든 그리스도인에게 큰 숙제요 싸움이다.

도대체 어떻게 순종할 수 있을까? 이런 말을 하는 사람들을 보았는가? "우리가 이 땅에 두 발을 디디고 사는 사람들인데 어떻게 이런 말씀에 순종하여 살 수 있습니까? 우리가 천사라도 된다는 말입니까? 하나님이 밥 먹여준답니까?"

믿음이 없는 사람들이 이렇게 말하는 것을 우리는 충분히 이해한다. 하지만 주님은 우리에게 결코 불가능한 것을 말씀하신 것이 아니다. 두 발을 이 땅에 디디고 사는 우리가 어떻게 주님의 이 명령에 순종하여 살아갈 수 있을까? 혹시 이 순종이 우리를 또 다른 의무의 포로가 되게 하는 것은 아닐까? 그리고 명령을 순종하는 삶 속에서 우리는 과연 진정으로 하나님을 즐거워할 수 있을까? 성경이 가르치는 순종의 동기, 또 순종의 능력은 무엇인가? 우리는 주님께 어떤 동기로 순종하는가? 무엇이 우리를 순종하게 하는 힘인가?

이런 질문들에 대답하기 전에 우리가 먼저 생각해야 할 것이 있다. '우리는 왜 순종하지 못하는가?'라는 질문이다.

감사의 결핍

우리가 하나님의 모든 명령에 순종할 힘을 가지지 못하는 첫 번째 이유는 '과거에' 받은 은혜에 대한 감사의 결핍 때문이다. 감사의 결핍은 순종의 능력을 약화시킨다. 나는 "하나님께서 네게 주신 은혜가 얼마나 큰데 이것밖에 못하느냐?"는 말을 하는 게 아니다. 이런 식의 말은 감사를 강조하는 것 같지만, 사실 하나님께서 우리에게 말씀하시는 방식은 아니다. 이런 말들은 대개 죄책감이나 부담감으로 우리를 인도하기 때문에 잠깐 동안은 강요와 억지를 만들어낼 수 있을지 몰라도 믿음으로 말미암는 순종은 가져오지 못한다.

우리가 하나님께 아무런 부담감도 가지지 말아야 한다고 말하는 것은 아니다. 단지 하나님께서는 죄책감이나 부담감을 이용해서 우리를 다루시지 않는다는 것이다. 하지만 이단이나 사이비, 그리고 복음의 은혜가 아닌 율법의 정죄를 강조하는 비복음적인 지도자들은 이런 방식으로 말하기를 좋아한다. 이런 방식은 부정적 의미에서 존 파이퍼가 말하는, 곧 빚을 갚으라는 '채무자의 윤리'를 부추기며 하나님께서 기뻐하시는 순종을 만들어내지 못한다.

내 어린 시절의 신앙생활을 돌아보면 이런 '채무자 윤리'에 의하여 부추겨지는 순종이 적지 않았던 것 같다. 하나님은 우리에게 왜 그렇게 배은망덕하냐고 하시면서 죄책감을 조성하시는 채권자가 아니다. 심지어 우리에게 어떤 순종이나 헌신을 요구하실 때도 하나님께서 베풀어 주신 것을 갚으라는 식으로 요구하시지 않는다. 어쩌면 이런 반론을 제기할지 모르겠다. 하나님께서 이스라엘 백성에게 십계명을 주실 때 "나는 너를 애굽 땅, 종 되었던 집에서 인도하여 낸 네 하나님 여호와니라" (출 20:2)고 말씀하신 후에 십계명을 말씀하시지 않았냐고 말이다. 맞다! 하나님께서는 애굽에서 구원하여주신 과거의 은혜에 근거하여 이스라엘 백성에게 명령하셨다! 그러나 이 말씀은 하나님과 이스라엘의 언약 관계를 강조하는 차원에서 하신 말씀이지 하나님께서 마치 채권자처럼 "내가 너희에게 이런 은혜를 주었으니까 이제 너희는 내 말을 들어야 돼. 너희는 내게 빚을 갚아야만 돼."라고 말씀하시는 것이 아니다.

물론 받은 은혜에 대한 감사는 우리로 하여금 하나님을 사랑하게 하고 우리가 사랑하는 하나님께 순종하게 한다. 그러나 기억해야 할 것은 하나님께서는 받은 은혜에 대한 감사만을 근거로 우리에게 순종을 강요하시지 않는다는 사실이다.

참된 순종의 원동력

우리가 하나님의 모든 명령에 순종하지 못하는 이유가 무엇인가에 대한 두 번째 대답은 하나님께서 장래에 베풀어주실 은혜에 대한 믿음의 결핍이다. 사실 이것은 감사와 함께 성경이 일관되게 가르치는 순종의 동기다. 하나님께서 우리에게 순종을 요구하실 때 계속해서 주장하시는 근거는 "내가 너희에게 베풀어줄 은혜를 너희가 믿는다면 순종하라"는 것이다. 순종은 물론 과거에 받은 은혜에 대한 감사의 반응으로 나타나지만, 장래의 은혜에 대한 믿음, 즉 장래에 나에게 최상의 것을 베풀어주실 선하신 하나님의 인격과 약속을 신뢰하는 반응으로 더욱 힘 있게 나타난다.

하나님께서 자기 백성에게 순종을 요구하실 때 일관되게 지적하시는 것은 언제나 믿음의 요소다. 선지자들을 통해서 하나님의 백성이 하나님께 불순종하는 문제를 지적하실 때도 언제나 믿음의 결핍을 이야기하신다. 그렇다면 우리는 그 믿음이 무엇을 의미하는지 생각해볼 필요가 있다. 믿음은 본질적으로 과거보다 미래와 더 깊은 관련이 있다. 즉 본질상 과거 지향적이라기보다 미래 지향적이다. 히브리서 기자도 성령의 영감으로 믿음을 정의할 때 "믿음은 바라는 것들의 실상이요"(히 11:1)라고 했을 뿐 아니라 히브리서 11장 전체가 믿음의 미래적 요소를 말하고 있다. 과거에 받은 은혜가 이미 경험한 것이라면, 장래에 받게 될 은혜는 아직 경험하지는 않았지만 선하신 하나님과 그 약속을 믿음으로써 바라볼 수 있는 것이다. 특히 우리가 하나님의 모든 명령에 순종하고 그 말씀대로 살아가게 만드는 능력은 단순한 믿음이 아니라 장래에 하나님께서 베풀어주실 은혜에 대한 믿음이다.

이 믿음, 장래에 하나님께서 은혜를 베풀어주실 것에 대한 믿음은 우리가 생각하고 상상하는 것보다 훨씬 더 힘이 있다. 무엇보다 이 믿음은 죄를 이기는 힘이 있다. 모세가 어떻게 애굽에서 죄악의 즐거움을 누리는 유혹을 이겼는가? 그가 '하나님의 상 주심을 바라보았기 때문'이다. "믿음으로 모세는 장성하여 바로의 공주의 아들이라 칭함 받기를 거절하고 도리어 하나님의 백성과 함께 고난 받기를 잠시 죄악의 낙을 누리는 것보다 더 좋아하고 그리스도를 위하여 받는 수모를 애굽의 모든 보화보다 더 큰 재물로 여겼으니 이는 상 주심을 바라봄이라"(히 11:24~26).

장래에 하나님께서 주실 상을 바라보는 모세의 믿음은 눈앞에 있는 애굽의 모든 금은보화와 공주의 아들로서 갖는 지위의 유혹을 작게 여기게 하였고 결국 죄를 이기게 만들었다. 이것이 장래의 은혜를 믿는 믿음이 가지는 첫 번째 능력이다. 그리고 죄의 현실적인 유혹을 이기게 하는 실재이고 역사하는 능력이다.

둘째로 장래의 은혜에 대한 믿음은 거기서 더 나아가 우리로 하여금 순종하게 한다. 이 문제에 대해 우리는 성경에서 헤아릴 수 없이 많은 예를 찾을 수 있다. 그중 하나가 아브라함이다. 아브라함이 고향 갈대아 우르를 떠나 하나님께서 지시하시는 땅으로 떠날 수 있었던 것, 이 놀라운 순종이 가능했던 것은 바로 '장래에 기업으로 받을 땅'을 바라보았기 때문이고 그것을 보장하시는 하나님의 약속을 믿었기 때문이다. 그 믿음은 과거의 경험에 근거한 것이 아니고 과거에 받은 은혜에 대한 감사의 보답도 아니다. 장래에 주어질 은혜에 대한 믿음이었다. 히브리서 11장 8절을 보자. "믿음으로 아브라함은 부르심을 받았을 때에 순종하여 장래의 유업으로 받을 땅에 나아갈새 갈 바를 알지 못하고 나아갔으며"

이것이 아브라함 최초의 믿음의 순종을 보여주는 이야기라면 그가 보인 순종의 절정은 아들 이삭을 하나님께 번제로 바치는 사건이다(창 22장). 하나님께서 독자 이삭을 번제물로 바치라고 하셨을 때 아브라함으로 하여금 인간적으로는 도무지 설명할 수 없고 행할 수 없는 그 일을 순종하게 한 힘이 무엇일까? 히브리서 기자는 이렇게 기록한다. "그가 하나님이 능히 이삭을 죽은 자 가운데서 다시 살리실 줄로 생각한지라"

(히 11:19). 이것도 장래에 베푸실 하나님의 은혜, 선하신 하나님의 인격을 확실하게 신뢰하는 믿음의 순종이었다.

그렇다면 무엇이 참된 순종, 하나님께서 기뻐하시는 순종을 하게 만드는 힘이며 그 동기라는 것일까? 그것은 과거에 받은 은혜에 대한 감사에서 시작하여 장래에 하나님께서 베풀어주실 은혜에 대한 기대, 그리고 그 선하신 하나님의 인격에 대한 온전한 신뢰다. 성경이 말하는 믿음은 막연한 것이 아니다. 막연한 믿음은 역사하는 믿음, 행동하는 믿음이 되지 못한다. 순종을 만들어내지도 못한다. 그러나 선하신 하나님께서 장래에 선을 베풀어주실 것이라는 믿음은 아브라함에게서 보듯이 엄청난 순종을 만들어낸다.

위험한 징후

과거의 은혜에 대한 감사에 대해서 조금 더 말하고 싶다. 여기서 많은 오해가 발생하기 때문이다. 소위 '채무자 윤리'는 감사의 역기능, 혹은 감사의 한계라고 말할 수 있다. 다시 한 번 말하지만, 감사는 옳은 것이고 신자의 삶에서 중요한 가치를 지닌다.

그러나 우리가 하나님의 모든 말씀에 순종하기 위해서는 감사만으로 되는 것이 아니다. 감사만으로는 우리의 신앙이 왜곡될 위험이 크다. 왜 그럴까? 과거에 받은 은혜에 대한 감사가 한발 더 나아가서 갚아야 한다는 부담감으로 작용하게 되면, 우리의 순종은 기쁨이 아닌 의무가 되어버리고 만다. 이뿐인가? 하나님께로부터 받은 선물과 은혜가 갚아야 할 빚으로 여겨진다면, 그것은 하나님의 은혜를 조건적 제공으로 여김으로써 하나님의 선하심을 모독하는 것이 될 수 있다. 또 그 빚을 어떤 모양으로든지 갚는다고 생각하는 순간, 그 사람의 마음속에는 자기 의가 세워지게 되어 하나님께 순종하려다가 오히려 반역하게 되는 결과를 낳는다. 또 그럴 일은 별로 없겠지만 정말로 자기가 하나님의 은혜의 빚을 갚았다고 생각하는 순간이 온다면 그것은 심히 위험한 징후가 되고 만다. 빚을 갚았다고 생각하는 사람이 하나님을 섬길 수 있는 다른 동기를 가질 수 있겠는가? 값없이 주어진 은혜가 왜곡된 감사 때문에 그 가치를 상실하고 마는 경우다.

이런 것은 결코 하나님을 영화롭게 하지 못한다. 온전한 감사는 하나님을 영화롭게 하지만, 왜곡된 감사는 언제나 자기 의와 연결된다. 또한 더 이상 하나님을 즐거워할 수 없게 만든다. 어떤 채무자가 채권자를 즐거워하겠는가! 하나님을 즐거워할 수 없다면 우리는 하나님을 영화롭게 할 수 없다. 그리고 여기서 하나님은 우리에게 선을 베풀어주시는 분이 아니라 우리가 선을 베풀어드려야 하는 대상으로 바뀌는 엄청난 왜곡이 일어난다. 이것은 창조주 하나님과 피조물인 인간 사이의 관계에 대한 악한 왜곡이다.

오늘날 적지 않은 사람들이 이런 자리에 머물러 신앙생활을 하고 있는 것 같다. 이런 신앙은 자라지 않는다. 신앙은 선하신 하나님의 인격을 알고 믿는 데서 자라가는 법인데 더 이상 우리가 발견할 선하신 하나님이 존재하시지 않고 그저 자기가 만들어낸 왜곡된 신만 있기 때문이다. 거기에는 막연한 두려움이 존재할 뿐 자유함이나 사랑의 기쁨은 존재하지 않는다. 그리고 이것은 거짓된 신앙으로 굳어지기 쉽다.

감사가 왜곡될 때

이처럼 감사가 왜곡될 때 맺어지는 또 하나의 나쁜 열매가 있다. 율법주의다. '나는 하나님께 도리를 다하고 있는데, 나는 하나님께서 주신 은혜에 대해 감사를 표하고 빚을 갚으면서 살아가는데 당신은 왜 하나님께 은혜를 갚지 않고 사느냐?'는 태도가 바로 율법주의다. 이것은 자신이 행하고 있는 적용을 다른 사람에게 요구하고 그것에 따라서 다른 사람을 정죄하는 태도다. 하나님께서 주신 은혜에 감사하여 빚을 갚으며 사는 자신의 행위가 자기 의로 연결되기 때문에 이것은 곧 남을 정죄하는 일로 이어진다. 즉 받은 은혜에 대한 감사가 왜곡되는 최악의 경우다. 이런 경우에는 신앙생활을 열심히 할수록 점점 더 하나님에게서 멀어지고 하나님의 성품을 닮아가는 대신 자기 의로 똘똘 뭉친 아주 흉한 모습으로 변하게 된다.

왜 감사가 이렇게 왜곡되는 것일까? 우리는 '범사에 감사해야' 마땅하고 이것은 그리스도 예수 안에서 우리를 향하신 하나님의 불변하시는 뜻이다(살전 5:18).

여기서 "범사에 감사하라"는 명령은 많은 사람이 생각하듯 무조건 감사하라는 말은 아니다. 그런데 유감스럽게도 나는 무조건 감사해야 한다는 식의 설명을 참 많이 들어왔다. 신경질 나고 답답하고 억울하고 죽을 것 같지만 그래도 무조건 감사하자 생각하고 넘어가는 것이 좋은 신앙일까?

아니다. 이것은 도리어 감사의 왜곡을 낳는 주원인이 될 수 있다. 이런 감사는 하나님께서 말씀하신 감사가 아니다. 하나님께서는 억지 감사가 아니라 진짜 감사, 행위만의 감사가 아니라 믿음으로부터 나오는 감사를 말씀하신다. 오직 믿음으로만 우리는 범사에 감사할 수 있다. 그리고 이런 감사만이 우리를 온갖 왜곡된 형태의 신앙에서 지켜주고 하나님을 영화롭게 한다.

감사의 순기능

지금까지 과거의 은혜를 감사할 때 생길 수 있는 역기능의 위험을 말했다. 그러나 순기능 또한 분명히 강조되어야 한다. 본질적으로 믿음은 미래지향적인 성격을 가지지만 미래 지향적인 그 믿음은 과거의 은혜에 기초한다는 사실을 말하고 싶다. 이미 앞에서 다루었듯이 과거의 은혜란 내 인생의 지난 모든 순간에 하나님께서 나에게 최상의 것을 주셨다는 것을 아는 것이다. 그것에 대한 감사가 견고할수록 과거의 은혜는 우리를 장래의 은혜로 안전하게 인도한다.

"하나님은 지난 인생의 순간순간마다 언제나 내게 선을 베풀어주셨다"는 감사의 고백 위에서, 우리는 장래에 일어나게 될 모든 일 속에 풍성히 드러날 하나님의 은혜를 기대하는 믿음을 가지게 된다. 그래서 과거의 은혜를 아는 것은 너무나 중요하다. 만일 당신이 과거의 은혜를 말하면서도 여전히 억울하고 한 맺히고 해결되지 않은 상처들을 안고 살아간다면, 당신은 당신의 장래에 베풀어주실 하나님의 은혜를 믿을 수도 없고 마음에 참된 안식과 평안과 기대감 또한 누릴 수 없을 것이 분명하다. 즉 과거의 은혜에 대한 감사는 우리가 장래의 은혜로 인도될 때 순기능으로 작용을 하는 것이다.

그러면 어떻게 과거의 은혜에 대한 감사가 장래에 대한 기대로 연결되는 것일까? 믿음의 눈으로 자신의 지난날을 돌아볼 때 하나님의 자녀들은 '그 일이 진짜 감사한 일이었구나, 하나님의 은혜였구나!' 깨닫게 되고 가슴속에서부터 감사함이 올라오는 것을 느낄 수 있다. 이런 감사는 자연히 장래의 은혜에 대한 믿음으로 신자를 이끌어간다. 누군가로부터 무조건 감사하라고 배우고 강요당한 감사가 아니라, 과거의 은혜를 생각할 때 가슴속에서부터 올라오는 이런 감사는 왜곡된 신앙이나 율법주의를 만들어내지 않고 우리 영혼에 참된 열매를 맺게 한다. 그러므로 우리의 감사를 시험해보려면 과거의 은혜에 대한 감사가 장래에 하나님께서 베풀어주실 은혜에 대한 믿음으로 연결되는지를 살펴보아야 한다.

장래에 대한 믿음, 장래에 은혜를 베풀어주실 선하신 하나님에 대한 신뢰로 연결되지 않는 감사는 율법주의일 뿐이다. 이런 잘못이 바로 역사 속에서 이스라엘 백성들에게 나타났다. 그들은 하나님께서 주신 모든 율법을 율법주의로 바꾸고 말았다. 그들에게 애굽의 종살이에서 구원하신 하나님의 은혜에 대한 감사가 없었을까? 그들이 받은 구원의 은혜는 부정할 수 없는 사실이자 이스라엘 백성의 존재 근거였다. 그들이 하나님과 맺은 언약의 전제, 즉 과거의 은혜는 너무나 분명했다. 그러나 그들은 거기서 멈추었다. 하나님께서 주실 땅에서 하나님의 은혜와 복을 누리고 살아갈 장래에 대한 하나님의 모든 약속을 신뢰하지 못했다. 그래서 그들은 하나님께서 믿음의 결과로 주시는 평안과 참된 안식을 누릴 수 없었다. 결국 자기 힘으로 살기 시작했고 인생의 행복은 자기 하기에 달려 있다는 생각으로 살았다. 그들은 출애굽이라는 구원의 은혜를 보았지만 과거의 모든 여정 속에서 언제나 최상의 것만을 주셨던 하나님을 발견하는 데는 실패했다. 그래서 그들의 감사는 장래에 은혜를 베푸시는 하나님께 대한 신뢰로 그들을 데려갈 수 없었다. 이것이 이스라엘 백성들의 신앙이 가진 치명적인 문제였다.

믿음은 감사의 전제다

불행하게도 오늘날 많은 신자들이 그들과 동일한 문제에 봉착해서 살아가고 있다. 그들은 하나님의 구원의 은혜를 부정하지 않는다. 감사도 있다. 그러나 하나님께서 주시는 매일의 평안과 안식을 누리고 살아가는 일에는 실패하고 있다. 하나님의 은혜와 십자가의 복음으로 구원받았고 그 사실을 의심하지도 않지만 자신의 과거와 현재, 그리고 장래의 삶에 하나님께서 언제나 선을 베풀어주신다는 사실을 신뢰하지 못한다. 그래서 그들은 선하신 하나님에 대한 신뢰가 주는 평안과 만족이 아니라 자기 노력으로 살아간다.

믿음으로 의롭다 함을 받은 의인이 살아가는 방법은 오직 믿음이다(히 10:38). 신자는 자기 노력이 아니라 믿음으로 성화의 삶을 살아가는 사람이다. 신자의 삶의 모든 동력은 믿음이다. 구원을 받은 신자라도 선하신 하나님에 대한 신뢰가 아닌 자기 노력에 의지해서 살아가게 된다면 하나님께서 베풀어주시는 은혜를 충분하게 누리지 못할 것이 자명하다. 그래서 이 문제를 구원받은 것에 대한 감사의 결핍 때문으로만 설명할 수가 없다.

문제는 과거의 은혜에 대한 감사가 장래의 은혜에 대한 믿음으로 이어지지 못하는 괴리 현상이다. 정확히 말하면 이것은 감사의 결핍이 아니라 믿음의 결핍이다. 믿음의 눈으로 과거를 반추하고 정리할 때 비로소 참된 감사가 일어나고 그 감사가 장래의 은혜에 대한 믿음으로 인도하기 때문이다. 즉 믿음은 감사의 전제다. 그 믿음은 언제나 하나님께서 자기 자녀들에게 최상의 것을 주신다는 것을 믿는 것이다. 거듭난 하나님의 자녀가 믿음으로 과거의 모든 삶을 돌아볼 때 그간의 쓴뿌리들이 제거되고 모든 일이 하나님의 은혜였다는 것을 보게 됨으로써 참된 감사의 열매를 맺게 된다면, 그다음에 맺히는 열매는 장래의 은혜를 베푸실 선하신 하나님에 대한 깊은 신뢰로부터 나오는 기대감이다. 그러나 하나님의 선하심의 완전함과 충만함을 신뢰하지 못한다면 그는 믿음이 가져오는 평안과 안식, 그리고 기쁨의 열매를 누리지 못할 뿐 아니라 염려로 가득한 삶을 피할 수 없게 된다.

염려의 문제

성경은 염려의 문제를 많이 언급한다. 염려는 우리 삶에 너무나 친숙한 주제이고 우리 삶의 거의 모든 영역에 걸쳐 일어난다. 장래에 대한 염려, 돈에 대한 염려, 성공과 성취에 대한 염려, 인간관계에 대한 염려 등 매우 다양하다. 주님이 산상수훈에서 염려하지 말라고 친히 말씀하신 영역들을 살펴보자. 재물의 문제(마 6:24), 먹고 사는 의식주(25, 31절), 음식의 문제(26절), 몸과 건강의 문제(27절), 의복의 문제(28~30절) 등이다.

누구나 돈 때문에 염려해본 적이 있을 것이다. 또 의식주, 즉 먹고 사는 문제는 어떤가? 현대사회에서 몸과 건강의 문제는 어느 시대보다도 심각한 염려거리가 되었다. 주님께서는 "너희 중에 누가 염려함으로 그

키를 한 자라도 더할 수 있겠느냐"(마 6:27)고 말씀하셨다. 당시에도 키가 큰 것을 선호했는지는 모르지만, 오늘날과 같은 외모지상주의 시대에 이 얼마나 적절한 지적인가? 어느 시대나 더 예뻐지고 더 멋있어지려는 인간의 욕구는 늘 있어왔다. 오늘날에는 성형수술로 그 욕구를 충족시키는 것이 가능해졌다는 것이 과거와의 뚜렷한 차이일지 모른다. 따라서 요즘 사람들은 예수님의 말씀을 이렇게 고쳐 읽고 싶어할지 모르겠다. "너희는 크게 염려함으로 키를 조금은 크게 만들 수 있다." "너희는 염려함으로 조금 더 예뻐질 수 있다"고 말이다. 그러나 분명한 사실은 이런 방식으로 자신들의 외모에 대한 염려를 결코 끝낼 수 없다는 것이다. 그런 사람들은 만족할 줄 모르고 분출하는 염려와 욕구의 포로가 되어서 결코 참된 만족에 이르지 못한다.

염려의 뿌리

주님은 단순히 염려하지 말라고만 하시지 않고 염려의 뿌리가 무엇인지를 밝히셨다. 무엇이 염려의 뿌리인가? 마태복음 6장 30절에서 주님은 "오늘 있다가 내일 아궁이에 던져지는 들풀도 하나님이 이렇게 입히시거든 하물며 너희일까보냐 믿음이 작은 자들아"라고 책망하셨다. 이와 같이 염려의 뿌리에는 믿음의 결핍이 있다! 주님은 감사의 결핍이라고 말씀하지 않으셨다. 염려는 언제나 믿음의 결핍 때문에 일어난다.

염려는 불신앙이 우리 마음을 제압해서 이길 때 나타나는 결과다. 그것의 근본적인 원인은 선하신 하나님의 약속들을 신뢰하지 못하는 데 있다. 염려가 일어나는 것은 성실하게 열심히 살지 않아서가 아니고 기도가 부족해서도 아니다. 봉사나 성경지식의 결핍 때문도 아니다. 염려는 믿음의 결핍이 맺는 나쁜 열매다. 그러므로 염려를 몰아내기 위해서 염려와 싸우는 것은 어리석은 일이다. 염려를 몰아내기 위해서 해야 할 일은 선하신 하나님과 그 하나님의 신실한 약속들을 신뢰하는 일이다. "주여, 우리에게 믿음을 더하소서!"

염려와 기도

주님께서는 염려의 문제를 다루는 설교에서 기도의 주제를 함께 다루셨다. 염려와 기도는 분리될 수 없는 관계이기 때문이다. 일반적으로 사람들이 자기가 믿는 신에게 기도하는 것은 인생을 살면서 염려하는 모든 문제들이다. 재물을 얻고 의식주 문제를 해결받고 음식을 잘 먹고 몸이 건강하고 마음의 평안을 얻는 것 등이 일반적으로 기도하는 내용들이다. 즉 현세의 복으로 여겨지는 모든 것이 그들이 구하는 기도의 제목들이 된다. 대부분이 다 자기를 향한 이기적인 간구다. 이 점에서 모든 종교가 대동소이하다.

하지만 주님께서는 신자들의 기도는 이들과 달라야 한다고 말씀하셨다. 하나님의 자녀들의 기도는 다른 종교인들의 공통적인 기도와 무엇이 다를까? 마태복음 6장 33절을 보라. "너희는 먼저 그의 나라와 그의 의를 구하라" 신자가 기도하는 최우선 순위는 하나님 나라와 하나님의 의라고 말씀하셨다. 이것이 신자와 이방인이 드리는 기도의 본질적인 차이다. 하나님 나라와 하나님의 의를 구한다는 것은 하나님께서 자신의 인생과 온 세상을 주권적으로 다스려주시기를 구하는 것이고, 하나님과의 올바른 관계와 영적으로 바른 삶, 하나님께서 기뻐하시는 삶이 자신과 가정, 교회와 온 세상에 나타나 하나님께서 합당한 영광을 받으시기를 구하는 것이다. 유진 피터슨은 이 구절을 『메시지』 성경에서 이렇게 잘 번역해 놓았다. "너희는 하나님이 실체가 되시고 하나님이 주도하시며 하나님이 공급하시는 삶에 흠뻑 젖어 살아라."[40] 또 필립스 현대어 성경은 "너희 마음을 하나님의 나라와 그의 선하심에 고정시켜라"(Set your heart on his kingdom and his goodness)라고 번역하여 그 의미를 잘 살려 주었다.[41]

신자의 기도의 전제는 하나님의 선하심을 믿는 믿음이고, 신자의 기도는 하나님의 선하심에 대한 신뢰를 표현하는 것이다.

"아버지께서 아시느니라"

신자가 자신의 일상적이고 절실한 필요를 구하는 대신 하나님 나라와 하나님의 의를 먼저 구하는 것이 어떻게 가능할까? 주님께서는 이 명령을 주시면서 동시에 그것이 가능한 이유도 알려주셨다. "그리하면 이 모든 것을 너희에게 더하시리라"(마 6:33)가 바로 그 대답이다.

사실 산상수훈에서 염려를 다루시기 전에도 주님은 기도의 문제를 다루셨다. 구제나 기도나 금식에서 외식하는 자가 되지 말라는 교훈을 주시면서(마 6:1~18) 주님은 하나님의 자녀들이 기도할 때 전제해야 할 것을 말씀하셨다. "그러므로 그들을 본받지 말라 구하기 전에 너희에게 있어야 할 것을 하나님 너희 아버지께서 아시느니라"(마 6:8). 뿐만 아니라 뒤에서도 이와 똑같은 기도의 전제를 말씀하셨다. "이는 다 이방인들이 구하는 것이라 너희 하늘 아버지께서 이 모든 것이 너희에게 있어야 할 줄을 아시느니라"(마 6:32).

하늘에 계신 아버지께서 세상에 있는 자녀들의 모든 필요를 다 아시고 돌보시고 채워주실 것이다. 비록 자녀들이 달라고 구하지 않아도 하나님께서는 당신의 자녀들이 세상을 사는 데 필요한 모든 것을 채워주시고 공급해주실 것이다. 우리가 필요하다고 구했기 때문에 아시는 것이 아니라 우리가 구하기도 전에, 심지어 구하지 않았음에도 불구하고 하늘에 계시는 아버지께서는 우리의 모든 필요를 이미 다 알고 계신다. 마치 성소의 떡 상에 놓여진 12개의 진설병을 항상 바라보시며 백성들의 필요가 무엇인지를 보고 언제나 그 필요를 채워주셨듯이, 하나님께서는 자기 자녀들의 모든 필요를 알고 계시고 채워주신다. 그런 선하신 아버지를 신뢰하고 그 약속을 믿기에 우리는 없는 것을 가지고 염려하는 대신, 그리고 그것을 달라고 하나님께 아우성을 치는 대신, 하나님 나라와 하나님의 의를 최우선으로 구하고 살 수 있다. 하늘에 계신 하나님 아버지를 믿기 때문에 그렇게 할 수 있는 것이다.

이것이 장래에 은혜를 베풀어주실 것을 알고 선하신 하나님의 인격을 신뢰함으로써 순종하는 삶이다. 장래의 은혜에 대한 믿음이 없다면 우리는 결코 세상의 염려로부터 해방될 수 없을 것이고 그 염려들 속에서 신음하며 살아갈 것이다. 또한 우리의 모든 기도는 우리의 염려거리들로 가득 채워지게 될 것이다. 그리고 하나님을 모르는 사람들과 아무런 차이도 만들어내지 못하는, 허구적인 믿음을 추구하는 자들이 되고 말 것이다.

반면 장래의 은혜, 즉 미래에 나의 모든 필요를 알고 계시고 언제나 최상의 것을 공급해주시는 선하신 하나님에 대한 신뢰는 우리로 하여금 하나님 아버지의 모든 약속의 말씀에 순종하여 살게 하는 힘이 된다. 하나님을 믿는 신자는 더 이상 자기를 위해서 기도하고 자기를 위해서 살지 않아도 되는 자유와 힘을 가진다. 그리고 하나님께 속한 것들, 하나님의 관심사, 하나님의 목적과 소원에 최우선순위를 두고 살게 된다.

장래의 은혜에 대한 믿음은 이런 방식으로 신자의 기도를 변화시킨다. 주님께서 가르쳐주신 기도가 비로소 우리의 기도가 된다. 하나님의 이름이 거룩히 여김을 받으시고, 하나님의 나라가 임하고, 하나님의 뜻이 이루어지는 것이 최우선적인 기도의 제목이 된다. 일용할 양식으로 대표되는 우리의 일상의 필요는 더 이상 우리 기도의 우선순위가 아니다. 왜냐하면 하늘에 계신 아버지께서 그 필요를 이미 알고 계실 뿐 아니라 채워주시겠다고 벌써 약속하셨기 때문이다. 그 약속이 하나님의 자녀들이 세상에서 하나님 아버지의 관심사를 그들의 최고의 관심사로 삼고 살며 그것을 먼저 구할 수 있는 근거다.

장래의 은혜

염려와 기도에 관한 주님 말씀의 일차적 결론은 이렇다. "그러므로 내일 일을 위하여 염려하지 말라 내일 일은 내일이 염려할 것이요 한 날의 괴로움은 그날로 족하니라"(마 6:34). 여기서 "내일 일"은 장래의 일을 가리킨다. 우리가 염려하는 모든 문제는 사실상 과거나 현재의 일이 아니라 장래에 속한 일들이다. 모든 장래는 다 불확실의 영역이고 모든 불확실의 영역은 우리의 염려와 두려움의 대상이다. '나중에 암에 걸리지 않을까?' '사고를 당하지 않을까?' '장차 어떤 사람과 결혼하게 될까?' '자녀들이 내가 바라는 모습으로 멋있게 자라줄까?' '이 위기를 뚫고 사업이 성공할 수 있을까?'

아직 펼쳐지지 않은 미래, 결정되지 않은 불확실성으로 가득 찬 장래의 일들은 우리를 염려와 두려움으로 끌고 간다. 그런데 주님께서는 "내일 일, 곧 장래 일을 위하여 염려하지 말라"고 말씀하셨다. 말씀의 요지는 이것이다. "장래는 선하신 너희 하늘 아버지의 손 안에 있으니 너희는 장래에 너희에게 베풀어주실 은혜만을 기대하면서 미래의 문제, 불확실성으로 가득 차 있는 미래를 염려가 아닌 믿음으로 맞이해라. 하나님 아버지의 선하심에 대한 신뢰로 말이다." 이것이 주님께서 하나님의 자녀들에게 주시는 교훈이다.

번영신학의 위험

여기서 우리가 잠깐 짚고 넘어가야 할 것이 있다. 하나님 아버지께서 자기 자녀들의 장래에 모든 필요를 공급해주실 것이고 모든 것이 합력하여 선을 이루게 하심으로써 장래에 은혜를 베풀어주신다는 약속의 의미가 정확하게 무엇인지를 아는 것이다.

주님께서는 오늘날 복음주의 기독교 안에 만연한 번영신학, 또는 기복신앙이 가르치는 것을 말씀하신 것이 아니다. 우리는 "장래에 하나님께서 은혜를 베풀어주실 것입니다."라는 말을 들을 때 우리가 원하는 방식으로, 혹은 우리가 바라는 대로 하나님께서 해주실 것이라는 말로 이해하고 싶어 한다. 또한 이 땅을 사는 동안의 번영과 성공, 성취라는 관점에서, 그리고 물질적이고 세속적인 관점에서 해석하고 싶어 한다. 그러나 여기서 주님이 말씀하신 것, 소위 성경이 일관되게 가르치는 장래의 은혜는 그런 뜻이 아니다.

우리가 원하는 성공이 물질과 관련이 있는지 없는지는 성경이 가르치는 핵심이 아니다. 핵심은 우리의 관점이 이 세상이나 인생이라는 시간에 한정되어 있는가, 아니면 영원의 관점으로 보는가에 달려 있다. 세상에서 잘되고 안되는 것은 잠깐에 불과하다. 하나님의 공의는 인생의 시간 안에서 다 증명되지 않는다. 장래의 은혜가 의미하는 것은, 하나님께서 자기 자녀들에게 주시는 모든 것이 그들이 부하거나 가난하거나 성공하거나 실패하거나에 상관없이 그들의 영원한 삶에, 그리고 그들의 영혼에 참으로 유익이 되게 하신다는 것이다. 때로 고통스러운 일을 겪을지라도 그 고통이 아니었다면 결코 배울 수 없었을 교훈을 얻게 하신다는 말씀이다.

그렇다면 대가를 지불하고라도 배울 만한 영원한 가치가 있는 교훈은 도대체 무엇일까? 그것은 선하신 하나님을 아는 것이다. 그분을 발견하는 것이다. 나는 래리 크랩이 이 문제와 관련하여 하나님께서 당신의 자녀들에게 주시는 메시지를 표현한 이 말이 좋다. "내가 얼마나 선한지 알면 그 고통을 기쁨으로 견딜 수 있다. 너는 네 방식으로 내 선함을 입증해달라고 한다. 하지만 내가 네 요구에 응하면 너는 나를 신뢰하지 않을 것이다. 오히려 너는 나를 소유했다고 생각할 것이다. 나는 네 문제를 해결해주는 것보다 네 궁극적인 행복에 필요한 일을 할 것이다. 내 무한한 선함을 발견하게 하여 내가 너를 위해 예비하고 있는 더 나은 곳으로 너를 데려가기까지 문제들이 끊이지 않을지라도 나와의 관계 안에서 즐겁게 안식할 수 있게 해줄 것이다."[42]

이것은 번영신학이 가르치는 이야기가 아니다. 당신은 이런 메시지를 들어본 적이 있는가? 매 주일마다 이런 메시지를 듣고 있는가? 그렇다면 감사하라. 래리 크랩에게서 인용하고 싶은 부분이 하나 더 있다. 그는 자신의 저서 『고통 속에서 하나님을 발견하다』를 찰스 스미스 박사에게 헌정하면서 다음과 같이 썼다. '암이 재발해서라도 하나님께 더 가까이 갈 수만 있다면 그렇게 해달라고 기도했던 분이 계십니다. 말년에는 하나님을 더욱 새롭게 발견하며 기쁨을 누리다가 결국 암으로 소천하신 찰스 스미스 박사님, 추모의 정을 담아 그분께 이 책을 바칩니다.'[43]

더 나은 본향

성경이 가르치는 장래의 은혜에 대한 신앙은 하나님께서 앞으로 내가 겪게 될 모든 일을 통해 내 영혼이 누리게 될 영원한 유익을 주실 것을 믿는 것이다. 우리가 하나님의 선하심과 장래의 은혜를 확인하는 증거는 언제나 하나님 아버지께서 그 아들을 아끼지 않으시고 우리를 위하여 주셨다는 십자가의 복음에 있다. "자기 아들을 아끼지 아니하시고 우리 모든 사람을 위하여 내주신 이가 어찌 그 아들과 함께 모든 것을 우리에게 주시지 아니하겠느냐"(롬 8:32).

신자는 성경이 가르치는 궁극적인 장래를 믿음의 눈으로 보는 사람이다. 아브라함이 했던 것이 바로 그것이다. "믿음으로 아브라함은 부르심을 받았을 때에 순종하여 장래의 유업으로 받을 땅에 나아갈새 갈 바를 알지 못하고 나아갔으며 믿음으로 그가 이방의 땅에 있는 것 같이 약속의 땅에 거류하여 동일한 약속을 유업으로 함께 받은 이삭 및 야곱과 더불어 장막에 거하였으니 이는 그가 하나님이 계획하시고 지으실 터가 있는 성을 바랐음이라"(히 11:8~10). 아브라함이 믿음으로 바라본 장래의 기업이 무엇인가? "이 사람들은 다 믿음을 따라 죽었으며 약속을 받지 못하였으되 그것들을 멀리서 보고 환영하며 또 땅에서는 외국인과 나그네임을 증언하였으니 그들이 이같이 말하는 것은 자기들이 본향 찾는 자임을 나타냄이라 그들이 나온 바 본향을 생각하였더라면 돌아갈 기회가 있었으려니와 그들이 이제는 더 나은 본향을 사모하니 곧 하늘에 있는 것이라 이러므로 하나님이 그들의 하나님이라 일컬음 받으심을 부끄러워하지 아니하시고 그들을 위하여 한 성을 예비하셨느니라"(히 11:13~16).

아브라함이 하나님의 약속을 받은 후 믿음으로 바라보았던 장래의 은혜는 가나안 땅이 아니라 더 나은 본향, 하나님께서 하늘에 예비해주신 나라였다. 그리고 아브라함이 순종으로 행한 믿음의 여정에 일어난 모든 일은 합력하여 선을 이루는 최상의 은혜들이었다. 이것이 하나님의 자녀, 신자들이 이 땅에서 누리는 은혜요 영광이다. 이것은 아브라함만의 이야기가 아니다. 모든 신자들의 이야기이다. 우리들의 이야기다.

영적 자신감

어떻게 우리는 염려 대신 믿음으로 장래의 은혜를 기대하면서 살 수 있을까? 당신은 당신의 미래나 자녀들의 미래를 생각할 때 염려가 생기는가, 아니면 기대감이 드는가? 이 기대감은 막연한 낙관론이 아니라 장래에 은혜를 베풀어주실 선하신 하나님을 신뢰하는 데서 비롯되는 반응이어야 한다. 선하신 하나님에 대한 믿음은 불확실한 미래에 대한 두려움과 염려로부터 우리를 자유하게 한다. 이 믿음이 우리로 하여금 모든 상황에서 하나님의 모든 말씀에 순종하게 하는 능력이다. 그러므로 우리는 하나님께서 자녀들에게 주시는 모든 약속을 주목할 필요가 있다. 주님은 염려하는 우리에게 이렇게 말씀하신다. "너희 하늘 아버지께서 기르시나니 너희는 이것들보다 귀하지 아니하냐"(마 6:26). 이것은 선하신 하나님 아버지께서 우리의 삶 전부를 돌보신다는 약속이다. "오늘 있다가 내일 아궁이에 던져지는 들풀도 하나님이 이렇게 입히시거든 하물며 너희일까보냐 믿음이 작은 자들아"(마 6:30). 이것도 하나님 아버지의 책망 어린 약속이다. 그리고 주님은 "그리하면 이 모든 것을 너희에게 더하시리라"(마 6:33)는 말씀으로 그 모든 약속을 확정해주셨다. 이것은 주님께서 선하신 하나님 아버지의 사랑스런 자녀들을 향하여 주시는 은혜롭고 자비로운 약속이다.

당신은 주님의 이 약속들을 믿는가? 자녀들의 장래에 은혜를 주시고 언제나 최상의 것을 주시는 선하신 하나님 아버지를 아는가? 그리고 그 하나님을 신뢰하는가? 하나님의 자녀들의 모든 장래가 그리스도 안에서 책임지시고 돌보시고 공급해주시는, 선하신 하나님 아버지의 보장 가운데 있을 것이라는 사실을 아는가? 하나님의 자녀들이 장래에 대하여 가지는 생각은 암이나 교통사고나 기타 나쁜 일들이 벌어지면 어떡하나 하는 두려움과 염려가 아니다. 그것은 하나님께서 장래에 어떤 은혜를 베풀어주실까 하는 기대감이다. 선하신 하나님께서 장래에 베풀어주실 은혜를 기대하는 것이 그분을 아는 참된 신앙의 자세다. 이 신앙은 하나님께서 나를 위해 선을 베풀어주실 것이라는 하나님의 능력에 대한 강한 자신감이다. 이것은 우리 자신에게 실력이 있거나 믿을 구석이 있어서 가지는 거만한 자신감과는 전혀 다른 영적 자신감이다. 하나님께서 내 인생을 책임지시는 선하신 아버지라는 사실 하나만으로 가지게 되는 자신감이다. 선하신 하나님께 대한 이 믿음이 바로 신자로 하여금 하나님의 모든 말씀에 순종하게 하는 동력이다. 우리가 먹고 사는 문제로 염려하며 살아가지 않을 힘이 여기에 있다. 우리는 하나님의 나라와 그 의를 우리 삶의 최우선순위로 삼고 살 수 있다. 이것이 그리스도 예수 안에 있는 사람이 누리는 복이다. 이것이 하나님의 자녀들이 누리는, 세상의 어느 것에게도 빼앗길 수 없는 행복이다.

신자의 삶에 일어나는 모든 일은 하나도 잘못될 수 없다. 그럴 수 있는 가능성은 제로다. 누구든지 예수 그리스도 안에 있으면 그는 들어와도 복이고 나가도 복이며, 그가 행하는 모든 일이 복이며, 존재 자체가 복이다. 이것이 그리스도의 십자가 사건을 통해 모든 믿는 자에게 일어난 객관적 변화다. 그리스도 안에서 신명기 28장에 기록된 저주의 목록이 축복의 목록으로 바뀌었다. 이 십자가의 복음이 그리스도 예수 안에서 그를 믿는 모든 신자들에게 보장된 장래의 은혜의 근거다.

9. 고난과 영광

우리는 3부의 마지막 장에 왔다. 고난과 영광이라는 주제처럼 성도의 삶을 잘 설명할 수 있는 주제는 없는 것 같다. 왜냐하면 하나님에 대한 오해는 언제나 우리의 고난 속에서 정당화되는 경향이 있기 때문이다. 그러나 나는 이런 고난조차도 하나님의 자녀들에게는 영광이 된다는 사실을 말함으로써 하나님의 선하심에 대한 우리의 오해를 교정하려는 노력을 기울이고 싶다.

고난이 만들어내는 신학적 질문들

고난은 에덴동산에서 쫓겨난 삶을 사는 사람들의 인생에서 피할 수 없는 난제다. 고난은 우리 안에 질문을 만들어낸다. 그 질문은 신학적인 것들이다.

아무리 낙천적이고 무신론적인 사람이라도 고난 속에서는 질문을 하게 된다. 그 질문은 '왜?'로 시작한다. 고난의 이유, 고난의 의미를 알고 싶어 하는 것이다. '하나님께서 선하시다면 내게 왜 이런 고난이 일어나는가?'

이것이 고난 속에서 인간이 묻는 대표적인 질문이다. 우리는 자신의 삶뿐만 아니라 다른 사람들의 인생에서 일어나는 고난을 보면서도 질문한다. '저 사람은 하나님을 잘 믿는데 왜 저런 고난에서 헤어나지를 못하는가? 저 사람에게 뭔가 문제가 있는 것이 아닐까?'

또 질문은 아니지만 때때로 이런 말도 한다. "하나님, 저는 욥이 아닙니다." 욥처럼 심한 고생을 할 것 같은 두려움이 이런 말을 하게 하는 것 같다.

물론 하나님도 당신이 욥이 아니라는 사실을 아신다. 그러니 사실상 이런 말은 의미가 없는 셈이다.

시편에서 우리는 고난을 당하는 시인이 "하나님, 언제까지니이까?"라고 하나님께 기도하는 내용을 볼 수 있다. 고난의 끝이 보이지 않을 때 우리는 이런 기도를 하게 된다. 그리고 이유를 알 수 없는 고난 속에서 "억울하다"고 외쳐보기도 한다.

또 해결되지 않은 채 지속되는 고난 속에서 다음과 같이 낙심 어린 질문을 던지기도 한다. '예수님을 믿는 것은 이렇게 고통스러운 것인가?' 그리고 더 나아가 '하나님께서 만드신 세상은 왜 이렇게 고통스러운가?'라고도 질문한다.

인생은 정말 이런 것인가? 특별히 예수님을 믿는 사람들의 삶에는 더 고난이 많은 것인가?

하나님의 사람들과 고난

성경에 등장하는 하나님의 사람들이 어떻게 고난과 연관된 삶을 살았는지를 살펴보는 것은 흥미로울 것이다. 욥은 고난과 관련한 성경의 대표적인 인물이라고 할 수 있다.

욥 – 하나님의 영광을 위한 고난

욥이 고난을 당한 이유는 욥기 1~2장이 증거하듯 하나님이 사탄에게 욥의 믿음을 자랑하신 데서 시작되었다. 하나님께서 먼저 사탄에게 말을 걸어 욥의 믿음을 자랑하셨다. "여호와께서 사탄에게 이르시되 네가 내 종 욥을 주의하여 보았느냐 그와 같이 온전하고 정직하여 하나님을 경외하며 악에서 떠난 자는 세상에 없느니라"(욥 1:8). 이것이 욥이 고난을 당한 직접적인 발단이다. 사탄은 욥이 까닭 없이 하나님을 경외할 리가 없다고 말했다. 그래서 하나님의 허락 하에 욥에게 주어진 모든 축복을 거두어갔다.

역사를 통틀어 욥처럼 하루아침에 완전히 망한 사람이 있을까 싶을 정도로 사탄은 욥을 무참하게 짓밟았다. 열 자식이 함께 앉아 먹는 자리에서 지붕이 무너져 한순간에 모두 죽었고, 같은 날 이방 민족의 습격과 천재지변으로 욥의 모든 재산이 한꺼번에 다 날아가버렸다. 하지만 이 극심한 고난 속에서도 욥은 하나님에 대한 믿음을 저버리지 않았다.

이야기는 여기서 끝나지 않는다. 하나님께서는 다시 사탄에게 욥의 믿음을 칭찬하심으로써 사탄의 마음을 격동하셨다. "여호와께서 사탄에게 이르시되 네가 내 종 욥을 주의하여 보았느냐 그와 같이 온전하고 정직하여 하나님을 경외하며 악에서 떠난 자가 세상에 없느니라 네가 나를 충동하여 까닭 없이 그를 치게 하였어도 그가 여전히 자기의 온전함을 굳게 지켰느니라"(욥 2:3).

욥에 대한 하나님의 두 번째 자랑은 욥의 고난을 더욱 심화시켰다. 이제 사탄은 하나님의 허락 하에 욥 자신을 친다. 생명만 취하지 못했을 뿐 그의 뼈와 살을 쳤다.

여기서부터 욥기는 질문의 책이 된다. 욥은 내내 '왜?'라는 질문을 던지고 그의 세 친구는 이 질문에 어리석은 대답들을 내놓는다. 욥기는 "온전하고 정직하여 하나님을 경외하며 악에서 떠난 자"(욥 1:1)라는 설명으로 시작했다. 하나님께서도 욥의 믿음을 거듭 칭찬하셨다. 그렇다면 그 위대한 믿음의 사람이 왜 그토록 극심한 고난을 당한 것인가? 욥의 고난은 하나님의 영광을 위한 고난이었다.

아담 – 낙원을 잃어버린 고통

사람들은 아담의 삶이 얼마나 고통스러웠을지 생각하지 않는다. 우리는 에덴동산의 영광과 아름다움을 본 적이 없다. 이것을 알았고 경험했던 사람은 역사상 단 두 명뿐이다. 아담과 하와는 죄로 말미암아 인간이 잃어버리게 된 영광과 모든 선한 것이 무엇인지를 정확하게, 그리고 경험적으로 아는 유일한 사람들이었다.

성경은 아담이 930세까지 살았다고 기록한다. 이 오랜 세월 동안 그는 아들의 살인 사건을 겪어야 했고 큰아들 가인의 후손들이 하나님을 떠나 범죄하는 것을 지켜보아야 했다. 자신의 죄로 말미암아 자기 자손들 안에 빚어지는 범죄의 참상을 보아야 했던 것이다.

아브라함 - 하나님이 불러내신 삶

아브라함은 하나님의 부르심을 받아 갈대아 우르를 떠나서 가나안에 정착하였다. 하나님께서는 그에게 자손과 땅을 약속하셨고 모든 축복을 보장해주셨다.

하지만 아브라함은 가나안에서 기근을 겪어야 했다. 하나님께서 주시겠다고 약속하신 그 땅에서 말이다. 또 그는 주변 왕들의 온갖 위협을 느끼며 살았다. 그가 두 번씩이나 아내를 누이라고 속여야 했던 상황이나 롯과 그의 가족들로 인하여 국제적인 전쟁에 연루된 일이 이것을 잘 보여준다.

뿐만 아니라 그는 하나님께서 약속하신 땅에서 사는 동안 땅 한 평도 소유하지 못하다가 아내 사라가 죽었을 때야 비로소 그녀의 매장지를 얻기 위해 땅을 매입했다.

이것뿐인가? 100세에 얻은 아들 이삭이 어느 정도 자랐을 때, 하나님께서는 그에게 아들을 제물로 바치라고 명령하셨다. 이 명령은 하나님께서 아브라함의 믿음을 인정하셨다는 것을 반증한다.

하나님께서 아브라함이 순종할 것을 모르셨겠는가? "네가 네 아들 네 독자까지도 내게 아끼지 아니하였으니 내가 이제야 네가 하나님을 경외하는 줄을 아노라"(창 22:12)고 하신 말씀은 아브라함에게 "네 믿음이 지난 세월을 통해서 여기까지 왔단다."라고 가르쳐주는 말씀이 아니겠는가! 하나님께서 아브라함을 믿으셨기에 그런 무리한 명령을 주신 것이다. 하지만 하나님께서 불러내신 아브라함의 삶은 고난이 많은 삶이었다.

야곱 – 험악한 세월

야곱의 삶은 어떤가? 그는 밧단아람에서 외삼촌 라반을 통해 20여 년의 고난의 세월을 겪어야 했고 이후에도 사랑하는 아내 라헬의 죽음, 그리고 비록 거짓말이기는 했지만 사랑하는 아들 요셉의 죽음의 소식을 겪고 살아야 했다. 즉 야곱의 삶은 그가 애굽의 바로에게 말한 대로 "험악한 세월"(창 47:9)이었다.

요셉 – 노예 생활과 감옥 생활

요셉은 또 어떤가? 그는 비록 애굽의 총리가 된 사람이었지만 열일곱 살에 인신매매단도 아닌 형들에게 팔려 말도 통하지 않는 애굽이라는 나라에 가서 10년이 넘는 세월을 노예로 살아야 했다. 그의 노예 생활은 주인의 아내를 강간하려고 했다는 강간미수범의 누명을 쓰고 감옥에 들어가는 것으로 이어졌다. 하나님을 경외한 요셉이 그의 10대와 20대에 겪은 삶은 그야말로 비참하고 억울한 삶이었다.

모세 – 수고와 슬픔

나이 사십이 될 때까지는 애굽의 궁전에서 왕자로 길러짐으로써 그 누구보다 행운이 따른 사내였지만, 이후 40년은 광야에서 무명의 목자로서 깨어진 삶을 경험해야 했고, 마지막 40년은 반역하는 이스라엘 백성을 가나안으로 이끌고 가는 고통스러운 세월을 보내야 했던 것이 모세의 삶이었다. 그래서 그는 시편 90편에서 이렇게 고백한다. "우리의 연수가 칠십이요 강건하면 팔십이라도 그 연수의 자랑은 수고와 슬픔뿐이요 신속히 가니 우리가 날아가나이다"(시 90:10).

다윗 – 사망의 음침한 골짜기

다윗은 10대 때 이스라엘의 왕으로 사무엘 선지자를 통해 기름부음을 받았다. 하지만 그 사건 이후 그는 십수 년 동안 사울 왕에게 쫓기는 삶을 살아야 했고, 30세에 가까스로 유다의 왕이 되었지만 이스라엘 전체의 왕이 되기까지는 7년을 더 기다려야 했다. 다윗은 성경에 나오는 인물들 중 그 누구보다도 하나님을 사랑했고 많은 시를 쓴 사람이다. 하지만 동시에 그는 누구보다도 많은 고난을 겪은 사람이었다. 왕이 된 후에도 자식들의 근친상간과 살인, 그리고 반란의 사건들을 끊임없이 겪었다. 그리고 그 자신 또한 기막힌 범죄로 무너지는 경험을 했다. 때문에 그는 시편 23편에서 '사망의 음침한 골짜기를 다녔다'고 말하는 것 같다.

바울 – 근심하는 자 같으나 항상 기뻐하는 사람

사도 바울은 자신의 사도성을 의심하는 고린도교회를 향해서 이렇게 말했다. "근심하는 자 같으나 항상 기뻐하고"(고후 6:10). 이것은 물론 자기 자신에 대해서 쓴 말이다. 아마도 사람들이 바울을 볼 때 근심하는 자 같이 여겼던 모양이다. 그도 그럴 것이 그는 부활하신 주님을 만난 후에 말할 수 없이 심한 고생을 겪는 사람이 되었다. 특별히 고린도후서 6장에서 그는 고난의 목록을 죽 나열하고 있다. "오직 모든 일에 하나님의 일꾼으로 자천하여 많이 견디는 것과 환난과 궁핍과 고난과 매 맞음과 간힘과 난동과 수고로움과 자지 못함과 먹지 못함 가운데서도"(고후 6:4~5). "영광과 욕됨으로 그러했으며 악한 이름과 아름다운 이름으로 그러했느니라 우리는 속이는 자 같으나 참되고 무명한 자 같으나 유명한 자요 죽은 자 같으나 보라 우리가 살아있고 징계를 받는 자 같으나 죽임을 당하지 아니하고 근심하는 자 같으나 항상 기뻐하고 가난한 자 같으나 많은 사람을 부요하게 하고 아무것도 없는 자 같으나 모든 것을 가진 자로다"(고후 6:8~10). 하지만 바울이 말하고자 한 것은 이런 고난과 고생 속에서도 자기가 그리스도로 말미암아 얻게 된 기쁨은 결코 소진해버리지 않았다는 것이며, 계속해서 이 기쁨으로 기뻐한다는 것이다. 그는 항상 기뻐하라고 권면했을 뿐 아니라 자신이 항상 기뻐해야 할 이유를 알았고 그렇게 했던 사람이다. 비록 근심하는 자 같이 보였을지라도 말이다.

예수님 – 슬픔의 사람

예수님은 성삼위 하나님의 제2위로서 삼위 하나님의 완전한 기쁨이 무엇인지를 분명하게 아셨던 분이다. 하지만 이사야 선지자가 예언한 대로 그는 실로 슬픔의 사람이셨다(사 53:4). 죄를 알지도 못하신 분으로서 인간의 모든 죄를 감당하셔야 했고 그러기 위해 죄 있는 육신의 모양으로 오셨기 때문이다. 그분은 결국 십자가에서 "나의 하나님, 나의 하나님, 어찌하여 나를 버리셨나이까?"라고 부르짖으셨고 거기서 하나님의 심판을 받아 죽으셨다.

이런 하나님을 믿겠는가?

이쯤에서 정직한 질문을 던질 필요가 있다. 이처럼 하나님의 사람들은 물론이고 구주께서도 친히 고난을 겪으셨다면 과연 '이런 하나님을 믿어야 하는가?'라는 질문이다. 그리스도께서 모든 고난을 다 짊어지고 해결하셨기 때문에 그리스도인은 더 이상 고난을 받지 않아도 된다고 가르치는 거짓 교사들이 있다. 이 말은 듣기에는 좋지만 성경이 가르치는 바가 아니다. 이것이 사실이라면 사도 바울뿐 아니라 그 밖의 많은 사도들의 삶을 어떻게 설명할 수 있으며 초대교회의 그리스도인들이 겪었던 삶의 고난을 어떻게 설명할 수 있겠는가?

그렇다면 기독교가 말하는 기쁨이란 도대체 무엇인가? 분명히 인생에서 고난을 피해가는 기쁨은 아니다. 아지스 페르난도는 『고난과 기쁨』(The Call to Joy and Pain: Embracing Suffering in Your Ministries)에서 특별히 신약성경이 말하는 기쁨이 대부분 고난이 주는 축복으로 언급된다는 사실을 지적하였다.[44]

이것이 기독교신앙의 역설이다. 사도 바울이 말한 바 "근심하는 자 같으나 항상 기뻐하고"라는 말에 담긴 의미다. 이것이 사실이라면 우리는 고난의 의미를 다시 생각해보아야만 한다. 당신이 만일 그리스도인으로서 기쁨을 누리지 못하고 있다면 그것은 고난과 관련해서 생각해보아야 하는 문제일지도 모른다.

하나님의 도구

그리스도인에게 무의미한 고난은 없다. 하나님은 당신의 자녀들이 받는 고난을 결코 낭비하시지 않는다. 무엇보다도 우리는 고난을 통해 하나님께서 우리가 알지 못하는 일을 행하시는 것을 본다. 요셉의 고난을 생각해보라. 요셉 자신이 고난의 세월이 지난 후 형들에게 말하듯, 요셉의 고난은 하나님의 백성의 구원을 준비하는 사건이 되었다. "하나님이 큰 구원으로 당신들의 생명을 보존하고 당신들의 후손을 세상에 두시려고 나를 당신들보다 먼저 보내셨나니 그런즉 나를 이리로 보낸 이는 당신들이 아니요 하나님이시라 하나님이 나를 바로에게 아버지로 삼으시고 그 온 집의 주로 삼으시며 애굽 온 땅의 통치자로 삼으셨나이다"(창 45:7~8).

이런 깨달음은 대개 모든 고난이 지난 후에 알게 된다. 고난을 통해 하나님께서 우리가 알지 못하는 일을 행하신다는 것은 사도 바울의 경험에서도 볼 수 있다. 바울은 고린도후서를 시작하는 1장에서 유난히 '고난'이라는 단어를 반복적으로 많이 사용하고 있다. 그는 자신이 당한 고난의 의미를 이렇게 설명한다. "우리의 모든 환난 중에서 우리를 위로하사 우리로 하여금 하나님께 받는 위로로써 모든 환난 중에 있는 자들을 능히 위로하게 하시는 이시로다 그리스도의 고난이 우리에게 넘친 것 같이 우리가 받는 위로도 그리스도로 말미암아 넘치는도다 우리가 환난 당하는 것도 너희가 위로와 구원을 받게 하려는 것이요 우리가 위로를 받는 것도 너희가 위로를 받게 하려는 것이니 이 위로가 너희 속에 역사하여 우리가 받는 것 같은 고난을 너희도 견디게 하느니라"(고후 1:4~6).

고난은 바울 자신에게 하나님의 위로를 넘치도록 경험하게 하였을 뿐만 아니라 고난을 당하는 많은 성도들을 위로하는 수단이 되었다. 이와 같이 나의 고난은 나만을 위한 것이 아니라 나처럼 고난을 받는 형제들의 유익을 위해서 쓰시는 하나님의 도구가 된다. 다윗이 "너희는 여호와의 선하심을 맛보아 알지어다"(시 34:8)라고 말했을 때도 아무런 불편과 고통을 느끼지 않는 편안한 환경 속에 있을 때가 아니었다. 사울에게 쫓기는 급박한 상황 속에서 이 말을 했다는 것이 놀랍지 않은가? 그리고 이 말은 그와 같이 곤고한 삶을 살아가는 많은 사람들, 즉 환난 당한 모든 자와 빚진 모든 자, 마음이 원통한 자들을 위로하는 말이 되었다(시 34:2, 삼상 22:2). 고난은 사람을 낮추고 겸손하게 할 뿐 아니라(신 8:2), 하나님을 더욱 의뢰하게 한다(고후 1:9). 이와 같이 하나님께서는 고난을 통해서 우리가 생각지도 못한 뜻밖의 일들을 행하신다.

영광스러운 특권

또한 그리스도인의 고난은 하나님께서 자기 백성의 믿음을 믿어주시는 영광스러운 일이고 특권이다. 여기서 믿음은 일방적인 것이 아닌 쌍방적인 관계라는 사실을 다시 한 번 확인하는 것이 중요하다. 믿음은 우리가 하나님을 믿는 것만이 아니라 하나님께서 우리를 믿어주시는 것이다. 유대인들은 예수님께서 행하시는 표적을 보고 그의 이름을 믿었지만 주님은 친히 모든 사람을 아셨기에 그들을 믿지 않으셨고 그 몸을 그들에게 의탁하지 않으셨다(요 2:23~24). 이것은 구원 얻는 믿음이 하나님과 신자의 상호 믿음이라는 관계를 전제하는 것임을 가르쳐준다.

하나님께서는 욥을 믿어주셨다. 욥이 자기가 누리는 선물들 때문에 하나님을 경외하는 것이 아니라는 것을 끝까지 믿어주셨다. 그래서 욥의 고난이 초래된 것 아닌가! 뿐만 아니라 욥은 끝까지 하나님에 대한 자기의 믿음을 지켰다. "그가 나를 죽이실지라도 나는 그를 의뢰하리니"(욥 13:15)라고 말할 정도로 그는 하나님을 신뢰했다. 아브라함도 마찬가지다. 아브라함에게 아들을 바치라고 명령하신 것은 하나님께서 아브라함을 믿어주셨기 때문에 주신 시련, 혹은 연단으로서의 고난이었다.

고난은 하나님께서 나를 믿어주신다는 것이기에 신자에게는 영광스러운 특권이다. 믿음의 사람들은 자기가 하나님을 믿는 믿음 뿐 아니라, 하나님께서 나를 믿어주신다는 확신 속에서 견딜 수 있었다. 하나님께서는 고난을 통해 자녀들의 믿음을 절정의 고백으로 인도하신다. 사도들이 복음을 전하다가 공회에 잡혀 매를 맞은 후에 취했던 태도가 이것을 잘 보여준다. "사도들은 그 이름을 위하여 능욕받는 일에 합당한 자로 여기심을 기뻐하면서 공회 앞을 떠나니라"(행 5:41). 또 사도 바울과 실라가 빌립보에서 붙잡혀 채찍에 맞아 피투성이가 된 채로 지하 감옥에 던져졌을 때 어떻게 반응했는가? "한밤중에 바울과 실라가 기도하고 하나님을 찬송하매 죄수들이 듣더라"(행 16:25). 그러한 상황에서도 그들은 하나님께 찬송을 돌렸다. 이것이 바로 그리스도인의 고난과 기쁨이 놀랍게 연결되는 것을 보여주는 말씀들이다. 고난은 고통만이 아니라 하나님께서 나를 알아주시는 영광이라는 사실을 알아야 한다.

하나님의 선하심을 경험하는 수단

고난은 하나님의 선하심을 경험하는 수단이기도 하다. 그리스도인에게 더 이상 죄에 대한 형벌로서의 고난은 없다. 하나님의 자녀들이 받을 죄의 형벌을 그리스도께서 다 받으셨기 때문이다. 그렇다면 왜 여전히 그리스도인에게 고난이 주어지는 것일까? 앞에서 언급한 적극적인 이유들 외에도 고난의 학교를 통해 그리스도인이 하나님의 선하심을 경험할 수 있기 때문이다.

하나님의 선하심은 책상머리에서 배워지는 것이 아니다. 특히 복음의 교리는 너무나 정교해서 자칫 지적 유희의 대상으로 전락하기가 쉽다. 하나님께서 언제나 우리에게 최상의 것을 주신다는 것을 믿지 않는 것이 죄라는 사실을 기억하고 있는가? 또한 믿음은 하나님의 선하심에 대한 전적인 신뢰라고 말했다. 예수 그리스도의 십자가 복음을 통해서 우리는 하나님의 선하심을 가장 선명히 알게 된다. 그 선하심을 최초로 맛보아 알게 되는 것이 바로 회심의 사건을 통해서다. 이 복음의 창으로, 우리는 비로소 우리 인생에서 일어나는 모든 사건을 해석하고 보기 시작한다. 그리고 '그 모든 사건이 다 하나님의 선하심의 증거였구나!' 하는 것을 깨닫게 된다.

야고보서는 이렇게 말한다. "형제들아 주의 이름으로 말한 선지자들을 고난과 오래 참음의 본으로 삼으라 보라 인내하는 자를 우리가 복되다 하나니 너희가 욥의 인내를 들었고 주께서 주신 결말을 보았거니와 주는 가장 자비하시고 긍휼히 여기시는 이시니라"(약 5:10~11).

인내로 고난을 견디고 난 후에 비로소 우리는 고난의 의미를 더욱 선명하게 보게 된다. 물론 복음의 창을 통해서다. 즉 고난은 선하신 하나님께서 당신의 자녀들에게 주시는 영광스러운 선물이다.

고난을 기쁘게 여겨라

야고보서는 고난을 기쁘게 여기라고 말한다. "내 형제들아 너희가 여러 가지 시험을 당하거든 온전히 기쁘게 여기라"(약 1:2). 그리고 로마서에는 "환난 중에도 즐거워하나니"(롬 5:3)라고 기록되어 있다. 이것은 고난의 의미를 우리의 논리와 지식에 담아낼 수 있고 설명할 수 있다는 말이 아니다. 그렇게 하려고 시도한 사람들이 바로 욥의 세 친구였다. 욥의 고난은 인간의 지식으로는 도무지 헤아릴 수 없는 것이었다. 요셉의 고난 역시 하나님께서 펼쳐 보여주시기 전까지는 도무지 이해할 수 없었다. '인과율'이라는 인간의 논리로는 하나님의 백성이 당하는 고난을 온전하게 해석할 수 없다. 그럼에도 불구하고 고난은 하나님께서 사랑하는 자녀들에게 선한 일을 행하시는 증거이기에 반드시 기쁘게 여겨야 한다. 사도 바울은 그리스도인이 환난 중에도 즐거워할 이유를 이렇게 밝힌다. "이는 환난은 인내를, 인내는 연단을, 연단은 소망을 이루는 줄 앎이로다"(롬 5:3~4). 또 야고보서는 고난을 기쁘게 여기라는 권면에 이어 "너희 중에 누구든지 지혜가 부족하거든 모든 사람에게 후히 주시고 꾸짖지 아니하시는 하나님께 구하라 그리하면 주시리라"(약 1:5)고 말씀한다. 인간의 지혜가 아닌 하나님의 지혜만이 고난의 의미를 보게 하기 때문이다.

고난은 영광이다

하나님께서 욥을 믿어주시는 바람에 그는 고난을 겪어야 했다. 성경은 하나님의 백성이 당하는 고난의 차원이 바로 이런 것이라는 사실을 가르친다. 욥기는 하나님의 모든 자녀들을 위해 기록된 책이다. 하나님의 자녀들은 고난의 원인과 결말을 몰라도 그것이 하나님께서 나를 믿어주시는 증거라는 사실만으로 이미 영광스러운 일임을 알게 된다. 하나님께서 믿어주신 사람들 중 그 어느 누구도 고난 때문에 믿음을 배신

하는 사람은 없다. 도리어 고난은 그들의 믿음을 더욱 견고하게 만들어 주었다. 시편 기자는 그것을 이렇게 표현했다. "고난당하기 전에는 내가 그릇 행하였더니 이제는 주의 말씀을 지키나이다 주는 선하사 선을 행하시오니 주의 율례들로 나를 가르치소서…… 고난당한 것이 내게 유익이라 이로 말미암아 내가 주의 율례들을 배우게 되었나이다"(시 119:67~68, 71). 고난이 하나님께서 선을 행하신 일이라고 고백하는 것에 주목하라. 고난은 하나님의 선하신 일이므로 우리에게 유익이다.

예수님은 십자가를 지시기 전에 이렇게 기도하셨다. "예수께서 이 말씀을 하시고 눈을 들어 하늘을 우러러 이르시되 아버지여 때가 이르렀사오니 아들을 영화롭게 하사 아들로 아버지를 영화롭게 하게 하옵소서"(요 17:1).

여기서 예수님은 고난을 받으시고 십자가에서 죽으실 때가 왔다고 말씀하신다. 이 고난과 죽으심을 통하여 하나님 아버지께서 아들을 영화롭게 하시고 아들로 아버지를 영화롭게 하게 해달라고 기도하신다. 주님은 고난과 죽으심이 아버지께서 아들을 영화롭게 하시는 일이고, 아들이 아버지께 영광을 돌리는 수단이라는 사실을 아셨다. 즉 이 고난과 죽으심이 예수님 자신에게와 성부 하나님께 영광이 되는 사건이라고 말씀하시는 것이다.

이것이 단지 주님께만 해당되는 것일까? 우리는 감히 아니라고 말할 수 있다. 하나님의 뜻을 따르는 고난은 하나님의 자녀들을 영화롭게 하시는 하나님의 방법이고, 하나님의 자녀들은 그 고난을 통해서 하나님 아버지를 영화롭게 한다. "만일 그리스도인으로 고난을 받으면 부끄러워하지 말고 도리어 그 이름으로 하나님께 영광을 돌리라"(벧전 4:16).

고난을 낭비하지 말라

하나님의 자녀에게 일어나는 모든 고난은 영광스럽다. 그 모든 고난을 통해서 우리는 하나님의 선하심을 더욱 깊이 맛보아 알게 되고, 하늘의 기쁨을 경험하게 된다. 이것은 비단 고난을 다 견뎌냈을 때만이 아니라 믿음으로 고난을 견디고 있는 동안에도 하나님께서 경험하고 누리게 하시는 은혜다. 고난은 우리 삶에서 선하신 하나님을 가장 놀랍게 설교할 수 있는 강단이다.

만사가 좋을 때 하나님이 선하시다고 말하는 것이 뭐 그리 대단한가? 곤고할 때, 환난이 우리의 삶에 드리워져서 어떻게 벗어나야 할지 아무것도 보이지 않을 때, 그때가 바로 하나님께서 우리 인생에 주시는 놀랍고 영광스러운 기회다. 최고의 강단이다. 우리는 그때마다 탁월한 설교자가 된다. 하나님의 선하심을 믿지 못해서 힘들어하고, 오해된 하나님으로 인해 얼굴을 찡그리는 많은 형제자매들에게 우리는 감동적인 설교를 할 수 있다.

그러므로 당신의 인생에 일어나는 모든 고난을 낭비하지 말아야 한다. 그리스도의 십자가 복음이 하나님의 자녀들로 하여금 그분의 선하심을 보게 하는 창이 되었듯이, 이제 당신의 고난을 통해서도 사람들은 하나님의 선하심을 보게 될 것이다.

선하신 하나님을 향한 진리의 여정

4.

소명과 하나님 나라

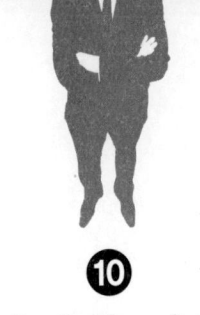

⑩ 경건한 어른

경건한 어른이 그립다

당신에게는 인생의 어려운 문제를 만났을 때, 혹은 신앙적인 고민이 있을 때 찾아갈 수 있는 어른이 있는가? 내가 말하는 '어른'은 목사나 장로 같은 직분을 말하는 것이 아니고 나이가 지긋한 분을 말하는 것도 아니다. 내가 말하는 '경건한 어른'은 교회의 많은 성도들이 그가 가진 재능이나 업적이 아니라 그의 경건한 영향력을 인정하기 때문에 웃어른으로 바라볼 수 있는 사람이다. 하나님을 정말 아는 사람, 상한 심령으로 하나님께 나아갈 줄 아는 사람, 자기 자신보다 그리스도께 푹 빠지는 법을 아는 사람, 자아를 찾는 것보다 그리스도를 아는 일에 더 관심을 두는 사람, 거룩하게 자라가는 사람, 사람들에게 열심과 뜨겁게 타오르는 듯한 인상을 주려고 애쓰지 않는 사람, 자신의 내면과 사람들 앞에서 드러나는 모습의 차이를 깨뜨리고 정직하게 자기 자신이 되는 사람,

얄팍한 프로그램이나 행사로 자기를 드러내지 않는 사람, 행동뿐 아니라 존재감으로 주님을 향한 마음을 느끼게 해주는 사람, 인생에서, 심지어 교회에서조차 이리 치이고 저리 치이느라 한 번도 그리스도의 모습을 생각할 수 없었던 사람들에게 경건한 영향력으로 다가오는 사람, 이런 사람이 내가 말하는 '경건한 어른'이다.

경건한 어른이 있는 교회

이런 어른이 있는 교회는 각종 분야의 전문가들이 나서서 교회를 경영하듯이 자기 분야의 전문성으로 일하는 교회가 아닐 것이다. 경건한 어른들과 그 제자들로 구성된, 경건한 관계로 이루어진 교회일 것이다. 경건한 어른은 직책이나 분주함, 또는 자기가 가진 전문성으로 영향을 미치려고 하지 않는다. 이런 교회는 경건한 성품과 영적인 지혜가 학위나 기술, 어떤 분야에서의 성취나 전문지식보다 귀하게 여겨지는 교회다.

내 안에는 경건한 어른들에 대한 그치지 않는 열망이 있다. 그리고 경건한 어른들이 계신 교회에 대한 꿈이 있다. 믿음과 삶에서 모범이 되는 경건한 어른들이 있는 교회에서 목사의 설교는 더욱 힘을 얻게 될 것이다. 설교는 성령의 능력 외에 어떤 것도 필요로 하지 않지만, 그들의 존재는 설교의 실증이 되어준다. "누가 저 설교대로 살 수 있겠어? 목사나 돼야 저렇게 살 수 있지. 세상에서 직업을 가지고 어떻게 저렇게 살아? 목사도 저대로는 못 살걸!" 하는 말들에 대해서 말이다.

물론 성경은 우리 가운데 완전한 사람이 없고 죽음 이전에는 우리의 성화가 끝나지 않는다고 가르친다. 우리는 여전히 목적지를 향해 가는 순례자들이다. 그럼에도 불구하고 신앙의 본이 되어주고 한발 앞서서 우리를 이끌어줄 경건한 어른들은 분명히 존재한다. 교회는 이런 사람들을 필요로 한다. 상상해보라. 갓난아이를 포함해서 고만고만한 아이들이 스물 쯤 되는데 부모는 늘 바깥일로 바쁘다. 그 집은 얼마나 정신이 없겠는가? 나는 오늘날의 교회가 혹시 이런 모습은 아닐까 생각하곤 한다. 그래서 더욱 경건한 어른을 그리워한다. 경건한 어른들이 계신 교회를 그리워한다.

경건한 어른이 적은 이유

왜 경건한 어른이 적은 걸까? 왜 오랜 세월 교회에서 신앙생활을 하는 사람들 가운데 선하신 하나님의 성품을 반영하는 사람들이 적은 것일까? 신앙의 성숙은 세월만으로 이루어지지 않는다. 그것은 하나님의 말씀 위에 견고히 서서 하나님을 알아가고 그분을 사랑하고 하나님의 말씀 앞에서 정직하게 자신을 인정하며 회개와 믿음의 순종이 반복되는 긴 과정을 통해 하나님께서 빚어가시는 은혜의 결과다. 너무 상투적인가? 그렇다면 한마디로 정리하겠다. 경건한 어른들이 적은 이유는 하나님의 선하심을 알지 못하고 맛보지 못하는 삶 때문이다.

율법주의에 따라 신앙생활을 영위하는 것으로는 내면의 참된 변화가 일어나지 않는다. 변화는 안에서부터 밖으로 일어나는 것이기 때문이다. 번영신학이 주장하는 것처럼 하나님은 무엇이든지 내가 원하는 것을 주시는 분이고 내가 부자가 되고 건강하기를 바라시는 분이라고 아무리 진실하게 믿는다 해도 그는 경건한 어른이 될 수 없다. 그는 하나님으로부터 원하는 것을 얻어내려고 하는 만년 어린아이일 뿐, 성경이 가르치는 하나님의 선하심을 알지도 못하고 경험하지도 못하기 때문이다. 경건한 어른이 되어가는 사람은 오직 성경이 가르치는 선하신 하나님께 초점을 맞추고 사는 사람이다. 이와 같이 하나님을 바라보는 우리의 왜곡된 시각은 하나님의 말씀에 의해서 평생에 걸쳐 교정되고 또 교정되어야 한다. 성경은 하나님에 대한 우리의 왜곡된 시각을 교정해주는 이야기들로 가득하다.

기다리는 아버지의 이야기

누가복음 15장에서 주님은 '탕자의 비유'라고 알려진 이야기를 말씀하셨다. 이 이야기에 등장하는 주인공은 세 사람, 아버지와 두 아들이다. 많은 사람이 둘째 아들에 초점을 맞추어 이야기를 해석한다. 그것이 이 이야기를 '탕자의 비유'라고 부르게 된 이유다. 그러나 사실 우리가 초점을 맞추어야 하는 이 이야기의 진짜 주인공은 아버지다. 주님께서는 이 이야기를 통해 아버지의 마음을 보여주신다. 그래서 나처럼 아버지를 중심으로 이 이야기를 해석하는 사람들은 이것을 "기다리는 아버지의 비유"라고 부른다. 주님의 이야기 속에 등장하는 이 아버지는 당연히 선하신 하나님 아버지를 보여준다.

아버지에게 두 아들이 있다. 하나는 집에 있는 아들이고 또 하나는 집을 떠났다가 돌아온 아들이다. 이 두 아들은 우리 모두를 대표한다. 기독교신앙을 떠난 적 없이 살아왔기에 은혜의 감격도, 아버지의 은혜와 사랑에 대한 특별한 감사도 느끼지 못하고 살아가는 아들이 있다. 그렇게 시간이 흘러가면서 그 아들은 자기가 누리는 모든 것이 은혜가 아니라 마땅히 누릴 권리라고 여기게 되었다. 맏아들의 모습이다.

한편 나눠준 재산을 가지고 아버지를 떠났다가 인생의 파산을 경험한 후에야 결국 자신이 누구인지를 깨닫고 아버지의 집으로 돌아와 아버지 품에 안긴 아들이 있다. 그는 은혜를 알았고 아버지의 선하심을 경험했다. 그래서 그에게는 감격과 감사와 눈물이 있다. 둘째 아들이다. 아버지는 이 두 아들 모두를 기다려주시는 분이다.

둘째 아들 – 사람은 쥐엄열매를 먹어야만 회개하는가?

이 이야기에서 가장 먼저 말하는 사람은 둘째 아들이다. "아버지여 재산 중에서 내게 돌아올 분깃을 내게 주소서"(눅 15:12). 살아계신 아버지에게 유산을 청구하여 받아내는 것은 매우 이례적이고 못된 일이다. 당시 유대법에는 유언서가 한번 작성되면 유언을 쓴 사람이 죽기 전이라 하더라도 그것의 내용을 고칠 수 없도록 공증하는 행정 절차가 있었다.[45] 그런데 둘째 아들이 아버지가 돌아가실 때까지 기다릴 수 없으니 그 절차를 해달라고 요구한 것이다. 그렇게 되면 변경이 불가능하므로 아버지의 생사와 무관하게 자기의 몫을 요구할 수 있기 때문이었다.

그렇게 확보한 자기 몫을 가지고 아버지의 집을 떠나는 데는 많은 시간이 필요하지 않았다. 그리고 그 미숙한 아들이 아버지의 유산을 다 날려버리는 것도 시간문제였다. 그는 먼 나라로 갔고 거기서 방탕한 삶으로 재산을 다 날리고 말았다. 설상가상, 그 나라는 큰 기근으로 경제적

위기를 맞았고 무일푼 거지가 된 아들의 주변에는 친구들이 하나둘씩 다 떠나가 손 벌릴 곳조차 없게 되었다.

아들의 비참한 상태를 상징적으로 잘 보여주는 두 단어가 있다. 돼지와 쥐엄열매다. 이 두 단어는 그가 더 이상 내려갈 곳이 없을 만큼 비참해졌다는 것을 보여준다. 기근으로 일자리도 줄어들어 그는 가까스로 들에서 돼지 치는 일을 하게 되었다. 유대인들에게 돼지는 부정한 짐승이다. 따라서 그가 돼지를 치게 되었다는 것은 유대인으로서 가장 피하고 싶은 모욕적인 일을 하게 되었다는 말이다. 제대로 품삯을 받는 조건도 아니었던 것 같다. 그는 돼지나 먹는 쥐엄열매로 배를 채우려 했지만 그나마 주는 이가 없는 비참한 신세로 전락했다.

쥐엄열매는 유대인들이 몹시 배고플 때 죽지 않으려고 먹는 식량이었다. 북왕국 요람 왕 때 아람이 이스라엘의 수도 사마리아를 포위했다. 그때 성 안에 음식이 없어서 '나귀 머리 하나에 은 80세겔이고, 비둘기 똥 사분의 일 갑에 은 5세겔'이었다는 기록이 있다(왕하 6:25 참조). 나귀는 부정한 짐승이라 먹지 못하는데도 불구하고 그 머리 가격이 80세겔이나 했으니 당시의 비참한 현실을 보여주기에 충분하다. 한 세겔은 당시 어른 1개월의 급료였다. 그리고 비둘기 똥은 콩과의 쥐엄열매를 가리키는 말이었는데 이것마저도 다섯 세겔이나 되었다. 갑은 1.2리터 정도 되는 단위다. 유대인들의 문서인 '미드라쉬'에는 '어떤 유대인이 오직 쥐엄열매를 먹을 정도로 궁핍한 상황과 고난을 겪을 때에야 비로소 하나님께 회개할 것이다.'라는 말이 있을 만큼 쥐엄열매는 인간의 비참한 상태를 말해주는 상징과 같은 것이다. 그러므로 주님 말씀의 요지는 둘째 아들이 먼 나라에서 더 이상 비참해지려야 비참해질 수 없는 상황에 처했다는 것이다. 돼지 틈에서 굶어 죽는 것은 시간문제였다. 그래서 그는 혼잣말을 되뇐다. "내 아버지에게는 양식이 풍족한 품꾼이 얼마나 많은가 나는 여기서 주려 죽는구나"(눅 15:17). 유대사회에서 품꾼은 매일의 양식을 보장받으며 심지어 가족과 같은 대우를 받을 수도 있는 '종'보다 못한 존재로서 일용직에 해당하는 사람들이었다. 이와 같이 비참한 상태에서 아들은 자신의 아버지를 생각했다. 아들을 향한 아버지의 은혜는 언제나 그치지 않았지만 그가 경험하게 되는 은혜의 이야기는 이렇게 시작한다. 자기가 마땅한 권리라고 생각하던 모든 것이 자기 손에서 다 벗어났을 때 비로소 아버지의 은혜를 생각하기 시작한 것이다. 그의 마음이 움직였고, 그는 일어나 아버지께로 가기로 결심했다. 아버지께 가서 이렇게 말하겠다고 다짐했다. "아버지 내가 하늘과 아버지께 죄를 지었사오니 지금부터는 아버지의 아들이라 일컬음을 감당하지 못하겠나이다 나를 품꾼의 하나로 보소서"(눅 15:18~19). 슬픈 이야기다. 사람은 왜 이렇게 쥐엄열매를 먹어야만 회개하는 것일까?

아버지의 은혜 – "너는 언제나 내 아들이다!"[46]

몇 년의 세월이 흘렀을까? 거지 행색을 하고 집으로 걸어오는 아들을 멀리서 알아본 것은 아버지였다. "아직도 거리가 먼데 아버지가 그를 보고 측은히 여겨 달려가 목을 안고 입을 맞추었다"(눅 15:20 참조). 아버지는 어쩌면 아들이 집을 나간 그날부터 아들이 돌아오기를 기다리면서 매일 그렇게 동구 밖에 서 있었는지 모른다. 그렇지 않고서야 어떻게 늙은 아버지가 멀리 있는 아들을 먼저 알아보고 달려가 그를 안고 입을 맞출 수 있었겠는가!

둘째 아들은 아버지에게 말했다. "아버지 내가 하늘과 아버지께 죄를 지었사오니 지금부터는 아버지의 아들이라 일컬음을 감당하지 못하겠나이다"(눅 15:21). 그런데 아버지는 아들의 말을 거의 무시하는 것 같은 느낌이다. 그리고 종들에게 말한다. "제일 좋은 옷을 내어다가 입히고 손에 가락지를 끼우고 발에 신을 신기라 그리고 살진 송아지를 끌어다가 잡으라 우리가 먹고 즐기자 이 내 아들은 죽었다가 다시 살아났으며 내가 잃었다가 다시 얻었노라"(눅 15:22~24). 우리말 개역개정 성경에는 생략되었지만, 아버지는 '속히' 행하라고 종들을 재촉한다. 옷과 가락지, 신발은 신분을 상징한다. 아들은 품꾼 중 하나가 아니라 원래의 아들의 지위로 돌아온 것이다. 그리고 아버지는 그 집에서 가장 좋은 짐승인 살진 송아지를 잡아 잔치를 벌이며 즐거워한다. 둘째 아들은 인생의 그 어느 순간보다도 놀랍게 아버지의 은혜와 아버지의 선함을 가슴 깊이 경험한다. 아버지의 행동은 곧 이렇게 말한 것과 같기 때문이다. "얘야, 너는 언제나 내 아들이란다. 한 번도 내 가슴속에서 네가 아들이 아니었던 적이 없단다."

맏아들 – 아들인가, 머슴인가?

맏아들은 이날도 어김없이 밭에 나가 일을 하다가 해 질 녘 집으로 돌아오고 있었다. 그는 게으르지 않았고 방탕하지도 않았다. 어쩌면 그는 탕자인 둘째 아들과 비교되어 동네 안팎에서 모범적인 효자로 소문이 자자했을지도 모른다. 그는 스스로 말한 것처럼 "여러 해 아버지를 섬겨 명을 어김이 없었던" 아들이다(눅 15:29). 그럼에도 불구하고 이 이야기는 맏아들이 얼마나 비참하고 가련한 사람인지를 보여준다.

그는 행복하지 않았다. 그의 삶에서 기쁨은 짧았고 분노는 길었다. 의무감은 기쁨을 질식시켰다. 명을 어기지 않고 아버지를 섬겼다는 그의 말 속에서 자부심 대신 섭섭함이 느껴진다. 세월이 흘러갈수록 분노가 쌓였다. 그를 너무 심하게 비난하는 것일까?

결국 그 기쁜 날, 그는 아버지의 기쁨에 동참할 수 없었다. 우리가 하나님을 섬기고 살아가는 것이 겉으로 볼 때는 아무 문제가 없는 것 같지만 속에서는 아무런 기쁨이 없고 의무감과 더불어 섭섭함과 분노만 쌓여간다면 심각한 문제다. 여기에는 아버지에 대한 사랑이 없다. 그런 사람은 행복하지 않다. 아무리 신앙이 좋아 보여도, 아무리 사람들의 인정을 받아도 마찬가지다.

맏아들이 가진 문제는 무엇인가? 그는 아버지와 흥정을 하고 있었던 것 같다. 일종의 장부를 쓰는 삶이라고 할 수 있다. '그동안 내가 아버지의 명을 어김없이 순종하였으니, 내게 이 정도의 보상은 해주셔야 되는 것 아닙니까?'라는 계산적 태도가 맏아들의 말에서 묻어난다. 그는 많은 세월을 그렇게 살아왔던 것 같다. 자기가 아버지께 한 것은 명을 어기지 않는 순종이었는데, 아버지는 자기와 친구들이 잔치를 즐기도록 **값싼** 염소 새끼 한 마리도 잡아준 적이 없다고 말하지 않는가!

장부를 쓰는 사람은 절대로 자기 장부만 쓰지 않는다. 그는 동생의 장부도 쓰고 있었다. 자기가 볼 때 동생은 아버지에게 한 것이 아무것도 없다. 도리어 아버지의 살림을 창기들과 함께 날려버림으로써 아버지에게 손해를 끼쳤다. 그런데도 아버지는 동생에게 배상을 요구하기는커녕 도리어 그를 위하여 살진 송아지를 잡아 잔치를 벌이고 있으니 불공평하다.

어디서 많이 들어본 말 아닌가? 많은 사람이 "하나님은 불공평하다"고 말한다. 그렇게 말하는 사람들은 하나님께 화가 나 있는 사람들이다. 그들에게 하나님은 선하신 아버지가 아니다. 그들은 스스로가 하나님을 위해 어느 정도 뭔가를 해왔다고 여긴다. 내 편에서는 장부에 쓸 것이 꽤 많은 것이다. 그들은 자기들이 마치 하나님께 빚을 얹어놓으면서 사는 것처럼 생각한다. 하나님께서 자기에게 빚을 갚으셔야 한다고 생각한다. 그들은 "누가 주께 먼저 드려서 갚으심을 받겠느냐"(롬 11:35)는 말씀을 알지 못하거나 무시한다. 그러면서 자기 공로에 대한 보상만을 기대한다. 기도하고, 봉사하고, 성경 읽고, 교회 나오는 것이 다 하나님의 은혜를 누리기 위한 방편이 아니라 자신의 공로로 장부에 기록된다. 이런 계산적 관계 속에서 하나님을 섬기는 사람들의 마음에는 억울함, 섭섭함, 분노와 같은 감정들이 세월과 함께 겹겹이 쌓이게 된다. 감사가 설 자리가 없다. 언제나 밑지는 장사다. 하나님께서 주신 것이 있다면 그것은 은혜라기보다 하나님께서 당연히 갚아야 할 빚을 갚은 것일 **뿐**이다. 이렇게 맏아들이 섭섭함과 분노를 느끼는 이유는 자기만의 계산법으로 계산하고 있기 때문이다. 그는 인생에서 자기 뜻대로 되지 **않는** 모든 일을 다 하나님의 탓으로 돌린다. 자기 삶이 원하는 대로 되지 않는 것이나 배우자나 자녀들에 대한 불만족과 원망 등은 자기를 돌보지 않으시는 하나님의 탓이 되고, 자신의 장래에 대해서도 자포자기하는 심정으로 살게 된다. 놀라운 것은 그런데도 아버지의 집을 떠나지는 않는다는 것이다. 그가 아버지의 선하심에 대한 기대를 가지고 있기 **때문**일까? 아니면 두려움 때문일까? 아버지의 집을 떠나지 않는 이 맏아들의 마음을 채우는 것은 기쁨이나 은혜가 아니라 오직 의무감이다. 그것도 최소한의 의무감이다. 남은 기대가 있다면 언젠가 아버지가 자기에게 빚을 갚아주실지도 모른다는, 비신앙적이고 합당하지도 않은 생각이다. 이런 흥정이나 계산의 구도 속에서 하나님을 섬기는 한, 그는 결코 하나님 아버지의 은혜와 선하심을 경험하지 못한다. 장부를 찢어버려야 한다!

두 아들의 문제 – 받은 구원의 가치와 감격을 잊어버리는 위험!

누구나 이런 자리에서 하나님을 섬기기 쉽다. 이것은 한순간에 갑자기 일어나는 일이 아니다. 자기도 의식하지 못하는 사이에 서서히 이런 자리에 들어갈 수 있다. 그래서 자기의 마음을 살피는 일이 중요하다. 이런 일이 일어나는 것은 예외 없이 우리가 받은 그 큰 구원을 잊어버리고 그 감격이 사라지는 데서 시작한다.

맏아들의 계산은 명백히 틀렸다. 공정하지 않은 것은 아버지가 아니라 자신이었다. 아버지의 말을 들어보라. "얘 너는 항상 나와 함께 있으니 내 것이 다 네 것이로되"(눅 15:31). 무슨 말인가? 아버지는 둘째 아들에게 유산을 떼어줄 때, 유대 상속법에 따라 둘째 아들 몫의 배에 해당하는 재산을 이미 맏아들에게 물려주었다! 이 이야기의 12절을 다시 보라. "아버지가 그 살림을 각각 나눠주었더니" 둘째에게만 준 것이 아니다. 아버지의 말은 빈말이 아니라 법적으로 이루어진 일을 말한 것이었다. 하지만 이 유산은 권리가 아니라 은혜다. 아들들은 빚을 돌려받는 채권자가 아니라 은혜를 받는 수혜자인 것이다. 그는 자기가 받은 아버지 재산의 2/3를 장부에 기록하지 않았다. 그리고 자기가 받지 못한 염소 새끼 한 마리를 받아내야 할 빚으로, 마이너스로 계산했다. 이것은 비단 맏아들의 이야기가 아니다. 둘째 아들이 아버지께 돌아와 그 은혜에 감격하고 감사했을지라도 세월이 흘러가면서 얼마든지 맏아들처럼 될 수 있다. 둘째 아들이 아버지께 돌아올 때 가졌던 마음, "아버지 내가 하늘과 아버지께 죄를 지었사오니 지금부터는 아버지의 아들이라 일컬음을 감당하지 못하겠나이다"라는 마음을 견지하는 한 결코 흥정과 계산의 관계로 들어가지는 않을 것이다.

구원은 은혜다. 받을 자격이 없는 자에게 주어진 하나님의 선물이다. 또한 구원은 긍휼이다. 하나님께서는 마땅히 받아야 할 저주와 진노를 우리에게 주지 않으셨다. 구원의 선물은 모든 것을 능가한다. 이 구원의 선물이 자기가 하나님께 행한 수고와 공로에 미치지 못한다고 느낄 때 섭섭함, 억울함, 부당하다는 느낌, 분노의 쓴뿌리가 자라기 시작한다. 감사와 감격, 기쁨과 은혜는 질식당하고 만다. 이것은 교회 안에서 일어나는 일이다. 아니, 우리들의 마음에서 일어나는 일이다. 모든 죄악 아래 있는 죄의 뿌리는 그리스도 안에서의 기쁨의 결핍이다. 교회 안에 이런 아들들이 너무나 많다. 그들 중에는 하나님의 구원의 은혜를 맛본 적이 없는 이들도 있겠지만 구원의 은혜와 하나님의 선하심을 맛본 사람들도 이런 자리에 설 수 있다는 것이 더 무서운 일이다.

선하신 아버지

주님께서 신앙은 하나님을 사랑하고 이웃을 사랑하는 것이라고 말씀하셨다. 앞에서 나는 이것이 사람의 행복의 조건이고 인간 사용설명서라고 설명했다. 사도 바울은 고린도전서를 맺으면서 성령님의 감동으로 "만일 누구든지 주를 사랑하지 아니하면 저주를 받을지어다"(고전 16:22)

라고 썼다. 하나님을 사랑하지 않으면 우리의 섬김은 계속해서 맏아들의 자리에 머무를 수밖에 없기 때문이다. 돌이켜 아버지의 즐거움에 참여하고 잔치자리에 들어가기를 끝까지 거부한다면, 마지막 심판날에 "내가 너희를 도무지 알지 못하니 불법을 행하는 자들아 내게서 떠나가라"(마 7:23)는 선고를 받지 않는다고 누가 자신할 수 있겠는가?

이제 이 이야기의 아버지를 주목해보자. 아버지는 둘째 아들의 건방진 요구를 수용하는 아픔을 짊어지면서 그 아들이 참된 은혜의 아들이 되기를 바란다. 아버지의 사랑은 너무나 커서 강요와 힘으로 밀어붙이거나 속박하지 않는다. 오래 참음으로 그 아들이 돌아오기를 기다린다. 아버지의 눈은 멀리 집 나간 아들이 자기 시야를 벗어난 그 자리를 계속해서 바라보고 있다. 그리고 돌아온 아들에게 아무것도 묻지 않고 아들의 신분을 회복시켜 주시고 기쁨과 즐거움으로 잔치를 벌인다.

감사할 줄 모르고 자기 식으로 계산하면서 분노하는 맏아들에게는 어떤가? 아버지는 친히 잔치자리에서 밖으로 나와 "함께 즐거워하고 기뻐하자"고 맏아들을 설득한다. "너는 항상 나와 함께 있으니 내 것이 다 네 것이라"고 말한다. 그렇게 맏아들이 놓치고 있는 은혜를 상기시켜 준다. "너는 머슴이 아니라 내 아들이야! 언제나, 그리고 지금도 말이야!"라고 말한다.

아버지를 멀리 떠나 비참함 속에서 고생한 동생을 생각할 때, 형은 아버지와 항상 함께 있는 것이 얼마나 큰 은혜인지 알아야 했다. 당신이 믿는 집안에서 태어나 성장한 사람, 즉 오늘날 비아냥거림의 대상이 되어버린 소위 모태신앙이라면 그 은혜가 얼마나 큰지 아는가? 그 사실을 감사한 적이 있는가? 모두가 둘째 아들처럼 쥐엄열매를 먹어야만 회개할 수 있는 것인가? 그렇지 않다면 그것이 얼마나 큰 은혜인가?

아버지는 맏아들의 분노를 받아준다. 그에게 마땅히 책망하고 진노할 수 있음에도 그를 참아준다. "내 것이 다 네 것"이라는 말로 그를 권하고 타이른다. 구원은 하나님의 것이 우리의 것이 되고, 우리가 하나님의 상속자가 되는 것이다. 우리가 수고하지 않은 영원한 기업을 얻는 것이다. 우리가 심지 않은 것을 거두는 은혜. 누가 이런 아버지에게 분노할 자격이 있는가? 이 아버지는 모든 아들로부터 사랑과 존경을 받기에 너무도 합당한 아버지다. 그리고 주님께서는 이 비유를 통해 이처럼 선하신 하나님 아버지를 우리에게 보여주고 싶어 하셨다.

경건한 어른이 되는 길

아들은 너무 많다. 그런데 아버지가 없다. 이 아버지를 닮은 어른들이 너무나 적다. 어떻게 우리는 경건한 어른이 될 수 있을까? 어떻게 이런 아버지의 성품을 드러낼 수 있을까? 경건한 어른이 되는 길은 어디에 있는 것일까? 그러기 위해 우리는 하나님의 선하심을 맛보아 알아야 한다(시 34:8). 또한 주의 인자하심을 맛보아야 한다(벧전 2:3). 아버지의 선하심과 인자하심을 진정으로 맛보기 전에는 언제나 아들일 뿐이다.

그렇다면 이 아들이 아버지가 되는 길은 어디에서 시작되는가? 그들의 선하신 아버지를 경험하는 순간 그들은 아버지를 닮기 시작한다. 아버지의 은혜를 경험하는 순간 어른이 되는 길에 접어들게 된다. 분노하는 죄인, 자기 의에 가득 차 있는 인간, 불평과 원망밖에는 튀어나올 것이 없는 사람을 변화시키는 것은 오직 하나님의 은혜다. 은혜만이 사람을 속에서부터 변화시킨다.

빅토르 위고의 『레미제라블』은 '은혜가 죄인을 변화시킨다'는 것을 잘 보여주는 이야기다. 빵 하나를 훔친 죄로 19년이라는 세월을 감옥에서 보낸 장발장의 내면은 분노로 가득하다.

무엇이 그를 변화시키는가? 그것은 마리엘 주교를 통해서 경험한 은혜였다. 선을 악으로 갚는 장발장에게 죄를 묻지 않고 계속해서 선을 베풀어주는 마리엘 주교의 은혜는 장발장의 내면에 있는 악을 이겼다. 그 순간부터 장발장은 사회에 대해서 분노하는 아들이 아니라, 사회를 치유하고 은혜를 베푸는 어른이 되기 시작한다.

마찬가지로 주님께서 말씀하신 이야기의 둘째 아들은 아버지의 은혜를 경험했던 그 순간부터 어른이 되는 길, 아버지가 되는 길에 접어든다. 죄인을 변화시키는 것은 죄책감이나 지옥 심판에 대한 두려움이 아니라 하나님의 은혜다. 하나님의 은혜가 우리의 죄를 이긴다는 사실보다 더 좋은 소식은 없다. 하나님께서는 지치지 않고, 기쁨으로 우리에게 선을 베풀어주시기를 그치지 않겠다고 영원한 언약을 맺어주셨다(렘 32:39~41). 그리고 그리스도 안에서, 복음 안에서 이것을 친히 증명해주셨다.

어떻게 은혜를 경험하는가?

이 이야기에서 둘째 아들은 아버지의 은혜를 경험했다. 그러나 맏아들이 아버지의 은혜를 경험하는 것을 보지 못한 채로 이야기가 끝난다.

이 두 아들의 차이는 무엇일까? 은혜를 경험하고 하지 못하는 차이는 어디서 나타나는 것일까?

그것은 바로 회개다. 회개하는 사람이 하나님의 은혜와 선하심을 깊이 경험한다.

나는 왜 마틴 루터가 비텐베르크 교회 정문에 95개의 신학논제를 써 붙일 때, 그 첫 번째 항목으로 회개를 다루었는지 생각해본다. 단지 중세교회의 회개에 대한 오해와 타락현상을 고치려는 것 때문이었을까? 그렇다면 그것이 왜 굳이 첫 번째 자리를 차지한 걸까?

그는 이렇게 썼다. '우리 주 예수 그리스도께서 "회개하라"(마 4:17)고 하셨을 때, 이는 믿는 자의 삶 전체가 회개하는 삶이어야 함을 말씀하신 것이다.'

마틴 루터는 회개가 일회성 의식이 아니라 신자의 평생에 걸쳐서 이루어지는 과정이라고 말했다. 즉 하나님께서 의롭다고 인정해주시는 믿음이 단회적인 믿음이 아니라 평생에 걸쳐 신자의 삶에서 지속되는 믿음이어야 하듯이, 회개도 하나님께 나오는 처음 순간에 한 번만 하고 마는 행위가 아니라 평생에 걸쳐서 지속되는 과정이다.

회개가 멈추면 하나님의 은혜를 경험하는 일도 그친다. 하나님의 은혜를 경험하는 일이 그치면 그때부터 그는 맏아들의 자리로 가고 있는 것일지도 모른다.

회개는 하나님의 은혜를 경험하는 놀라운 수단이다. 그래서 언제나 회개의 끝은 달콤하다.

둘째 아들이 아버지에게 돌아오는 결심과 행동은 힘들었을지라도 회개한 후에 주어지는 아버지의 은혜는 회개하는 아들을 언제나 달콤함으로 가득 채운다.

율법적 회개 vs 복음적 회개

오랫동안 나는 율법적 회개를 주님께서 말씀하신 복음적 회개로 착각하는 실수를 저질렀다. 알고 보니 많은 신자들이 율법적 회개를 참된 회개로 오해하면서 신앙생활을 하고 있었다.

율법적 회개는 결코 달콤함을 가져다주지 못한다. 그것은 참된 하나님의 은혜를 경험하는 자리까지 우리를 데리고 가지 못하기 때문이다. 당연히 죄인을 변화시키지도 못한다.

존 칼빈은 『기독교 강요』에서 율법적 회개와 복음적 회개를 잘 구분하여 설명했다. '죄인은 이 (율법적) 회개에 의해서 죄의 가책으로 상처를 받고 하나님의 진노를 두려워하여 떨며 그 불안한 상태에 붙잡힌 채 빠져나오지 못한다. 다른 하나는 복음적(복음의) 회개다. 이 회개에 의해서 죄인은 큰 고통을 받지만 고통을 이기고 일어서며 그리스도를 의지하여 자기의 상처를 치료하기 위한 약과 공포심에 대한 위로와 불행에 대한 피난처로 삼는다.'[47]

이 두 종류의 회개에 대한 팀 켈러의 설명은 매우 명쾌하고 유익하다.[48] 그에 의하면 율법적(종교적) 회개의 목적은 기본적으로 하나님을 기쁘시게 하여 하나님께서 계속 당신을 행복하게 만들어주고 당신의 기도에 응답하게 만드는 것이다. 그러나 복음적 회개의 목적은 하나님의 마음에 반대되는 어떤 것을 하고자 하는 마음을 약화시키기 위해서 반복적으로 그리스도와의 연합의 기쁨으로 들어가는 것이다.

율법적 회개는 죄의 결과로 받게 될 형벌이 두려워서 하는 것이지만, 복음적 회개는 하나님과의 관계를 망가뜨린 죄 자체 때문에 슬퍼한다. 율법적 회개는 우리가 너무나 비참하고 후회하고 있어서 그 죄를 용서

받을 만한 자격이 있다는 것을 하나님께 납득시키는 자학의 형태로, 결국 자기 의를 세우는 행위가 된다. 하지만 복음 안에서 우리는 예수님이 우리 때문에 고난을 당하셨고 비참해지셨다는 것을 안다. 따라서 용서를 획득하기 위해 우리 스스로를 괴롭게 할 필요가 없다.

우리는 단순하게 그리스도에 의해서 얻어진 죄 용서를 받아들인다(요일 1:8). 율법적 회개는 그 자체가 괴로운 것이므로 회개를 점점 덜 하게 만들지만, 복음적 회개에서는 자신의 결점과 죄악을 볼수록 더 보배롭고 전율할 만큼 놀라운 하나님의 은혜를 경험하게 되기 때문에 점점 더 회개하게 된다. 이것이 바로 두 가지 회개에 대한 팀 켈러의 설명이다.

그렇다면 당신은 어떤 회개를 알고 있는가? 마틴 루터가 말한 대로 신자의 전 생애가 회개가 될 수 있다는 것을 알겠는가? 복음적 회개는 선하신 하나님의 은혜를 새롭게 경험하게 하고 그 은혜의 경험은 평생 계속해서 회개하게 하는 동력이 된다. 아버지가 용서해주신다는 확신 없이 어떻게 자신의 죄악과 결점들을 가지고 아버지께 돌아갈 수 있겠는가?

참된 회개는 관계적이다

당신은 앞의 이야기에서 둘째 아들이 아버지께 분명한 회개를 했다고 생각하는가?

율법적 회개의 관점에서 그는 별로 회개한 것이 없는 것처럼 보인다. 아들이 아버지에게 한 말은 "아버지 내가 하늘과 아버지께 죄를 지었사오니 지금부터는 아버지의 아들이라 일컬음을 감당하지 못하겠나이다"

(눅 15:21)가 전부다. 자신이 저지른 죄에 비하면 회개가 좀 약하다고 생각되지 않는가? 하지만 당신이 어떻게 느끼든 이것은 진짜 회개다. 그는 옛 삶을 떠났고 아버지에게 돌아왔다. 자기의 죄를 인정했다. 그리고 아버지는 그를 용서했다. 아버지는 아들의 말을 더 들으려 하지 않았고 그에게 존귀한 아들의 자리를 회복시켜 주었다. 잔치를 베풀었고 기쁨을 나누었다.

참된 회개는 언제나 관계적으로만 설명될 수 있다. 회개는 우리가 하나님께 잘못했거나 죄를 지었다고 생각하는 어떤 행위를 눈 감고 입으로 고백하는 행위가 아니다. 우리가 그렇게 하는 이유가 무엇인가? 죄를 지은 가책 때문에 마음이 불편해서인가? 아니면 그런 죄를 그냥 두면 지옥에 가게 될까봐 두려워서인가?

둘째 아들은 자기가 하늘과 아버지께 죄를 범했다고 말했다. 하나님 앞에서 그는 잘못 행했다는 것을 알았다. 그리고 아버지에게도 잘못했다고 말한다. 그는 자기의 죄가 아버지의 마음을 얼마나 아프게 했을지를 생각했다. 죄가 아버지와 자신의 관계를 망가뜨렸고 죄가 아버지의 마음을 상하게 한 것을 인정할 때 회개가 일어난다. 죄악된 행위 자체만이 문제가 아니다. 돈을 탕진한 것이 문제의 핵심이 아니다. 그는 하늘과 아버지께 죄를 지었다.

철든 아들이 어느 날 자신의 지난날을 돌아보면서 자기가 부모의 마음을 상하게 했던 일들을 생각하며 부모에게 회개할 수 있다. 단순히 자기가 한 행동이 무엇이 잘못되었는가의 문제만이 아니다. 부모의 가슴에 못을 박은 일이 가슴 아프게 느껴질 때 자식은 부모에게 진정으로 회개한다. 이와 같이 회개는 관계적이다. 선하신 하나님을 알 때, 우리 주 예수 그리스도의 복음 안에서 하나님이 우리에게 베풀어주신 그 선하신 은혜를 알게 될 때 우리는 회개할 수 있다. 그래서 복음은 언제나 우리의 회개를 촉진하는 동력이 된다.

하나님의 선하심을 드러내라

모든 그리스도인은 선하신 하나님의 성품을 반영하라는 소명을 가지고 산다. 하나님의 형상으로 지음 받은 인간의 피할 수 없는 소명이다. 웨스트민스터 신앙고백서를 작성한 신학자들은 이것을 "하나님을 영화롭게 하고 그를 영원토록 즐거워하는 것"이라고 설명했다. 즉 하나님을 즐거워하지 못하는 사람은 하나님의 성품을 닮아갈 수도, 반영할 수도 없다. 하나님을 예배할 수도 없다. 그러므로 하나님을 즐거워하는 것이 신앙의 핵심이다. 우리는 무서운 하나님을 즐거워할 수 없다. 변덕스러운 하나님을 즐거워할 수 없다. 하나님께서는 당신의 모든 영광스러운 성품을 '선하심'이라고 표현하셨다.

이스라엘 백성이 애굽에서 나와 시내산에 이르렀고 하나님께서는 그들에게 십계명과 모든 율법을 반포하셨다. 하지만 모세가 산에 올라가 있을 때 백성들은 금송아지를 만들었고 이것은 하나님의 진노를 불러일으켰다. 하나님께서는 모세가 백성을 데리고 가나안으로 들어갈 수 있도록 천사를 보내주시겠지만 친히 가시지는 않겠다고 선언하셨다. 거룩하신 하나님께서 이처럼 패역한 백성과 함께 가시다가는 도중에 다 진멸하실 수밖에 없기 때문이다(출 33:1~3). 출애굽과 가나안 입성이라는 성공이 아니라 하나님 자신을 원했던 모세는 이런 하나님의 말씀을 듣고 하나님께 기도하기 위해 진 밖에 설치해 두었던 회막으로 나아갔다. 그리고 마침내 하나님께서 다시 함께 가시겠다는 은혜로운 약속을 얻어낸다. 그러나 모세는 일어서지 않고 사람이 이 세상에서 드릴 수 있는 최고의 간구를 드린다. "원하건대 주의 영광을 내게 보이소서"(출 33:18). 이 기도에 하나님이 어떻게 응답하셨는가? "여호와께서 이르시되 내가 내 모든 선한 것을 네 앞으로 지나가게 하고 여호와의 이름을 네 앞에 선포하리라 나는 은혜 베풀 자에게 은혜를 베풀고 긍휼히 여길 자에게 긍휼을 베푸느니라"(출 33:19).

모세는 하나님의 영광을 보여달라고 기도했는데, 하나님께서는 "내 모든 선한 것"(all my goodness)을 네 앞으로 지나가게 하겠다고 대답하신다. 이상하지 않은가? 하나님의 영광과 하나님의 모든 선한 것은 어떤 관계가 있는가? 모세가 구한 것에 대하여 실제적으로 일어난 일은 무엇이고, 그가 본 것은 무엇이었는가?

출애굽기 34장 5~7절을 보라. "여호와께서 구름 가운데에 강림하사 그와 함께 거기 서서 여호와의 이름을 선포하실새 여호와께서 그의 앞으로 지나시며 선포하시되 여호와라 여호와라 자비롭고 은혜롭고 노하기를 더디하고 인자와 진실이 많은 하나님이라 인자를 천대까지 베풀며 악과 과실과 죄를 용서하리라 그러나 벌을 면제하지는 아니하고 아버지의 악행을 자손 삼사 대까지 보응하리라" 하나님은 자신의 이름을 선포하시면서 자신의 모든 속성을 모세에게 계시하셨다. 이것이 하나님께서 보여주시겠다고 하신 "나의 모든 선한 것"이다. 즉 하나님께서는 자신의 모든 영광스러운 속성을 모세에게 친히 선포하고 계시하셨으며 이것을 당신의 '모든 선함'이라고 말씀하셨다.

하나님의 영광을 본다는 것은 하나님의 모든 선하심을 경험하는 것이다. 그리고 우리는 하나님의 영광을 볼 때 하나님의 형상으로 변화를 받는다.

사도 바울이 고린도후서 3장 18절에서 말한 것이다. "우리가 다 수건을 벗은 얼굴로 거울을 보는 것 같이 주의 영광을 보매 그와 같은 형상으로 변화하여 영광에서 영광에 이르니 곧 주의 영으로 말미암음이니라" 모세가 하나님의 영광을 보았을 때 그의 얼굴에서 영광의 빛이 반사되기 시작했다. 하지만 그는 자신의 얼굴에서 그 빛이 반사되는 것을 인식하지 못했다.

우리는 어떻게 하나님의 영광을 보는가? 복음 안에서, 하나님의 말씀 안에서 그분의 영광을 본다. 그 영광은 하나님의 모든 선하심이다. 그리고 하나님의 선하심을 맛보아 아는 모든 하나님의 자녀들은 하나님의 선하심을 반영하는 삶으로 변화한다. 성령님께서 하나님의 말씀을 통하여 우리 안에 그 일을 행하신다. 우리가 참된 회개와 믿음으로 하나님의 선하심을 알게 되면 될수록 우리는 하나님의 성품을 반영하는 사람이 된다. 다른 길은 없다. 이것은 모든 신자들 안에서 행하시는 성령님의 은혜로운 사역이다.

당신은 하나님의 성품을 반영하라는 소명을 가지고 살고 있는가? 하나님의 선하심을 반영하는 변화, 영광에서 영광으로 이르는 변화를 경험하면서 살고 있는가? 오늘날 교회는 이런 사람들, 하나님을 닮은 경건한 어른들을 그 어느 때보다도 필요로 한다. 선하신 하나님을 경험적으로 앎으로써 우리는 인생을 통하여 하나님의 선하심을 드러내라는 소명을 감당하는 것이다.

오늘날의 교회 상황

이 주제를 마치기 전에 꼭 다루고 싶은 이야기가 있다. 이것은 우리의 신앙생활에서 너무나 많이 저질러지는, 잘못된 방향 설정에 대한 문제다. 다들 경건을 추구한다 하고, 하나님을 닮아가는 삶을 추구한다고 말한다. 그런데 왠지 그 방향이 이상하게 느껴질 때가 많다. 때로는 그것이 교회의 대세이자 거부할 수 없는 흐름이 되기도 한다. 이것은 비뚤어진 경건의 문제다. 아래 그림을 보라.

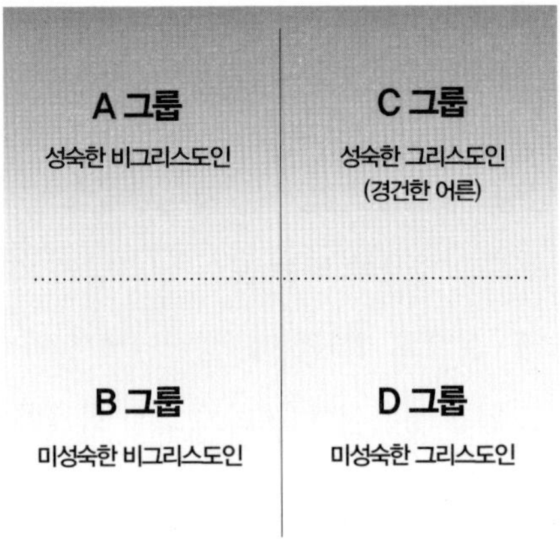

A 그룹 성숙한 비그리스도인	**C 그룹** 성숙한 그리스도인 (경건한 어른)
B 그룹 미성숙한 비그리스도인	**D 그룹** 미성숙한 그리스도인

그림 1. 네 그룹의 사람들

이 그림에서 수직선은 그리스도인과 비그리스도인을 나누는 선이다. 이 선은 모든 인간을 두 종류, 즉 거듭난 그리스도인과 거듭나지 않은 비그리스도인으로 선명하게 가른다. 왼편을 비그리스도인이라 하고, 오른편에 있는 사람들을 그리스도인이라고 하자. 그리고 수평으로 그려진 선은 성숙과 미성숙을 표시하는 기준이다. 이것은 수직선과 달리 성숙한 사람과 미성숙한 사람으로 마치 무 자르듯 양분하는 선은 아니다. 이 선 위쪽으로 올라갈수록 성숙한 사람이고 아래로 내려갈수록 미성숙한 사람이다. 이 그림은 그리스도인이라고 해서 반드시 성숙한 것은 아니며 비그리스도인도 무조건 미성숙하다고 보지 않는다.

우리는 성숙의 잣대로 구원을 얻는 것이 아니다. "그 은혜에 의하여 믿음으로 말미암아"(엡 2:8) 구원을 받는다. 그러므로 왼편에 있는 비그리스도인들 중에도 성숙한 사람이 있는가 하면 미성숙한 사람들이 있고, 오른편에 있는 그리스도인들도 마찬가지다. 편의상 A그룹에 속한 사람들을 성숙한 비그리스도인이라고 하고, B그룹에 속한 사람들은 미성숙한 비그리스도인이라고 하자. 그리고 C그룹에 속한 사람들은 성숙한 그리스도인(이들이 경건한 어른에 속하는 사람들이다)으로, D그룹에 속한 사람들은 미성숙한 그리스도인으로 분류하자. 복음을 듣고 믿음으로 반응하여 그리스도인이 되는 사람들은 A그룹에서도, B그룹에서도 나올 수 있다.

자, 그러면 질문을 하겠다. 거듭남의 은혜로 구원을 받는 사람들 중에는 A그룹에 속한 성숙한 사람도 있고, B그룹에 속한 미성숙한 사람도 있다. 어느 날 이들이 흑암의 권세인 왼편에서 하나님의 사랑의 아들의 나라인 오른편으로 옮겨졌다(골 1:13). 그렇다면 이들은 그리스도인으로서의 삶을 어디서부터 시작하는 것일까? 물론 이제 막 거듭난 하나님의 모든 자녀는 젖먹이와 같은 영적 어린아이다. 이것이 전부라면 이들이 주님을 만나기 전에 가졌던 인격적 성숙함과 미성숙함은 주님을 만난 후에 아무 의미도 없는 것이며 아무 차이도 만들어내지 못하는 것일까? 비록 모두가 영적 어린아이일지라도, 그리스도 안에서 신앙의 성장과 성숙은 모두에게 똑같은 속도로 일어나는 것이 아니다. 주님께서 "그러나 먼저 된 자로서 나중 되고 나중 된 자로서 먼저 될 자가 많으니라" (마 19:30)고 하신 말씀을 기억하는가? 이런 일은 우리로 하여금 늘 시험에 들게 한다. 그래서 주님께서는 미리 이런 말씀을 하셨을 것이다.

오늘날의 교회 상황을 굳이 표현하자면, 나는 이 그림에서 수평으로 그어진 선을 한참 위로 올려놓고 싶다. 이것은 C그룹에 속한 경건한 어른들은 교회 안에 너무나 적고, D그룹에 속한 미성숙한 그리스도인들은 많이 있는 현실을 반영한다. 물론 D그룹에 속한 이들이 모두 교회 안에 있는 사람들이지만 그들이 모두 거듭난 그리스도인이라고 정확하게 말할 수는 없다. 우리는 판단하는 자가 아니고, 우리의 잣대도 정확하지 않다. 성숙과 미성숙의 구분뿐 아니라 그리스도인과 비그리스도인의 구분에 있어서도 마찬가지다. 교회 안에는 자신이 그리스도인이라고 확신하는, 거듭나지 않은 사람들이 많기 때문이다. 물론 그림에서 이들은 D그룹으로 분류될 수 있다. 그리고 바로 이 D그룹에서 문제가 발생한다.

D그룹에 오래도록 머무는 이들이 참 많다. 오랫동안 교회에 다녔고 봉사도 하지만 하나님의 은혜를 깊이 경험하는 삶으로 가지 못한 채 습관적으로, 혹은 의무적으로 신앙생활을 하는 경우다. 하지만 교회에서는 이런저런 직분을 가지고 있다. 교회가 반드시 그 사람의 영적 성숙만을 직분의 잣대로 사용하지 않을뿐더러 사람의 판단이 정확할 수 없기 때문이다.

비뚤어진 경건

다음과 같은 경우를 가정해보자. 얼마 전에 예수님을 믿게 되어 A그룹에서 D그룹으로 들어온 사람이 있다. 그는 처음부터 하나님의 말씀으로 성실하게 양육받으면서 믿음이 잘 자랐났다. 그의 성숙한 성품도 그리스도 안에서 더욱 잘 다듬어져 사람들에게 드러나게 되었다. 그의 신앙이 성장해감에 따라 어느새 사람들이 그를 잘 따르게 되는 것을 보게 된다. 하지만 교회에서는 새까만 후배다. 자, 이런 사람을 어떻게 대해야 할 것인가? 그리고 20년째 D그룹을 지키고 있는 나는 어떻게 해야 하는가? 그림에서는 한 가지 선택밖에 없다. 위로 올라가는 것이다. 하나님의 말씀을 배우고 하나님의 은혜와 선하심을 경험하고 맛보면서 성장하는 것, 하나님의 선하심을 반영하라는 소명을 감당하는 것이다. 그런데 문제는 사람들이 꼭 이렇게만 가는 게 아니라는 것이다. 여기에 비뚤어진 경건의 새로운 영역이 개척된다. 즉 D그룹에서 C그룹으로 올라가는 길이 아닌, D그룹에서 E그룹을 개척하여 그림 밖으로 나가는 것이다. 다음 그림을 보라.

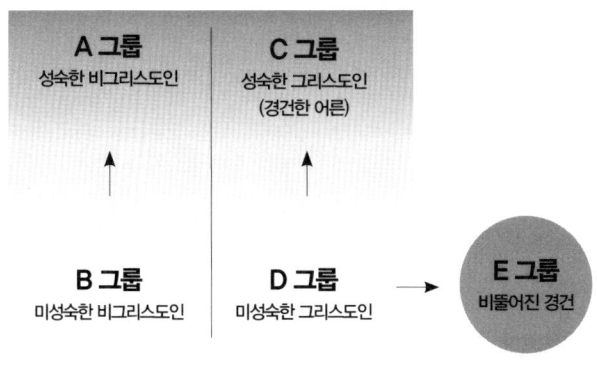

그림 2. 비뚤어진 경건

그림 2에는 그림 1의 D그룹 오른편에 하나의 영역이 더 만들어졌다. 이것은 신앙의 성숙과 성장이라는 유일한 선택을 포기하고 옆으로 가는 것으로 나의 경쟁자들—새까만 후배로서 나보다 먼저 된 사람—을 대처하는 새로운 방법이다. 이것은 대체로 하나님의 말씀을 통해서 선하신 하나님을 알아가는 것이나 믿음의 순종, 혹은 복음적 회개와는 거리가 있는 율법적 행위들이다. 만일 그것이 기도라면 보통 기도가 아니고 웬만한 사람들은, 특히 나의 경쟁자는 절대로 따라올 수 없는 특별한 기도다. 금식일 수도 있고 철야일 수도 있고 또 다른 것일 수도 있다. 행위도 교회에서 아무도 따라올 수 없는 특별한 봉사일 수 있다. 형태는 매우 다양할 것이다. 이것은 마음으로 하는 것이 아니다. 또한 이것은 믿음의 성장과 성숙을 가져오는 수고가 되지 않는다. 하지만 때때로 보상이 주어진다. 분별력 없는 사람들이 그의 믿음과 봉사를 칭찬하기 시작한다. 이때 교회의 지도자들까지도 그 칭찬의 대열에 참여하게 되면 그의 비뚤어진 경건은 큰 힘을 얻어 심하게 악화되고 만다.

우리가 자칫 인간의 영혼 안에서 일어나는 복음의 사역에 초점을 맞추지 못한 채 교회라는 조직의 운영이나 외형적 성장에만 초점을 맞추게 될 때, 피할 수 없이 많은 사람들에게 이런 실수가 나타난다. 왜냐하면 E그룹에 속한 사람들의 헌신(?) 없이는 교회의 양적인 성장이나 성공을 얻을 수 없기 때문이다. 그렇게 되면 교회는 D그룹에서 C그룹으로 가는 신앙의 경주가 아닌, 엉뚱한 방향으로 향하게 된다. 그 방향의 끝은 멸망이고 이것은 곧 교회의 타락으로 이어진다. 이런 교회는 커질 수는 있어도 경건한 어른은 없다. 경건한 어른이 나오지도 않는다. 참된 그리스도인들이 가야 하는 방향은 오직 하나밖에 없다. 바로 D그룹에서

C그룹으로 가는 것이다.

모든 봉사와 열심 어린 모든 기도가 이런 비뚤어진 경건을 반영한다고 말하는 것이 아니다. 이 그림을 통해서 오늘날 우리의 교회가 어디에 있는지를 살펴보자는 것이다. 이 글을 읽는 당신 자신은 어디에 있으며, 어디로 가고 있는지도 생각해보길 바란다. 우리가 가야 하는 길은 오직 하나뿐이다. 경건한 어른이 되는 길, 주님께서 말씀하셨던 그 이야기 속의 아버지를 닮는 길, 하나님의 선하신 성품을 반영하는 어른이 되는 길이다.

"너도 함께 즐거워하고 기뻐하자"는 아버지의 말씀을 들으라. 당신도 아버지의 잔치에 들어가고 싶다고 말씀드리라. 선하신 하나님의 은혜를 맛보고 싶은가? 그것은 우리가 어떤 자리에 있든지(A그룹이나 B그룹만이 아니라 D, 혹은 E그룹에 속해 있다 할지라도) 우리를 변화시키는 능력이다. 그 은혜는 감사를 모르고 무정하며 의무에 사로잡혀 있고 경쟁심과 분노로 힘들어하는 아들을 선한 아버지로 변화시키는 능력이다. 우리의 모든 이기적 본성은 그런 아버지의 은혜와 선하심을 경험할수록 변화되고 그분의 선하심을 반영하는 소명을 감당하게 된다. 또 이런 경건한 어른들을 통해서 우리와 같았던 또 다른 아들들이 아버지가 되어간다. 우리가 하나님 아버지의 선하심을 깊이 경험하고 누릴수록 그분의 선하심은 우리를 통해서 은혜를 모르는 수많은 아들들에게로 흘러가고 그들을 변화시킨다.

오, 우리 모두가 선하신 하나님 아버지의 그런 복된 자녀들, 그 선하심과 은혜와 사랑에 흠뻑 취하여 살고, 그 선하심을 풍성하게 흘려보내주는 그런 하나님 아버지의 자녀들로 살 수 있으면 좋겠다.

19세기의 탁월한 복음전도자 D. L. 무디가 한 이 말이 우리 모두의 가슴에 새겨지길 바란다.

"하나님이 그분께 철두철미 완전히 바쳐진 남자와 함께, 그런 남자를 위해, 그런 남자를 통해, 그런 남자 안에서, 그런 남자 곁에서 어떻게 역사하실 수 있는지 세상은 아직 보지 못했다. 나는 그런 남자가 되기 위해 최선을 다할 것이다." 49)

물론 남자만 경건한 어른이 되는 것은 아니다!

⑪ 선교하는 교회

천상의 예배 환상

"내가 또 보고 들으매 보좌와 생물들과 장로들을 둘러 선 많은 천사의 음성이 있으니 그 수가 만만이요 천천이라 큰 음성으로 이르되 죽임을 당하신 어린 양은 능력과 부와 지혜와 힘과 존귀와 영광과 찬송을 받으시기에 합당하도다 하더라 내가 또 들으니 하늘 위에와 땅 위에와 땅 아래와 바다 위에와 또 그 가운데 모든 피조물이 이르되 보좌에 앉으신 이와 어린 양에게 찬송과 존귀와 영광과 권능을 세세토록 돌릴지어다 하니 네 생물이 이르되 아멘 하고 장로들은 엎드려 경배하더라"(계 5:11~14).

이것은 사도 요한이 환상 중에 본 하늘 예배의 광경이다. 사도 요한은 거기서 온 우주의 중심에서 예배를 받으시는, 보좌에 앉으신 하나님과 죽임을 당하신 어린 양 예수 그리스도를 보았다. 하늘과 땅 위, 그리고 땅 아래와 바다 위와 바다 속 모든 피조물이 하나님을 찬송하고 예배하는 현장을 보았다. 또 그는 하나님의 보좌를 둘러싼 생물들과 장로들, 그리고 그들을 둘러선 천천만만의 많은 천사들이 부르는 찬송의 큰 음성을 들었다. "죽임을 당하신 어린 양은 능력과 부와 지혜와 힘과 존귀와 영광과 찬송을 받으시기에 합당하도다" 세상의 모든 피조물이 한 목소리로 화답하는 것도 들었다. "보좌에 앉으신 이와 어린 양에게 찬송과 존귀와 영광과 권능을 세세토록 돌릴지어다" 물론 우리도 사도 요한이 보았던 영광의 하나님을 안다. 그렇다면 우리는 그 하나님의 영광을 얼마나 아는가? 사도 요한이 본 대로 우리가 하나님의 영광을 안다면, 크고 놀라우시며 온 우주의 중심으로 계시고 천하의 모든 만물로부터 찬송을 받으시기에 너무나도 합당하신 하나님을 안다면 우리 인생과 삶의 관점은 어떻게 달라질까? 우리 인생의 깊이와 넓이와 길이와 높이를 결정하는 것은 무엇인가? 학식인가? 아니면 경험이고 경륜인가? 인생을 산 햇수인가? 한 인간의 삶과 그것의 영향력을 결정하는 요소는 하나님을 아는 지식이다. 하나님을 아는 지식이 인생을 송두리째 바꾼다. 성경은 이것을 입증하는 수많은 증거들로 가득하다.

지금까지 나는 하나님에 대한 오해가 신앙생활의 모든 왜곡을 가져온다는 것을 전제로 이야기했다. '선교'라는 주제도 예외가 아니다. 하나님에 대한 오해는 선교를 왜곡시킨다. 천사들이 찬송했던 것처럼 "죽임을 당하신 어린 양은 능력과 부와 지혜와 힘과 존귀와 영광과 찬송을 받으시기에 합당하도다"라는 이 말이 가슴에서 경험되는 것이 선교의 마땅한 출발점이다.

하나님을 아는 지식

선교는 보통 사람들이 생각하는 것처럼 잃어버린 영혼에서 시작하지 않는다. 선교는 하나님으로부터 시작한다. 물론 잃어버린 영혼에 대한 긍휼함과 사랑은 선교의 귀하고도 중요한 동기가 아닐 수 없다. 이것을 평가절하할 생각은 추호도 없다. 하지만 이것이 선교의 출발점은 아니다. 선교는 하나님의 백성이 하나님을 바르게 알 때, 하나님을 아는 지식에서부터 시작된다. A. W. 토저는 20세기 중반의 선교운동을 우려하면서 이렇게 말했다.

"우리는 보통 하나님을 바쁘고, 열심이며, 약간은 좌절한 아버지로 묘사합니다. 세상에 평화와 구원을 주시려는 그분의 복된 계획을 수행하시기 위해서 도움을 청하시느라 분주하신, 그런 아버지 말입니다. ……너무나 많은 선교사들의 호소가 전능하신 하나님의 이런 가공할 좌절에 근거하여 행해집니다. 일부 유능한 강사들은 청중에게 동정심을 쉽게 일으키곤 하지만, 그것은 이방인들뿐 아니라 그들을 위해서도 그토록 힘들게 일해오셨고 그들을 아끼셨지만 결국 도움이 부족해서 뜻을 이루지 못하고 계시는 하나님을 향한 동정심이기도 합니다. 나는 수많은 젊은이들이 하나님의 사랑이 하나님을 곤경에 처하게 했고, 하나님의 제한된 능력이 하나님을 그 곤경에서 건져내지 못하는 것처럼 보이는 상황으로부터 하나님을 구해야 한다는 동기보다 더 높은 동기를 가지지 못한 채 선교지로 향하는 것을 우려합니다. 훌륭한 이상과 구원의 특권을 누리지 못하는 사람들을 향한 긍휼함과 더불어, 오늘날 수많이 행해지는 기독교적 섬김 뒤의 진정한 동기를 가져야 합니다."[50]

토저의 말대로, 선교를 호소하기 위해서 얼마나 많은 동영상과 사진들이 그저 잃어버린 영혼들과 기아로 죽어가는 이들을 보여줌으로써 사람들의 마음에 있는 동정심이나 긍휼함에 호소하는지 모른다. 이렇게 할 때 도리어 하나님의 주권과 능력은 곤경에 처한다. 이런 선교라면 굳이 성령의 역사가 아니어도 일어날 수 있고, 일으킬 수 있을지 모른다. 성경이 말하는 선교는 이런 것이 아니다. 하나님은 단지 우리들만이 아니라, 온 세상의 모든 인류와 모든 피조물로부터 찬송과 영광과 예배를 받으시기에 너무나 합당하신 분이다. 이와 같은 인식이 선교의 시작이다. 이것은 자연스럽게 우리를 선교적 인식으로 이끈다. 이런 하나님은 반드시 온 세상 모든 인류에게 알려지셔야 하고 찬송과 경배를 받으셔야만 한다.

이렇게 하나님을 아는 지식에서 시작된 선교는 중단되지 않는다. 이렇게 시작된 선교는 경제적 상황에 종속되지도 않는다. 이런 선교는 생명을 내놓게 만든다. 톰 웰즈는 이렇게 말한다. "우리는 즉각적인 프로그램이 아니라 하나님의 영광을 말하는 것이 몸에 밸 만큼 하나님을 아는 지식을 쌓아갈 방법에 대해 생각해야 한다."[51]

우리는 얼마든지 선교에 대해서 가르칠 수 있는 전문가이면서도 정작 하나님을 아는 지식이 없을 수 있다. 제임스 패커가 20세기의 고전이라 할 『하나님을 아는 지식』에서 한 말이다.

"우리는 하나님을 많이 알지 못하면서도 경건에 대해 많은 것을 알 수 있다. ……오늘날과 같이 분석적이고 과학기술이 발달한 시대에는 기도하는 법, 증거하는 법, 성경을 읽는 법, 십일조를 드리는 법, 어린 그리스도인이 되는 법,

장성한 그리스도인이 되는 법, 행복한 그리스도인이 되는 법, 헌신하는 법, 사람들을 그리스도께로 이끄는 법, 성령을 받는 법, 방언을 말하는 법 등에 대한 책이나 강단의 설교들이 차고 넘친다. 일반적인 센스가 있는 사람이라면 종종 이 같은 것들을 가지고 덜 안정된 기질로 허둥거리는 그리스도인들이 설 자리를 찾고 그들에게 닥친 어려움에 대해 균형감각을 개발하도록 도와줄 수 있으며, 그렇게 해서 정말로 대단한 사역자라는 평판을 얻을 수도 있다. 하지만 이 모든 것을 가지고 있으면서도 하나님에 대해서는 전혀 모를 수 있다." 52)

선교라고 예외이겠는가? 모든 기독교 운동이 가질 수 있는 가장 심각한 문제는 언제나 이 부분이다.

하나님을 잘 아는 선교

전도가 이웃에게 성경의 하나님을 알려주는 것이라면, 선교는 개념적으로 '땅끝'에 있는 이웃에게 성경의 하나님을 알려주는 것이다. 즉 전도와 선교의 성격은 결코 간과될 수 없는 본질이다. 그렇다면 전도와 선교의 본질인 하나님을 알리는 것, 혹은 알게 하는 것을 누가 가장 잘 할 수 있을까?

누가 하나님을 가장 잘, 그리고 바르게 말해줄 수 있는 자격을 갖춘 사람일까?

당연히 하나님을 잘 아는 사람이다. 하나님을 가장 잘 아는 사람이 하나님을 가장 잘 말해주고 알려줄 수 있는 사람이다. 물론 나는 성경을 많이 공부한 사람이나 신학자를 말하려는 것이 아니다. 성경이 계시하는 하나님을 가슴과 인격으로 알고 경험한 사람을 말하는 것이다. 그는 선하신 하나님을 맛보았고 맛보아 아는 사람이다. 이것은 전문화·기능화된 선교훈련이 대신할 수 없다.

하나님을 알았던 젊은이들

나이도 아주 젊었고 오늘날처럼 전문적인 선교훈련을 받지도 않았지만 하나님을 깊이 알았기에 그분을 잘 전할 수 있었던 이들이 있었다.

먼저 18세기의 데이비드 브레이너드(1717~1747)다. 그는 미국 독립 이전, 아메리칸 인디언들에게 복음을 전했던 선교사였고 조나단 에드워즈가 그의 사후에 편집 출간한 『데이비드 브레이너드 생애와 일기』(Life and Diary of David Brainerd)[53]를 통해서 알려진 인물이다. 그는 29세에 하나님의 부르심을 받았지만, 그의 깊은 경건과 하나님을 아는 지식은 지난 250년 동안 수많은 그리스도인들에게 헤아릴 수 없을 만큼 커다란 영향을 남겼다.

그중 한 사람이 19세기의 선교사 헨리 마틴(1781~1812)이다. 그는 영국 캠브리지 출신의 천재적인 인물로, 1805년 인도에 선교사로 파송되었지만 건강이 악화되어 오래 사역하지 못하고 31세의 젊은 나이에 그가 섬겼던 선교지에서 하나님의 품에 안긴 사람이다. 그가 남긴 일기는 곳곳에서 데이비드 브레이너드를 인용하고 있는데 이는 그가 얼마나 데이비드 브레이너드를 흠모했는지를 보여준다.

헨리 마틴의 일기도 데이비드 브레이너드의 일기만큼이나 그의 경건과 하나님을 아는 그의 살아있는 지식을 보여준다. 그의 일기 중 일부를 인용한다.

지극히 복된 하나님을 보았고 또한 하나님의 일들을 바라보았다. 하나님의 탁월하심이 얼마나 위대한지! 하나님의 탁월하신 위대하심을 마음껏 찬양할 수 있는 말이 없다는 사실에 마음이 아파온다. 나를 지으신 그분의 위대한 목적대로 하나님께 온전히 합하기를 전심으로 바란다.[54] ……나의 열렬한 기도는 하나님의 변함없는 영원한 사랑을 더 깊이, 그리고 계속적으로 확신하며 나의 영혼 전체가 언제나 그리스도 안에 있게 해주십사 하는 것이었다. 내 마음의 그러한 열심을 어떻게 표현해야 할지 잘 몰랐다. 나의 모든 것이 그리스도 안에 있고 그리스도께서 나의 모든 것이 되기를, 그의 영원한 팔에 안기고 그의 충만하심 안에 완전히 잠기기를 진정 원했다. 오, 나의 구주시요 주님이신 하나님, 이 땅에서 좋은 것을 바라지 않고 사람들이 나의 경험을 알기도 원하지 않습니다. 다만 주님과 함께 있고 주를 위하여 살기를 바랄 뿐입니다.[55]

또한 나는 20세기의 순교자 짐 엘리엇(1927~1956)을 언급하지 않을 수 없다. 그는 자기가 아는 하나님을 알려주기를 그토록 원했던 에콰도르의 아우카 족에게 창에 찔려 죽임을 당한 다섯 명의 젊은이 중 하나다. 짐 엘리엇이 순교했을 때 그의 나이는 29세였다. 그의 사후에 아내 엘리자베스 엘리엇을 통해서 그의 전기[56]와 일기[57]가 출판되었고, 특별히 전기인 『전능자의 그늘』(Shadow of the Almighty)은 1958년에 출판된 이래 지난 50여 년간 데이비드 브레이너드만큼이나 많은 젊은이들에게 영적으로 깊은 흔적을 남겼다.

그가 자기의 하나님을 어떻게 알았는지를 보여주는 일기 몇 대목을 소개한다.

그리스도를 맛본 영혼에게 명랑한 웃음과 짜릿한 혼성 음악과 매혹적 눈웃음은 모두 시시한 일이다. 나는 그분을 깊이 들이마시리라. 오, 그리스도의 영이시여! 하나님의 모든 충만으로 저를 채우소서(1947년 대학 2~3학년 시절). ……
하나님, 마른 막대기 같은 제 삶에 불을 붙이사 주님을 위해 온전히 소멸하게 하소서. 나의 하나님, 제 삶은 주님의 것이오니 다 태워주소서. 저는 오래 사는 것을 원치 않습니다. 다만 주 예수님처럼 꽉 찬 삶을 원합니다(1948년 대학 3~4학년 시절). ……어젯밤 하나님의 영광을 사모하는 깊고 간절한 열망이 나를 사로잡았다(1949년 10월 18일). ……잃어버릴 수 없는 것을 얻기 위하여 지킬 수 없는 것을 버리는 자는 바보가 아니다(1949년 10월 28일).

남편의 전기를 낸 엘리자베스는 초판 서문에 이렇게 썼다. '짐의 목표는 하나님을 아는 것이었다. 그의 길은 순종이었다. 순종은 그의 목표를 이룰 수 있는 유일한 길이었다.'58)

데이비드 브레이너드, 헨리 마틴, 그리고 짐 엘리엇은 하나님을 아는 젊은이들이었다.

그들은 자기들이 아는 하나님을 온 세상이 알아야 한다는 사실을 알고 있었다. 자기들이 아는 선하신 하나님은 온 세상이 알아야 하고 경배해야 하는 분이심을 알았다.

이와 같이 선교는 미전도종족과 문화인류학이 아니라 자기의 하나님을 아는 사람들로부터 시작한다. 물론 선교적 학문이 불필요하다는 말은 아니지만 말이다.

복음이 먼저다

하나님을 아는 사람들은 진정으로 하나님을 즐거워하는 사람들이다. 하나님을 알지 못하고도 하나님을 위해서 뭔가를 할 수는 있을지 모르겠지만, 결코 하나님을 즐거워할 수는 없다. 즉 하나님을 영화롭게 하는 것은 하나님을 즐거워함으로써만 가능하다. 따라서 우리가 먼저 헌신해야 하는 영역은 선교가 아니라 복음이다. 복음을 통해서 우리는 하나님을 안다. 복음에 나타난 하나님의 영광을 위한 하나님의 열심을 보지 못하면 거기에는 우리가 전해줄 하나님도, 복음도 없기 때문이다.

앞에서 나는 하나님의 선하심과 그 영광을 보는 유일한 창이 복음이라고 말했다. 복음을 통해서 우리는 선하신 하나님의 영광을 본다. 복음 안에서 우리는 예수 그리스도의 얼굴에 있는 하나님의 영광을 아는 빛이 우리 마음에 비춰지는 것을 본다(고후 4:6 참조). 선교는 이 하나님의 영광의 빛을 보고 즐거워하는 사람들을 통해서 수행된다.

그러므로 복음에 헌신한다는 말은 하나님을 아는 일에 헌신한다는 말이다. 하나님을 아는 사람만이, 하나님의 선하심을 맛보아 안 사람만이 더 하나님 알기를 갈망한다. 그리고 하나님을 즐거워하는 기쁨이 우리 안에서 흘러넘칠 때 선교가 일어난다. 그래서 선교는 복음의 흘러넘침이라고 말하고 싶다. 선하신 하나님을 즐거워하는 기쁨이 흘러넘치는 것이다.

나는 초대교회의 선교사였던 사도 바울이 왜 선교에 대해서 직접적으로 그토록 적게 말했는지를 생각해보았다. 물론 나의 생각에 동의하지 않을 사람들이 있다는 것을 안다. 다만 내가 이야기하려는 것은 사도 바울이 선교를 말했다 하더라도, 언제나 하나님에 대해 말하면서였고,

복음에 대해 말하면서 선교를 언급했다는 것이다. 그의 주제는 언제나 하나님이었고 복음이었다. 그는 선교로 시작해서 선교로 마치는 선교전문 강연가나 동원가가 아니었다. 그는 복음을 전하는 사람이었지, 선교를 전하는 사람이 아니었다.

왜 그랬을까? 그때는 지금보다 선교사가 덜 필요했기 때문일까? 더 많은 교회가 선교에 참여해야 할 필요가 크지 않았기 때문일까? 직접 천막을 만들어서 돈을 벌었던 사도 바울은 자신의 선교사역을 지원해줄 더 많은 교회들이 필요하지 않았기 때문일까?

바울은 복음을 심으면 자연스럽게 선교의 열매가 맺힌다는 것을 알았다. 그렇다. 복음을 심어야 선교를 거둔다. 선교는 열매다. 따라서 우리가 교회에 심어야 하는 것은 선교가 아니라 복음이다. 복음이 제대로 심겨진 영혼은 선하신 하나님의 영광을 즐거워한다. 그리고 하나님이 온 세상에서 경배를 받으셔야만 하는 분이라는 것을 안다.

1995년부터 2003년까지 한국에서 선교 동원사역을 하는 동안, 나는 복음이 희미한 시대의 한국 교회에 선교의 광풍이 불고 있는 것은 아닌가 하는 의문을 가진 적이 많았다. 선교에 대해 설교해야 했지만, 복음을 전하고 싶었던 충동을 얼마나 많이 느꼈는지 모른다. 복음을 심으면 선교를 거둔다.

때때로 진리는 비현실적인 것처럼 보이고 불가능해 보인다. 그러나 진리가 답이다. 우리가 먼저 헌신해야 할 영역은 선교가 아니라 복음이다. 선교를 심어서 선교를 거둘 생각은 어리석은 것이다. 복음을 심어 선교를 거두라.

하나님의 영광에 헌신하라

나는 이 책의 앞부분에서 하나님이 세상을 창조하신 목적에 대해 말했다. 하나님은 영광을 받으시기 위해 세상을 창조하셨다.

따라서 이 세상에 존재하는 모든 것의 목적과 이유는 오직 하나님의 영광이다. 하나님께서는 성경 전체를 통해 포기할 수 없는 열심으로 당신의 영광을 지키신다는 것을 보여주셨다.

그 핵심이 복음이다. 복음에는 하나님의 영광을 위한 하나님의 열심이 나타나 있다. 하나님께서는 복음으로 우리의 깨어진 그분의 형상을 회복시켜 주셨다. 그리고 다시 하나님을 즐거워할 수 있는 존재가 되게 해주셨다. 우리는 다시 진정으로 하나님께 예배할 수 있는 존재가 된 것이다.

인간이 존재하는 목적은 하나님을 영원토록 즐거워하고 하나님을 영화롭게 하는 것이다. 이것은 불변하는 인간의 최고의 목적이다. 언젠가 우리가 죽음의 침상에 누울 때, 우리가 돌아보아야 하는 인생의 성패를 정하는 문제는 '우리가 얼마나 하나님을 즐거워하며 살았는가?'여야 한다는 말이다.

하나님의 영광에 헌신한다는 말은 선교사가 되거나 순교를 하라는 거창한 말이 아니다. 오직 하나님을 즐거워하고, 하나님의 선하심을 맛보아 아는 일에 자신의 삶을 헌신하라는 말이다.

이 책을 읽고 있는 당신에게도 이보다 더 중요한 것은 존재하지 않는다. 당신은 하나님을 즐거워하는 일에 삶을 드려야 한다. 하나님을 즐거워하기 위해서 그분의 선하심을 더 많이 알아야 한다. 선하신 하나님을 맛보아 아는 사람은 하나님을 즐거워하고 하나님을 예배한다. 하나님을 즐거워하는 일에 자신의 인생을 드리는 예배자의 심령에 선교의 불이 붙는다. 존 파이퍼가 말한 대로 "예배는 선교의 연료이자 목표다."[59]

물이 바다를 덮음 같이

하박국 선지자는 "이는 물이 바다를 덮음 같이 여호와의 영광을 인정하는 것이 세상에 가득함이니라"(합 2:14)라고 했고, 이사야 선지자도 "물이 바다를 덮음 같이 여호와를 아는 지식이 세상에 충만할 것임이니라"(사 11:9)고 했다.

당신은 그날이 올 것이라 믿는가? 정말 믿는가? 물론 그날은 반드시 올 것이다. 그날은 과연 어떻게 올까? 대부분의 사람들이 선교를 통해서 오게 될 것이라고 말할 것이다. 그렇다면 그 대답이 의미하는 것은 무엇인가? 당신은 그것에 어떤 그림이 그려지는가?

물이 바다를 덮음 같이 여호와를 아는 지식이 세상에 충만해지는 것은, 먼저 여호와를 아는 지식이 충만한 사람들을 통해서 이루어질 것이다. 이것은 하나님께서 아브라함에게 처음에 주셨던 언약의 내용이다. 창세기 12장 1~3절을 보라. "여호와께서 아브람에게 이르시되 너는 너의 고향과 친척과 아버지의 집을 떠나 내가 네게 보여줄 땅으로 가라 내가 너로 큰 민족을 이루고 네게 복을 주어 네 이름을 창대하게 하리니 너는 복이 될지라 너를 축복하는 자에게는 내가 복을 내리고 너를 저주하는 자에게는 내가 저주하리니 땅의 모든 족속이 너로 말미암아 복을 얻을 것이라 하신지라"

하나님께서는 아브라함을 먼저 부르셨고, 그에게 선하신 하나님을 계시하여 주심으로써 그가 하나님 때문에 누리고 받는 복을 온 세상이 보게 되기를 바라셨고, 그런 방법으로 땅의 모든 족속에게 복 주시기를 기뻐하셨다. 즉 아브라함에게 먼저 복을 주시고 그 복이 모든 민족에게 흘러가게 하신 것이다. 이와 마찬가지로 하나님께서는 영적 이스라엘인 교회가 주 예수 그리스도 안에서 얻게 된 구원과 영원한 기업을 누리게 하심으로써 온 세상이 교회를 통하여 복음을 듣고 그리스도 안에 있는 모든 복을 누리기를 원하신다.

하나님 나라의 영광

여기에 우리가 하나님의 은혜와 복을 충만하게 누려야만 할 이유가 있다. 우리는 하나님께 그런 은혜를 구해야 하고, 그런 복된 삶을 누려야 한다. 우리는 하나님으로 만족하는 것이 얼마나 큰 기쁨이고 만족인지를 온 세상 앞에 드러내야 할 사명을 가지고 있다. 우리가 느끼지도 못하고, 누리지도 못하는 허구를 전하는 것이 아니다. 우리는 하나님의 선하심을 더 누려야 하고 맛보고 알아야 한다. 그 기쁨과 만족과 행복이 흘러넘쳐서 그리스도를 알지 못하고 죽어가는 이 세상의 수많은 사람들에게 흘러갈 수 있도록 말이다. 하나님으로 인하여 최고로 기쁜 사람들로 살아가야 할 사명이 바로 그리스도인들에게 있다. 이것을 정확하게 이해했던 시편 기자의 기록이 시편 67편이다.

1절. 하나님은 우리에게 은혜를 베푸사 복을 주시고 그의 얼굴빛을 우리에게 비추사 (셀라)

2절. 주의 도를 땅 위에, 주의 구원을 모든 나라에게 알리소서

3절. 하나님이여 민족들이 주를 찬송하게 하시며 모든 민족들이 주를 찬송하게 하소서

4절. 온 백성은 기쁘고 즐겁게 노래할지니 주는 민족들을 공평히 심판하시며 땅 위의 나라들을 다스리실 것임이니이다 (셀라)

5절. 하나님이여 민족들이 주를 찬송하게 하시며 모든 민족으로 주를 찬송하게 하소서

6절. 땅이 그의 소산을 내어 주었으니 하나님 곧 우리 하나님이 우리에게 복을 주시리로다

7절. 하나님이 우리에게 복을 주시리니 땅의 모든 끝이 하나님을 경외하리로다

이 기도의 1절을 보라. "하나님은 우리에게 은혜를 베푸사 복을 주시고 그의 얼굴빛을 우리에게 비추사." 언뜻 기복신앙처럼 보이지 않는가? 시인은 '우리에게' 은혜를 주시고 복을 주시고 얼굴빛을 비추어달라고 기도한다.

그러나 이렇게 기도하는 이유, 이렇게 기도하는 목적이 2절에 나온다. "주의 도를 땅 위에, 주의 구원을 모든 나라에게 알리소서" 그는 온 땅이, 그리고 모든 나라가 하나님을 알고 하나님의 구원을 받도록 하기 위해서 먼저 하나님의 백성이 하나님의 구원의 은혜와 복을 충만히 누려야 한다는 사실을 알고 있었다. 그래서 그는 간절히 구한다. "우리에게 은혜를 베푸사 복을 주시고, 우리에게 그의 얼굴빛을 비추어 주시기를" 말이다.

시인의 비전은 3절과 5절에서 반복된다. 즉 모든 민족이 주를 찬송하

게 되는 비전이다. 이것은 곧 사도 요한이 환상 중에 보았던 천상의 예배이자 시인이 바라본 비전이다. 결국 "땅의 끝이 하나님을 경외하는 것" 말이다.

교회가 하나님의 복을 간절히 구해야 할 이유가 분명해졌는가? 당신이 그리스도인으로서 하나님의 교회를 위해 기도해야 할 이유가 분명해졌는가? 또 이런 은혜와 복을 당신과 당신의 가정에 주시기를 하나님께 간절히 구할 이유가 분명해졌는가?

기복신앙이나 번영신학을 가진 사람들이 구하는 물질적 복을 구하라는 말이 아니다. 어떤 형태로든지, 하나님께서 자기 백성에게 주시는 선함은 우리 자신에게서 먼저 경험되어야 하며 우리는 그것을 구해야 한다는 말을 하고 싶은 것이다. 그리고 하나님으로 인한 기쁨과 행복과 만족이 우리에게서 흘러넘쳐 세상 사람들에게로 흘러가는 것, 그래서 온 땅이 여호와를 경외하는 것, 이것이 우리가 무엇보다도 먼저 구해야 하는 하나님의 나라가 아니겠는가!

경건한 신학자요, 저술가이며 아프리카 선교사였던 앤드류 머리의 말을 들어보라. "왕 되신 주님에 대한 열정이 너무나 없기 때문에 그의 나라에 대한 열정도 없다."[60]

또한 존 스토트는 이렇게 말한다. "선교를 일으키는 동기의 최고봉은 대사명에 순종하는 것(물론 이는 중요하다)도, 소외되거나 죽어가는 죄인들을 사랑하는 것(특히 하나님의 진노를 묵상할 때, 이는 매우 강한 동기로 작용한다)도 아니다. 선교의 최고봉은 바로 예수 그리스도의 영광을 타오르는 열정으로 갈망하는 것이다. ……오직 하나의 나라, 곧 그리스도의 나라…… 즉 주 예수 그리스도 그분의 나라와 그 왕국의 영광을 생각하는 것이다!"

그리스도 없는 기독교, 그리스도 없는 선교

나는 오늘날 한국 교회가 선교의 몸살을 앓고 있는 것은 아닌지 조심스레 묻고 싶다. 그 까닭은 한국 교회의 선교 참여로 볼 때 교회는 이미 선교적 몸이라고 말할 수 있을 정도인 것 같은데 그 선교적 몸이 뭔가에 감염되어서 앓고 있는 중이 아닌가 싶어서이다. 물론 지상에 있는 교회의 연약함으로 설명할 수도 있지만, 나는 좀 더 근원적인 것을 말하고 싶다.

마이클 호튼은 『그리스도 없는 기독교』(Christless Christianity:Alternative Gospel of the American Church) 첫 장에서 도널드 그레이 반하우스를 인용하며 이렇게 시작했다. '사탄이 필라델피아를 장악한다면 술집은 모두 문을 닫을 것이고, 도색물들도 자취를 감출 것이다. 깨끗해진 거리는 서로 웃음을 머금은 보행자들로 가득 찰 것이다. 저주와 악담도 사라질 것이다. 아이들은 "예, 선생님." 혹은 "예, 부인." 하고 공손하게 말할 것이며, 교리회는 매주일 문전성시를 이룰 것이다. ……그러나 교회에서는 그리스도가 선포되지 않을 것이다.'[61]

도널드 그레이 반하우스가 우려했던 것이 오늘날의 교회의 현실이 된 것 같아서 슬프다. 더불어 그리스도 없는 기독교가 그리스도 없는 선교를 낳는 것 같아서 두렵다. 한국 교회가 그 어느 때보다도 많은 해외 선교사를 파송하고 그 어느 때보다 많은 선교비를 사용하고 있음에도 불구하고 말이다.

그렇다면 그리스도 없는 선교의 모습은 어떤 것일까?

십수 년 전에 미국의 선교 계간지인 'Evangelical Missions Quarterly'가 표지기사를 이렇게 뽑은 적이 있다. '선교사들이 복음을 전하고 있는가?' 이런저런 전문성과 학위를 가진 선교사들이 그 어느 때보다도 많고, 그 어느 때보다 다양하게 개발된 선교 전략들이 있지만, 정작 선교사 자신들이 복음을 전하고 있는가, 라는 이 질문은 나로 하여금 많은 생각을 하게 했다.

왜 이런 일들이 일어나는 것일까?

이것은 선교가 하나님으로부터 시작되지 않을 때 일어날 수밖에 없는 문제다. 선교에 대한 헌신이 복음에 대한 헌신을 대신하게 될 때 일어나는 문제다. 이것이 어찌 선교사만의 문제이겠는가? 또한 교회의 문제가 아니겠는가!

선교가 하나님으로부터 시작하지 않을 때, 그리스도 없는 선교가 이루어질 때 나타나는 현상은 실적주의, 경쟁주의, 실용주의, 그리고 감성주의와 같은 세상 정신의 오염으로부터 자기 자신을 막아낼 힘이 없다는 것이다. 마치 군대에서 진중세례식이라고 이름 붙여진, 비복음적인 실적주의와 경쟁적 행위들이 선교에서도 일어나는 것은 아닌지 우리는 정직하게 물어야 한다.

온전한 복음의 진리를 전하는 것보다 결과를 만들어내기만 하면 된다는 식의 실용주의는 또 어떤가? 선교를 그저 고생하는 것 정도로 여기고 선교사에게 무조건 고생을 강요하거나 고생의 잣대로 선교적 대리만족을 얻으려는 교회의 모습은 없는가? 이런 것들이 교회가 겪는 선교의 몸살이다.

어떻게 한국 교회가 이런 선교의 몸살에서 고침을 받아 건강한 선교의 몸을 이룰 수 있을까? 그 치유책은 선교의 유일한 출발점인 하나님께로 다시 돌아가는 것이다.

천지창조 목적과 선교의 목적

우리는 하나님의 천지창조 목적으로 다시 돌아가서 생각해야 한다. 모든 것의 존재 목적은 하나님의 천지창조 목적으로 정렬되어야 한다. 이것은 비단 인간의 존재 목적만이 아니라 선교에 있어서도 다르지 않다.

하나님께서는 사람에게 삼위 하나님의 완전한 기쁨과 행복을 부어주기를 기뻐하셨다. 하나님의 형상으로 창조된 인간에게 하나님은 그 기쁨을 부어주셨고 인간은 그 선하신 하나님을 즐거워하였다. 그렇게 함으로써 하나님은 인간 안에서, 인간을 통하여 영광을 받으셨다. 이것이 하나님께서 세상을 창조하신 목적의 핵심이다.

성경은 죄에 빠진 인간을 향하여 여전히 당신의 거룩한 뜻을 포기하지 않으시는 하나님, 당신의 영광을 위한 열심을 포기하지 않으시는 선하신 하나님을 보여준다. 마찬가지로 선교도 하나님의 영광을 위한 하나님의 열심이다.

그렇다면 우리 인간의 차원에서 선교는 무엇일까?

우리가 선교를 한다는 것은 하나님의 영광을 위한 하나님의 열심에 참여하는 것이다. 다시 말해서 선교를 한다는 것은 하나님의 영광을 위한 우리의 열심이다. 이것은 시편 기자가 67편에서 "하나님이여, 민족들이 주를 찬송하게 하시며 모든 민족들이 주를 찬송하게 하소서"라고 기도했고 "땅의 모든 끝이 하나님을 경외하리로다"라고 했던 열망이고 염원이다.

혹사가 아니라 흘러넘치는 것

하박국 선지자는 생존을 위한 모든 조건이 다 무너져버린 상황, 그런 일이 벌어질 것이라는 하나님의 말씀 앞에서 이렇게 반응할 수 있었다. "비록 무화과나무가 무성하지 못하며 포도나무에 열매가 없으며 감람나무에 소출이 없으며 밭에 먹을 것이 없으며 우리에 양이 없으며 외양간에 소가 없을지라도 나는 여호와로 말미암아 즐거워하며 나의 구원의 하나님으로 말미암아 기뻐하리로다"(합 3:17~18).

하박국 선지자가 이렇게 자신의 기쁨을 표출할 수 있었던 이유가 있다. 먼저 그가 하나님께로부터 받은 종말론적 확신 때문이었다.

그는 언젠가 "물이 바다를 덮음 같이 여호와의 영광을 인정하는 것이 세상에 가득할 것"을 알았고 그날을 바라보았다(합 2:14 참조). 그리고 이 모든 과정 속에서 여전히 살아계시고 선하신 하나님을 알았다. 이런 기쁨은 모든 것을 견디게 한다.

하나님 자신을 즐거워하는 이런 기쁨이 선교를 가능하게 한다. 이런 기쁨이 흘러넘치는 것이 선교다.

제임스 패커가 이렇게 말했다.

"헌신은 혹사하는 것이 아니라 흘러넘치는 것이다"(Dedication is not overworking but overflowing).

그리고 나는 다음과 같이 말하겠다.

"선교는 고생하는 것이 아니라, 하나님을 즐거워하는 기쁨이 흘러넘치는 것이다."

"나는 결코 희생하지 않았습니다"

이런 선교는 아무리 많은 대가를 지불하고 고난을 감당할지라도 즐거운 일이다. 데이비드 리빙스턴이 1857년 캠브리지 학생들에게 했던 연설 가운데서 이를 확인할 수 있다.

"나로서는 하나님이 그런 직분에 나를 임명하신 것을 즐거워하지 않은 적이 없습니다. 사람들은 내가 아프리카에서 아주 많은 시간을 쏟으며 보인 희생에 관하여 말합니다. 도무지 갚을 수 없는 우리 하나님께 진 빚의 작은 부분을 되갚았을 뿐인데, 그것을 희생이라 할 수 있겠습니까? 건전한 행위, 선을 행한다는 의식, 마음의 평안, 장차 영광스러운 운명에 대한 밝은 소망으로 복된 상급을 가져다주는 것이 희생입니까? 그런 관점의 말과 생각을 버리십시오. 그것은 단연코 희생이 아닙니다. 오히려 특권이라고 말하십시오. 지금이나 과거의 걱정과 질병, 고난과 위험은 앞서 말한 이생의 일반적인 편리함이나 자선과 더불어 우리를 잠시 멈추게 하며, 방황하게 하며, 우리의 영혼을 가라앉힐 것입니다. 그러나 잠시만 그렇게 두십시오. 이 모든 것은 우리 안에, 그리고 우리를 위하여 계시될 영광과 비교할 때 아무것도 아닙니다. 나는 결코 희생하지 않았습니다."

⑫ 선하신 하나님을 전하는 설교자

"주는 선하사 선을 행하시오니"

하나님은 선하시다. 하나님께서 행하시는 일은 모두가 옳을 뿐 아니라 선하다. 하지만 오해된 하나님을 섬기는 사람은 결코 이렇게 고백하지 못한다.

조지 뮬러는 사랑하는 아내가 치명적인 류머티즘으로 병석에 누웠을 때 이렇게 기도했다. "아버지, 사랑하는 아내의 시간이 당신의 손에 있습니다. 삶이든 죽음이든 아내와 저에게 가장 좋은 대로 해주십시오. 소중한 아내를 다시 일으키시는 게 저와 아내에게 가장 좋은 것이라면 아내가 아무리 아파도 주님은 그렇게 하실 수 있습니다. 그러나 제가 당신의 거룩한 뜻에 변함없이 온전히 만족할 수 있도록 저를 도와주십시오." 그의 아내는 이내 죽고 말았지만 뮬러는 아내의 장례식 설교에서 시편 119편 68절을 읽고 설교했다. "주는 선하사 선을 행하시오니" 이것이 선하신 하나님을 아는 사람이 하나님께서 행하신 일에 대하여 믿음으로 응답하는 태도이고 믿음과 은혜의 능력이다. 사랑하는 아내의 죽음 앞에 선 조지 뮬러의 반응은 선하신 하나님을 섬기는 모든 하나님의 자녀들의 보편적인 고백임에 틀림없다. 이것은 평생에 오만 번의 기도응답을 받은 고아들의 아버지 조지 뮬러의 특별한 고백일 수만은 없다.

그런데 왜 우리 가운데 많은 사람들은 이런 고백이 특별한 신앙을 가진 사람들만의 고백이라고 생각하게 된 것일까? 그것은 바로 오해된 하나님 때문이다. 오해된 하나님을 섬기는 사람은 결코 이런 고백에 이르지 못한다. 나는 우리가 섬기는 하나님, 성경에 당신 자신을 계시하여주신 하나님이 바로 조지 뮬러가 고백하는 '선하신 하나님'이라는 사실을 말하기 위해서 이 책을 썼다. 그리고 모든 하나님의 자녀들이 자신들의 모든 상황 속에서 이 고백을 하게 되는 것이 나의 간절한 바람이다.

하나님의 자녀들이 좋아 보이고 나빠 보이는, 그들이 만나는 모든 상황에서 "주는 선하사 선을 행하시오니"라고 가슴 깊이 고백하게 된다면, 하나님께서 얼마나 영광을 받으시게 될까? 그리고 그렇게 고백하는 우리 자신은 선하신 하나님 안에서 얼마나 자족하는 은혜를 맛보며 그분을 즐거워하는 것을 경험하게 될까? 이것이 바로 하나님께서 천지를 창조하신 목적을 이루시는 것 아닌가!

신앙은 관계다

또한 나는 지금까지 하나님의 선하심을 증거하기 위해 신앙의 중요한 개념들을 하나님과의 관계로 설명했다. 기독교의 핵심은 그냥 하나님을 믿는 것이 아니라 선하신 하나님을 믿는 것이다. 선하신 하나님을 믿는 것이 왜 중요한가? 선하신 하나님은 머리로 아는 하나님이 아니라 복음 안에서, 그리고 우리의 과거와 현재와 미래의 모든 삶 속에서 경험하여 아는 하나님이기 때문이다. 또한 하나님께서 천지를 창조하신 목적을 우리가 이해해야만 하는 이유도 그것처럼 하나님의 선하심을 잘 보여주는 것이 없기 때문이다.

하나님은 삼위 하나님의 기쁨을 온 세계와 인간에게 나누어주시기 위해, 그리고 그들이 하나님의 기쁨으로 기뻐하고 하나님 자신을 즐거워하며 하나님 안에서 최고의 만족을 누리게 하심으로써 영광을 받으시기 위해 이 세상을 창조하셨다. 그러나 웨스트민스터 소요리 문답이 하나님을 영화롭게 하고 그분을 영원토록 즐거워하는 것이 인간의 최고의 목적이라고 밝히고 있음에도 불구하고 사람은 하나님의 선하심을 제대로 알기까지 결코 하나님을 즐거워할 수 없다.

하나님의 선하심을 안다는 것은 관계적인 앎을 전제한다. 죄의 개념도 마찬가지다. 죄는 하나님께서 나에게 언제나 최상의 것을 주신다는 것을 믿지 않는 것이다. 즉 불신이다. 무한히 선하신 하나님을 불신함으로써 우리는 선하신 하나님을 최고로 모독할 수 있다. 이 모독은 하나님에 대한 걷잡을 수 없는 반역의 정서와 행동으로 드러나게 된다. 죄를 통해서 인간은 하나님을 모독하고, 하나님은 인간에게 모독을 당하신다. 불신이라는 근본적인 죄는 결국 관계로 이해되고 설명될 수 있다. 이런 방식으로 죄는 선하신 하나님과 그 하나님을 믿지 못하는 인간 사이를 갈라놓는다.

하나님의 선하심을 믿지 않는 인간은 결국 자아를 숭배하게 되고, 영적으로 하나님으로부터 독립을 선언하게 된다. 그래서 행복과 만족을 얻기 위해 수고하고 안간힘을 쓰면서 살아가지만, 하나님만이 채울 수 있는 인간의 가장 근본적인 욕구는 결코 채우지 못한다. 때문에 복음이 필요하다. 복음은 선하신 하나님을 도무지 믿지 못하는 인간들에게 그분의 선하심을 가장 극적으로 완벽하게 보여주신 사건이다.

성부 하나님께서는 당신의 독생자 예수 그리스도를 십자가에 못 박아 죽이심으로써 그를 향하여 모든 저주와 진노를 남김없이 부으실 만큼 자기 백성을 사랑하셨다. 그렇게 복음 안에서 자신의 선하심을 입증하셨다. 그 결과 하나님의 자녀들은 이 복음을 통해 하나님의 선하심을 보고 경험한다. 믿음의 핵심은 선하신 하나님께 대한 신뢰. 인간의 죄로 말미암아 그 무한한 선하심이 모독을 당하신 하나님께서 인간의 구원을 위하여 바라시는 것은 인간이 자신들의 능력으로 선해지는 것이 아니라, 그들이 하나님의 선하심을 다시 신뢰하는 것이다. 오직 하나님의 선하심 안에 자신들의 구원이 있음을 알게 되는 것이다. 그리고 하나님의 선하심 안에서 만족을 누리고 하나님을 즐거워함으로써 하나님을 영화롭게 하는 것이다.

복음이 이 일을 한다. 복음을 통해서 죄인은 하나님의 선하심을 듣게 되고, 성령님의 중생케 하시는 역사로 그 선하심을 맛보게 된다. 그리고 계속해서 복음의 창을 통해 자신의 인생을 보게 되고, 세상의 역사를 보면서 그 안에 숨겨진 하나님의 선하심을 발견하게 된다. 삶의 과거와 현재, 그리고 미래가 다 이 복음의 창을 통해서 펼쳐질 때에만 그 안에 가득히 배어 있는 하나님의 선하심을 볼 수 있다.

이것뿐인가? 선하신 하나님 안에서 만족하게 된 사람은 드디어 다른 사람과도 온전한 관계를 맺게 된다. 그것이 바로 '이웃을 자기 몸처럼 사랑하는 것'이다. 선하신 하나님과의 관계가 이웃과의 사랑의 관건이다. 또한 신앙은 관계다. 신앙은 선하신 하나님과 맺는 관계다. 신앙이 관계로 이해되지 않고 단지 하나의 행위로 전락할 때 위선이 된다. 그것은 단지 오해된 하나님을 믿는 거짓된 신앙일 뿐이다.

선하신 하나님을 믿는 신앙

오해되지 않은, 선하신 하나님을 믿는 신앙은 사람을 변화시키는 힘이 있다. 선하신 하나님을 믿는 믿음은 과거의 모든 상처와 한을 해결해 준다. 과거에 있었던 모든 사건들 속에 숨겨진 하나님의 미소를 보게 되기 때문이다. 아무리 사랑받지 못한 어린 시절의 상처를 안고 있을지라도, 복음 안에서 선하신 하나님이 자신을 사랑하신 그 엄청난 사랑을 알게 되면 과거의 받지 못한 상처가 아물고도 남는다. 우열을 가리는 한국 사회에서 너무나 많은 사람이 남모르는 열등감과 싸우며 살아간다. 선하신 하나님을 온전하게 나타내는 복음은 이런 고질적인 병폐인 열등감을 치료하는 능력이 된다. 그러나 오해된 하나님, 오해된 하나님의 복음은 이 일을 할 수 없다. 오해된 하나님을 믿는 신앙은 오직 죽어서 천국에 가는, 축소된 복음을 반영한다. 그것은 죄로 망가진 인간, 하나님의 선하심을 절대로 믿지 않는 죄인을 변화시키는 능력이 아니다.

뿐만 아니라 선하신 하나님을 믿는 신앙은 인간이 일상적으로 가지는 장래의 불확실성에 대한 모든 두려움과 염려를 제거해준다. 부와 건강과 성공이 보장되어서가 아니라 선하신 하나님께서 나의 유익을 위해 자신의 전능하신 능력을 사용하신다는 사실 때문에, 우리는 고난과 실패 속에서도 영광을 바라고 즐거워할 수 있다. 따라서 선하신 하나님을 믿는 하나님의 자녀들에게 장래는 더 이상 불투명하고 불확실한 두려움의 대상이 아니라, 하나님께서 베풀어주실 은혜를 기대하게 되는 영역이다. 장래의 은혜를 베풀어주실 하나님을 아는 사람은 더 이상 자기를 위해서 버둥거리며 살 이유가 없다. 자신의 인생이 선하신 하나님의 은혜로우신 손길 아래 있을 뿐 아니라 하나님께서 책임져주실 것을 알기에, 마음 놓고 하나님의 나라와 그 의를 삶의 최우선적인 목적으로 삼고 살아갈 수 있다. 이것이 선하신 하나님을 믿는 신앙이 우리 안에서, 우리를 통해서 하는 일이다.

거듭 말하지만 오해된 하나님을 믿는 신앙은 장래에 대한 두려움에서 우리를 건져내지 못한다. 경건한 어른이 정말 많지 않다. 직분은 많지만 어른은 적다. 선하신 하나님의 성품을 삶으로 반영하면서 살아가는 사람이 적다. 오해된 하나님을 믿기 때문이다. 선하신 하나님을 믿는 신앙만이 총체적인 믿음의 사람으로 변화시키는 힘이다.

자연스럽고 힘 있는 선교

선교사로 있을 때 나를 부담스럽게 했던 것은 선교의 부자연스러움이었다. 물론 신앙생활이나 선교의 영역, 그리고 하나님의 모든 명령이 우리의 마음에서 자연스럽게 흘러나와야만 할 수 있는 것은 아니다. 우리는 기도하기 싫을 때도 기도해야 하고, 기도하고 싶은 마음이 있을 때에는 더더욱 기도해야 한다. 신앙의 많은 영역이 우리의 죄성이라는 존재를 무시하고는 앞으로 갈 수 없다. 그러나 동시에 성경은 거듭난 하나님의 자녀들의 모든 신앙적인 행위가 원하지 않는 일을 억지로 하는 것이라고 이야기하지 않는다.

중생의 능력은 하나님을 찾지 않던 자로 하여금 하나님을 찾게 하고, 하나님과 그 말씀을 기뻐하게 하고, 하나님께 속한 모든 것을 사모하게 하는, 즉 변화를 주는 새 마음에 있다. 이 새 마음이 강조되지 않으면, 교회는 거듭나지 않은 채 그저 열심만 있는 사람들의 모든 헌신과 행위로 채워지게 될 것이다. 하나님을 오해하고 자기가 믿고 싶은 대로 믿으면서도 모든 경건생활과 교회생활, 심지어 선교도 열심히 할 수 있다. 부자연스러움의 극치는 여기서 나오게 된다. 선하신 하나님을 아는 하나님의 백성들이 교회 안에 많아지면, 선교는 지금보다 훨씬 더 자연스럽고, 지금보다 훨씬 더 힘을 얻게 될 것이다. 지갑의 헌신도 귀하지만, 마게도냐 사람들이 그러했듯이 자신을 주께 드리는 선교가 될 것이다(고후 8:1~5). 이와 같이 우리의 선교를 막고 있는 것은 닫힌 지갑이 아니라 바로 오해된 하나님이다. 선하신 하나님을 알게 될 때, 그 하나님을 신뢰하게 될 때, 선교는 하나님의 선하심이 흘러넘치는 자연스럽고 힘 있는 분출이 될 것이다. 이것이 우리가 사도행전에서 보는 그림이다. 그리고 교회 역사 속에서 부흥의 시기마다 교회들이 보여준 모습이었다. 하나님의 선하심을 믿는 하나님의 자녀들만이 기쁨으로 복음과 함께 고난을 받을 수 있다. 오해된 하나님을 믿는 신앙은 언제나 '최소한'의 벽을 넘지 못한다. 고난을 두려워하지 않는 교회, 그리고 그런 교회가 감당하는 선교를 누가 막을 수 있겠는가!

오해된 하나님을 섬긴 결과

19세기 최고의 설교가였던 찰스 스펄전은 이렇게 말했다. "하나님이 무정하다고 생각할 때는 죄를 짓기가 쉬웠다. 하지만 하나님이 친절하고 선하시며 사랑으로 넘치신다는 사실을 알고 나서는 나를 그토록 사랑하시는 분께 반항했다는 사실을 견딜 수 없어서 내 가슴을 수없이 내리쳤다."[62] 스펄전이 말한 '무정한 하나님'은 바로 오해된 하나님이다. 무정한 하나님은 인간과 관계를 맺으실 수 없다. 우리와 교제하시는 선하신 하나님은 우리를 감동시키시며, 우리로 하여금 그분을 사랑하지 않을 수 없게 하신다.

성경에는 선하신 하나님이 아니라 무정한 하나님을 섬긴 사람의 이야기가 나온다. 주님께서 말씀하신 달란트 비유 중 한 달란트를 받았던 사람의 이야기다(마 25:14~30). 그는 땅을 파고 주인이 맡긴 한 달란트를 감추어 두었다가 주인이 왔을 때 그것을 그대로 주인에게 돌려주며 이렇게 말했다. "주인이여 당신은 굳은 사람이라 심지 않은 데서 거두고 헤치지 않은 데서 모으는 줄을 내가 알았으므로 두려워하여 나가서 당신의 달란트를 땅에 감추어 두었었나이다 보소서 당신의 것을 가지셨나이다"(마 25:24~25). 이 사람의 문제는 무엇일까? 그것은 사업수완이 없었다거나 그 사람이 가지고 있던 게으름이 아니었다. 그가 가진 문제는 바로 주인에 대한 오해였다. 그가 생각할 때 주인은 자신은 아무 수고도 하지 않고 오직 종들을 이용해서 이윤을 남기려는 '지독하고 무서운 사람'이었다. 그래서 주인은 그 종에게 자신을 오해한 것을 문제 삼았다. 그가 주인의 선함을 오해함으로써 주인의 인격을 모독했기 때문이다.

반면 다섯 달란트로 또 다른 다섯 달란트를 남겼고 두 달란트로 또 다른 두 달란트를 남긴 종들에게는 주인이 어떻게 하였는가? "잘하였도다. 착하고 충성된 종아 네가 적은 일에 충성하였으매 내가 많은 것을 네게 맡기리니 네 주인의 즐거움에 참여할지어다"(마 25:21, 23). 이 말과 함께 주인은 그 종들에게 그들이 남긴 모든 것을 다 베풀어주었다! 즉 주인은 선한 사람이었다. 그런데도 한 달란트를 받은 종은 자신의 말과 행위로써 주인의 선함을 모독한 것이다. "그 주인이 대답하여 이르되 악하고 게으른 종아 나는 심지 않은 데서 거두고 헤치지 않은 데서 모으는 줄로 네가 알았느냐"(마 25:26).

결산의 날

주님의 이 말씀은 우리가 하나님 앞에서 결산한 날이 있다는 것을 시사한다. 그리고 하나님에 대한 오해가 그날에 얼마나 심각한 결과를 가져오는지를 잘 보여준다. 우리는 다섯 달란트나 두 달란트를 맡았던 종들처럼 "잘하였도다, 착하고 충성된 종아"라는 말씀을 듣게 될까, 아니면 한 달란트를 맡았던 종처럼 "악하고 게으른 종아"라는 말을 듣게 될까? 단지 하나님을 믿는다고 말하는 것처럼 추상적인 것은 없다. 하나님의 선하심을 아는가? 그 하나님을 신뢰하는가? 그 믿음이 당신을 변화시켜왔고 변화시키고 있는가? 아니면 여전히 오해된 하나님을 믿고 사는가?

이것은 누구도 피해갈 수 없는 문제다. 선하신 하나님을 알았고, 그 하나님을 사랑하여 섬겼던 하나님의 모든 자녀들은 결산의 날에 하나님의 인정과 칭찬을 얻게 될 것이다. C. S. 루이스는 그 상황에 대해서 이렇게 말했다. "그것은 도무지 바랄 수도 없고 믿기도 어렵지만, 구속받은 영혼이 자신의 창조 목적을 성취하여 창조주를 기쁘게 해드렸다는 사실을 마침내 알게 될 때 벌어질 상황입니다."[63] 그리고 하나님으로부터 하나님의 자녀들이 받게 될 칭찬과 인정을 이렇게 표현했다. "그것은 우리 같은 피조물들이 부여하는 명예가 아니라 하나님이 알아주시는 명예, 그분의 인정 내지 (이렇게 말해도 된다면) '고마움을 표시하는 것'입니다."[64] 이런 감당할 수 없는 피조물이 누리게 될 영광의 무게는 오해된 하나님이 아니라 선하신 하나님을 섬긴 사람들에게 주어진다.

"여호와의 선하심을 맛보아 알지어다"

이 책의 모든 내용을 종합해볼 때 "하나님의 선하심을 맛보아 알지어다"라는 말보다 우리에게 더 중요한 메시지는 없을 것이다. 다윗은 자기에게 모여든 400여 명의 곤고한 자들에게 "여호와의 선하심을 맛보아 알지어다"(시 34:8)라고 설교했다. 그 구절이 있는 34편의 표제는 다음과 같다. [다윗이 아비멜렉 앞에서 미친 체하다가 쫓겨나서 지은 시]. 사실 다윗 자신도 사울 왕에게 쫓기는 신세였고 더 이상 어디로 숨어야 할지 모르는 곤고한 상황 가운데 있었다. 결국 이스라엘의 원수인 블레셋으로 숨으려고 했다가 자신을 알아본 블레셋 장군들 때문에 미친 척을 하면서 간신히 살아나와 아둘람 굴로 피할 수 있었다. 미친 척까지 하면서 생명을 부지해야 했던 다윗의 자존심은 무너질 대로 무너진 상황이었다. 그때 다윗이 숨어 있는 곳을 알게 된 다윗의 형제와 아버지의 온 집이 다윗에게로 왔다. 아마도 국가의 반역죄를 짊어진 다윗의 가족은 사울로부터 상당한 핍박을 받았을 것이다. 다윗에게로 모여든 사람들은 가족들만이 아니었다. 환난 당한 모든 자, 빚진 모든 자와 마음이 원통한 자가 다 그에게 모여왔다(삼상 21:10~22:2 참조). 이것이 다윗이 "여호와의 선하심을 맛보아 알지어다"라고 말했던 상황이다.

어떻게 다윗은 힘든 상황 속에서도 곤고한 400여 명의 사람들에게 그렇게 말할 수 있었을까? 그는 억울한 사람들을 만나서 자신의 한풀이나 하려고 하지 않았다. 시편 34편은 한 편의 시이기 전에 설교다. 하나님의 선하심을 깊이 경험하고 알았던 한 곤고한 사람이 많은 곤고한 이들에게 전했던 탁월한 설교다. 다윗은 "그에게 피하는 자는 복이 있도다"라고 말한다(시 34:8). '복이 있다'는 그의 말은 상황이 좋아질 것이라든지, 전화위복이 될 것이라는 말이 아니다. 행복할 것이라는 말이다. 하나님의 선하심을 맛보아 아는 자는 하나님께 피하게 될 것이고, 하나님께 피하는 자는 행복할 것이라는 약속이다. 그런 사람은 하나님 안에서 최고의 만족을 누리게 될 것이다. 그리고 그렇게 함으로써 하나님을 최고로 영화롭게 할 것이다.

자기의 하나님을 아는 사람은 그만큼 강하여 용맹을 떨친다(단 11:32). 모든 사람이 다 주를 떠나고 배교하는 시대가 올지라도 자기의 하나님이 선하신 하나님이라는 사실을 맛보아 아는 사람은 다윗처럼 설교할 수 있다. 그런 설교는 곤고한 자들이 듣고 기뻐하고 그 영혼이 회복되게 하는 힘 있는 설교다(시 34:2). 그것은 다윗 자신이 경험한, 하나님의 선하심이 흘러넘치는 설교이기 때문이다. 그래서 그 설교는 다윗의 솔로로 시작하지만, 곧이어 모든 곤고한 이들이 부르는 합창이 된다. "나와 함께 여호와를 광대하시다 하며 함께 그의 이름을 높이세"(시 34:3).

다윗의 이 설교는 정직한 설교다. C. S. 루이스가 간파했듯이, 우리는 자기가 높이 평가하는 대상을 찬양(칭찬)할 때 자연스럽게 타인에게도 그 찬양에 동참할 것을 강력히 권고하게 된다.[65] 다윗이 한 것처럼 말이다. 그러므로 선하신 하나님을 아는 사람은 "나와 함께 여호와를 광대하시다 하며 함께 그의 이름을 높이세"라고 말하지 않을 수 없다.

다윗의 설교는 그에게 모여든 400여 명의 곤고한 사람들에게 강력한 하나님의 위로가 되었을 것이 틀림없다. 다윗과 같은 설교자가 되기 위해 반드시 신학교를 나와야 되는 것은 아니다. 목사 안수를 받아야만 하는 것도 아니다. 인생길을 걸어가는 모든 그리스도인에게 열려 있는 설교자의 강단은 바로 우리의 아둘람 굴, 즉 고난과 실패의 자리이고 곤고함의 현장이다. 다윗은 자신의 상황을 부인하거나 회피하지 않으면서 그 상황 속에서 하나님의 선하심을 맛보는 것이 무엇인지를 알았다. 그는 인간의 행복의 조건이 의식주의 충족이나 정서적 필요가 채워지는 것이 아니라, 하나님으로만 채워진다는 것을 알았다. 그리고 하나님으로부터 채워지는 만족은 어떤 상황에서도 누릴 수 있으며 그 무엇도 빼앗아가지 못한다는 사실을 알았다. 비록 상황을 이해할 수 없었지만, 하나님은 결국 그 상황을 통해서 영광을 받으시고 당신의 선하심을 나타내신다는 사실을 그는 잘 알고 있었다.

아둘람 굴은 최고의 강단이다

오늘날 교회의 안과 밖에는 선하신 하나님을 오해하고 살아가는 수많은 사람들이 있다. 그래서 그들은 하나님으로 채워지는 만족을 경험하지 못한다. 예수님을 믿는다는 것은 선하신 하나님으로 인한 기쁨이 우리 안에 잠잠하게, 동시에 지배적으로 존재하는 것이다. 때때로 그것은 우리 속에서 가슴을 치고 올라온다. 그때마다 우리는 설교자가 되어 오해된 하나님을 섬기는 세상과 마주하게 된다.

그리스도인은 원하든 원치 않든 설교자로 이 땅을 살아가도록 부르심을 입은 사람들이다. 사람들은 우리의 얼굴에서, 말에서, 행동에서, 품위에서 끊임없이 무언가를 듣는다. 언제나 메시지는 전달되고 있다. 특별히 하나님에 관한 우리의 모든 지식이 시험을 받는 장소는 바로 우리의 아둘람 굴이다. 아둘람 굴은 다윗에게 최고의 설교를 할 수 있는 최고의 강단이 되었다. 우리 역시 우리의 아둘람 굴에 서서, 오해된 하나님을 섬기는 사람들에게 "하나님의 선하심을 맛보아 알지어다"라고 설교할 수 있다. 그러면 그 설교는 우리 자신도 모르는 사이에 주변의 곤고한 심령들을 향한 하나님의 위로가 될 것이다. 이런 방식으로 하나님은 더 많은 사람이 하나님의 선하심을 맛보아 알게 하실 것이다.

이 책이 당신을, 오해된 하나님을 섬기는 세상을 향하여 선하신 하나님을 설교하는 한 설교자로 세울 수만 있다면, 그리고 당신을 선하신 하나님을 향한 진리의 여정에 들어서게 할 수만 있다면, 나의 수고는 이미 보상을 받은 것이다.

"이는 만물이 주에게서 나오고 주로 말미암고 주에게로 돌아감이라 그에게 영광이 세세에 있을지어다 아멘"(롬 11:36).

주

시작하는 글 – 선하신 하나님을 향한 진리의 여정을 시작하며

1) 조나단 에드워즈, 백금산(역), 『하나님의 영광을 위한 하나님의 열심』(부흥과개혁사, 2003).
2) 다니엘 풀러, 박경범(역), 『성경의 일관성』(은성, 1994), 영서는 Daniel Fuller, *The Unity of the Bible* (Zondervan, 1992).
3) 존 파이퍼, 차성구(역), 『장래의 은혜』(좋은씨앗).
4) 존 파이퍼, 이재기(역), 『하나님의 기쁨』(은성, 1994).
5) 존 파이퍼, 김기찬(역), 『여호와를 기뻐하라』(생명의말씀사, 1998).
6) 래리 크랩, 이길상(역), 『당신의 문제에서 하나님을 발견하라』(나침반, 1999), 이 책은 나중에 다른 제목으로 다시 번역되어 출판되었다. 김성녀 역, 『고통 속에서 하나님을 발견하다』(복있는사람, 2009).
7) 고린도전서 13장 12절 "지금은 내가 부분적으로 아나 그때에는 주께서 나를 아신 것같이 내가 온전히 알리라"는 말씀은 성도가 유한한 존재로서 가장 충분하게 주님을 알게 될 것을 의미하는 것이지, 무한하신 하나님께서 전지하심으로 우리를 아시는 것과 동일한 정도의 무한함과 전지함을 가지고 주님을 알게 될 것이란 뜻이 아니다.

1부 – 절대적으로 시급한 문제

1. 오해된 하나님

8) 도널드 W. 맥컬로우, 박소영(역), 『하찮아진 하나님』(서울:대한기독교서회, 1995), pp.24-36.
9) 데이비드 웰스, 『거룩하신 하나님』(서울: 부흥과개혁사, 2007), pp.135-175.
10) 프란시스 쉐퍼, 『20세기 말의 교회』(서울: 생명의말씀사, 1972), p.195.
11) "성경의 기록들은 그 자체가 모두 같은 정도로 알기 쉬운 것이 아니며, 모든 사람에게 같은 정도로 분명한 것도 아닙니다(벧후 3:16). 그러나 구원을 위해서 알며 지켜야 할 일들

은 분명히 설명해서 밝힌 곳이 성경 안에 있으므로, 유식한 사람들뿐 아니라, 무식한 사람들도 보통 방법을 바르게 사용하면 충분히 이해할 수 있습니다." 웨스트민스터 신앙고백, 제1장 7절.

12) 찰스 브리지스, 황영철(역),『참된 목회』(서울: 익투스, 2011), p.279.
13) 헨리 스쿠컬, 모수환(역),『인간의 영혼 안에 있는 하나님의 생명』(크리스챤다이제스트, 2003), p.34.
14) 피터 브라운, 정기문(역),『아우구스티누스』(새물결플러스, 2012).
15) 어거스틴, 김종웅(역),『성 어거스틴 참회록』(크리스챤다이제스트), p.207(VIII, 17).
16) 마이클 호튼, 김철규(역),『약함의 자리』(서울: 복있는사람, 2013), p.56.

2. 선하신 하나님

17) 존 칼빈, 김종흡 외(공역),『기독교 강요』(생명의말씀사, 1988) 제1권, 14장, 1.
18) 이 책의 원제목은 A Dissertation Concerning The End For Which God Created The World다. 존 파이퍼는 이 책을 소개하기 위해서 조나단 에드워즈의 간략한 생애와 그가 자신에게 미친 영향을 함께 묶어서 God's Passion for His Glory(Wheaton:Crossway, 1998)로 출판했다. 우리말 번역은 백금산(역),『하나님의 영광을 위한 하나님의 열심』(부흥과개혁사, 2003).
19) 웨스트민스터 신앙고백, 제2장 3절. 우리말 번역은 A. A. 핫지, 김종흡(역),『웨스트민스터 신앙고백 해설』(크리스챤다이제스트, 2005), p.77. 괄호 안은 필자의 강조.
20) 아래의 설명은 조나단 에드워즈가 그의『하나님께서 세상을 창조하신 목적』에서, 그리고 존 파이퍼가 그의『하나님의 기쁨』(서울: 은성, 1994)에서 설명한 개념들을 사용하여 필자의 말로 설명한 것이다.
21) 존 칼빈,『기독교 강요』제1권, 14장, 2.
22) Daniel P. Fuller, The Unity of the Bible:Unfolding God's Plan for Humanity(Grand Rapid:Zondervan, 1992), p.136. 우리말 번역은 다니엘 풀러,『성경의 일관성』(서울: 은성, 1994). 나는 다니엘 풀러의 이 책에서 성경과 신앙을 이해하는 많은 통찰을 얻었고, 그에게 헤아릴 수 없는 빚을 졌다. 존 파이퍼는『장래의 은혜』(서울: 좋은씨앗, 2003)의 서문에서 다니엘 풀러의 비전은 자신의 묵상의 묘목들이 안전하고 튼튼하게 자라나는 정원이 되어주었으며,『성경의 일관성』이 자신이 기록한 거의 모든 내용의 주해적인 배경을 이룬다고 밝히고 있다(『장래의 은혜』p.11). 사실은 나도 이렇게 말해야 할 것 같다.

2부 – 그리스도인은 무엇을 믿는가

3. 죄 – 하나님의 선하심을 믿지 않음

23) Daniel Fuller, p.179.
24) Larry Crabb, *Inside Out*(Colorado Springs:NavPress, 1988), pp.87-96. 우리말 번역본은 윤난영(역), 『영적 가면을 벗어라』(서울: 나침반, 1997).
25) C. S. 루이스, 이종태(역), 『고통의 문제』(서울: 홍성사, 2002), p.141.

4. 복음 – 하나님의 선하심을 보는 창

26) 마이클 카드, 이현우(역), 『다시, 십자가』(서울: 좋은씨앗, 2003), p.15.
27) 존 칼빈, 『기독교 강요』제2권, 16장, 8.
28) 나는 이 통찰을 플로이드 맥클랑의 글에서 읽었다. 플로이드 맥클랑, "사도적 열정", 랄프 윈터, 스티브 호돈(편), 『퍼스펙티브스 1』(서울: 예수전도단, 2010), pp.393-396.

5. 믿음 – 선하신 하나님에 대한 신뢰

29) 다니엘 풀러, 앞의 책, 17장과 18장을 보라.
30) 조나단 에드워즈, 이태복(역), 『기독교 중심』(서울: 개혁된신앙사, 2002), p.186-187. 필자는 이 번역에서 perseverance를 의미 전달을 위해서 '견인'이 아닌 '인내'로 고쳐서 옮겼다. Jonathan Edwards, *Sermons and Discourses*, 1734-1738, ed. M. X. Sesser, vol.19 of The Works of Jonathan Edwards(New Haven, Conn.:Yale University Press, 2001), pp.202-204.

3부 – 그리스도인은 어떻게 사는가

6. 인간 사용설명서

31) 어거스틴, 앞의 책, p.31(I, 1).
32) "Reflections", Christianity Today, October 21, 1988, p.33. 도날드 W. 맥컬로우, 박소영(역), 『하찮아진 하나님』(서울: 대한기독교서회, 1996), p.111에서 재인용.
33) 필수적인 행위와 베푸시기 위한 자유로운 행위로 구분하는 생각은 다니엘 풀러의 책에서 얻은 것이다. 『성경의 일관성』(서울: 은성, 1994)의 8장과 9장을 참조하라.

34) C. S. 루이스, 이종태(역), 『시편 사색』(서울: 홍성사, 2004), p.138.
35) C. S. 루이스, 앞의 책, p.139.
36) 이것이 존 파이퍼의 『여호와를 기뻐하라』(서울: 생명의말씀사, 1998) 전체의 명제다.
37) 래리 크랩, 김성녀(역), 『고통 속에서 하나님을 발견하다』(서울: 복있는사람, 2009).

7. 과거의 은혜
38) 데이빗 씨맨즈, 윤종석(역), 『치유하시는 은혜』(서울: 두란노, 1990), pp.52-54.

8. 장래의 소망
39) 특별히 '장래의 소망'이라는 주제는 존 파이퍼가 다음의 책에서 매우 잘 다루어주었고 나는 이 책에서 많은 통찰을 얻었다. 차성구(역), 『장래의 은혜』(서울: 복있는사람, 2003).
40) 유진 피터슨, 『메시지, 신약/영한대역』(서울: 복있는사람, 2010).
41) J. B. Phillips, The New Testament in Modern English, revised ed.(New York: Touchstone, 1972).
42) 래리 크랩, 이길상(역), 『당신의 문제에서 하나님을 발견하라』(서울: 나침반, 41999), p.233. 나침반사에서 번역 출판한 이 책은 절판되었고, 김성녀(역), 『고통 속에서 하나님을 발견하다』(서울: 복있는사람, 2009)으로 재번역 출판되었다.
43) 래리 크랩, 김성녀(역), 『고통 속에서 하나님을 발견하다』(서울: 복있는사람, 2009), 헌정사.

9. 고난과 영광
44) 아지스 페르난도, 김희수(역), 『고난과 기쁨: 그 역설의 믿음』(서울: 디모데, 2010), p.20.

4부 – 소명과 하나님 나라

10. 경건한 어른
45) Timothy George, *Galatians*, The New American Commentary(Broadman and Holman Publishers, 1994), p.246.
46) 특히 '아버지'를 이해하는 점에서 나는 헨리 나우웬, 김항안(역), 『탕자의 귀향』(서울: 글로리아, 1997)으로부터 많은 통찰을 얻었다.
47) 존 칼빈, 『기독교 강요』, 제3권, 3장, 4.

48) Tim Keller, All of Life is Repentance,
http://download.redeemer.com/pdf/learn/resources/All_of_Life_Is_Repentance-Keller.pdf.
여기서 팀 켈러는 율법적 회개라는 용어 대신 종교적 회개(religious repentance)라는 말을 사용한다.
49) 래리 크랩, 윤종석(역),『아담의 침묵』(서울: 한국기독학생회, 2003)), p.39.

11. 선교하는 교회

50) 톰 웰즈, 김형익(역),『선교를 위한 비전』(서울:SFC, 2010), p.46.
51) 위의 책, p. 36.
52) 제임스 패커, 정옥배(역),『하나님을 아는 지식』(서울: 한국기독학생회, 1996), pp.32-33.
53) 조나단 에드워즈(편),『데이비드 브레이너드의 생애와 일기』(서울: 크리스챤다이제스트, 1984).
54) 존 사전트(편), 원광연(역),『헨리 마틴의 생애와 일기』(서울: 크리스챤다이제스트, 2001), p.66.
55) 앞의 책, p.102.
56) 엘리자베스 엘리엇, 윤종석(역),『전능자의 그늘』(서울: 복있는사람, 2002).
57) 우리말로 번역되지 않은 일기는 Elizabeth Elliot(ed.), *The Journals of Jim Elliot*(Grand Rapids: Revell, 1978).
58) 엘리자베스 엘리엇, 위의 책, p.11.
59) 존 파이퍼, 김대영(역),『열방을 향해 가라』(서울: 좋은씨앗, 2003), p.51.
60) 앤드류 머리, 서보섭(역),『선교 문제를 해결하는 열쇠』(서울: 한국로고스연구원, 1987), p.6.
61) 마이클 호튼, 김성웅(역),『그리스도 없는 기독교』(서울: 부흥과개혁사, 2009), p.27.

12. 선하신 하나님을 전하는 설교자

62) 튤리안 차비진,『Jesus All, 예수로 충분합니다』(서울: 두란노, 2013), p.228에서 재인용.
63) C. S. 루이스, 홍종락(역),『영광의 무게』(서울: 홍성사, 2008), p.24.
64) 위의 책, p.23.
65) C. S. 루이스, 이종태(역),『시편 사색』(서울: 홍성사, 2004), p.136.

선하신 하나님을 향한
진리의 여정

사명선언문

너희가 흠이 없고 순전하여……세상에서 그들 가운데 빛들로
나타내며 생명의 말씀을 밝혀 _ 빌 2:15-16

1. 생명을 담겠습니다
만드는 책에 주님 주신 생명을 담겠습니다.
그 책으로 복음을 선포하겠습니다.

2. 말씀을 밝히겠습니다
생명의 근본은 말씀입니다.
말씀을 밝혀 성도와 교회의 성장을 돕겠습니다.

3. 빛이 되겠습니다
시대와 영혼의 어두움을 밝혀 주님 앞으로 이끄는
빛이 되는 책을 만들겠습니다.

4. 순전히 행하겠습니다
책을 만들고 전하는 일과 경영하는 일에 부끄러움이 없는
정직함으로 행하겠습니다.

5. 끝까지 전파하겠습니다
모든 사람에게, 땅 끝까지, 주님 오시는 그날까지
복음을 전하는 사명을 다하겠습니다.

서점 안내

광화문점	서울시 종로구 새문안로 69 구세군회관 1층 02)737-2288 / 02)737-4623(F)
강남점	서울시 서초구 신반포로 177 반포쇼핑타운 3동 2층 02)595-1211 / 02)595-3549(F)
구로점	서울시 동작구 시흥대로 602, 3층 302호 02)858-8744 / 02)838-0653(F)
노원점	서울시 노원구 동일로 1366 삼봉빌딩 지하 1층 02)938-7979 / 02)3391-6169(F)
일산점	경기도 고양시 일산서구 중앙로 1391 레이크타운 지하 1층 031)916-8787 / 031)916-8788(F)
의정부점	경기도 의정부시 청사로47번길 12 성산타워 3층 031)845-0600 / 031)852-6930(F)
인터넷서점	www.lifebook.co.kr